Ulrich Hamenstädt

Die Logik des politikwissenschaftlichen Experiments

VS RESEARCH

Ulrich Hamenstädt

Die Logik des politikwissenschaftlichen Experiments

Methodenentwicklung und Praxisbeispiel

VS RESEARCH

Bibliografische Information der Deutschen Nationalbibliothek
Die Deutsche Nationalbibliothek verzeichnet diese Publikation in der
Deutschen Nationalbibliografie; detaillierte bibliografische Daten sind im Internet über
<http://dnb.d-nb.de> abrufbar.

Dissertation Universität Münster 2011

1. Auflage 2012

Lektorat: Dorothee Koch | Sabine Schöller

VS Verlag für Sozialwissenschaften ist eine Marke von Springer Fachmedien.
Springer Fachmedien ist Teil der Fachverlagsgruppe Springer Science+Business Media.
www.vs-verlag.de

Umschlaggestaltung: KünkelLopka Medienentwicklung, Heidelberg
Gedruckt auf säurefreiem und chlorfrei gebleichtem Papier

ISBN 978-3-531-18619-1

Vorwort

Als ich 2009 mit der Arbeit an diesem Buch begann und meine Ideen auf wissenschaftlichen Tagungen und Konferenzen vorstellte, begegneten mir viele Personen mit Skepsis. Der Stromverbrauch deutscher Haushalte wäre als Thema eine „ausgepresste Zitrone" und auch die Beschäftigung mit politischen Regulationsmöglichkeiten wurde von VertreterInnen marktliberaler Positionen auch nicht immer positiv aufgefasst. Die internationalen Ereignisse im März 2011 haben diese Einschätzungen weitestgehend verändert. Es ist eine erschreckende Erfahrung, dass dringliche gesellschaftliche Fragen, welche seit Jahren auf der Agenda stehen, erst durch ein solches Ereignis in den Fokus der politischen Debatten geraten.

Wenngleich Experimente als Methode der politikwissenschaftlichen Forschung in Deutschland wohl eher den Status einer exotischen Nische haben, bin ich überzeugt, dass sich diese Perspektive in naher Zukunft ändern wird. Das vorliegende Buch tritt den Versuch an, den aktuellen Stand der methodischen Debatte über Experimente zu systematisieren, auf ein theoretisches Fundament zu stellen und in einem hoch relevanten politischen Feld anzuwenden. Die hier vorliegende Arbeit wurde 2011 an der Philosophischen Fakultät in Münster vorgelegt und als Dissertation angenommen. Mein Dank gilt an dieser Stelle meiner Doktormutter Doris Fuchs, sowie Christiane Frantz. Beide sind weder vor meiner Arbeit selbst noch vor dem damit verbundenen zusätzlichen Aufwand der Betreuung zurückgeschreckt. Für die inhaltlichen Anmerkungen und Ratschläge möchte ich hierüber hinaus auch Thomas Bräuninger und Rebecca Morton danken.

Auf der persönlichen Ebene gilt mein Dank vor allem Birte Ochs, welche sich nicht von den unterschiedlichsten Entwürfe und Manuskripten der Arbeit hat abschrecken lassen und mir zu jeder Zeit den Rücken freigehalten hat. Auch meiner Familie, Freunden und Kollegen möchte ich an dieser Stelle für die Unterstützung danken.

Inhalt

1 Einleitung 13

2 Grundlegende und einführenden Aspekte 21

2.1 Der Begriff des Experiments 23

2.2 Definitorische Abgrenzung 25

2.3 Experimentelle Forschung in der Politikwissenschaft 27

2.3.1 Verortung von Experimenten 29

2.3.2 Kausalität im Experiment 31

2.3.3 Interdisziplinäre Forschung 34

2.3.4 Wandel in der Beugung von Experimenten 36

2.3.4.1 Erkenntnistheoretische Veränderungen 36
2.3.4.2 Veränderung des Forschungsgegenstandes 38
2.3.4.3 Technische Veränderungen 40

2.4 Formen experimentellen Forschens in der Politikwissenschaft ... 42

2.4.1 Laborexperimente 43

2.4.1.1 Web-Experimente 45
2.4.2 Umfrage-Experimente 48

2.4.3 Feldexperimente 51

2.4.3.1 Geschichte 53
2.4.3.2 "Lab-in-the-field" Experimente 54
2.4.4 Nicht-experimentelle Untersuchungen 55

2.4.4.1 Simulationen 56
2.4.4.2 Naturexperimente 58
2.4.4.3 Ex-post facto Designs 60
2.5 Zusammenfassung 61

3 Methodische Aspekte 63

3.1   Grundüberlegung 64

3.2   Konstruktion von Kausalität 68

   3.2.1   Formalisierung von Experimenten 68

   3.2.2   Rubin Causal Model 71

   3.2.3   Formal Theory Approach 74

   3.2.4   Die stable unit treatment value assumption 77

3.3   Das experimentelle Forschungsdesign 78

   3.3.1   Grundüberlegungen des experimentellen Designs 79

   3.3.2   Das vorexperimentelle Design 80

   3.3.3   Grundtypen experimenteller Forschungsdesigns 83

3.4   Kontrolle 86

   3.4.1   Störfaktoren 86

   3.4.2   Ignorability of Treatment 89

   3.4.3   Finanzielle Anreize 90

3.5   Randomisierung 93

3.6   Validität 98

   3.6.1   Grundkonzeption der Validität 99

   3.6.2   Interne Validität 102

   3.6.3   Externe Validität 105

   3.6.4   Umgebung 108

   3.6.5   Generalisierbarkeit 110

3.7   Ethik 113

   3.7.1   Geltende Regelungen 113

   3.7.2   Täuschung und Normen 114

   3.7.3   Studierende in Experimenten 116

3.8   Die Darstellung von experimentellen Ergebnissen 117

3.9   Zusammenfassung 121

4   Das Stromspar Experiment 125

4.1   Methode...128

4.1.1   Annäherung an die Methode...129

4.1.2   Die Erhebung..131

4.2   Das Design 136

4.2.1   Treatment und Manipulation im Experiment.................136

4.2.2   Die Auswahl der Geräte 138

4.2.3   Ablauf des Experiments...139

4.3   Hypothesen...143

4.4   Randomisierung im Experiment......................................146

4.4.1   Ablauf und Implementierung...147

4.4.2   Güte der Randomisierung..148

4.4.3   Zusätzliche Experimentalgruppen 149

4.5   Resultate 150

4.5.1   Untersuchung des Kühlgerätes 151

4.5.2   Untersuchung des TV-Gerätes.......................................155

4.5.3   Ergänzende Analyse zum TV-Gerät 157

4.6   Diskussion 161

4.6.1   Erfahrungen 161

4.6.2   Diskussion der Ergebnisse...165

4.6.3   Politische Implikationen 168

4.7   Zwischenfazit 170

5   Schluss...173

5.1   Erkenntnisse der Arbeit..174

5.2   Weiterführende Forschung 177

6   Literaturverzeichnis 181

7   Anhang...191

9

Abbildungsverzeichnis

Abbildung 1 Stufen der Untersuchung 79
Abbildung 2 Validität 101
Abbildung 3 Durchlauf der TeilnehmerInnen im Experiment.................140
Abbildung 4 Kühlgeräte (20 c/kWh) 194
Abbildung 5 Kühlgeräte (25 c/kWh) 194
Abbildung 6 Kühlgeräte (30 c/kWh) 195

Tabellenverzeichnis

Tabelle 1 Übersicht der verwendeten Abkürzungen....................................71
Tabelle 2 Problemstellungen der (interne) Validität................................102
Tabelle 3 CONSORT Statements...118
Tabelle 4: Abfolge der Erhebungen..134
Tabelle 5 Hypothesen...145
Tabelle 6 T-Test der Drittvariablen..149
Tabelle 7 Kaufentscheidung für den Kühlschrank.....................................152
Tabelle 8 T-Test der Kaufentscheidung..153
Tabelle 9 Statistische Resultate...154
Tabelle 10 Vergleich der Zahlungsbereitschaft......................................155
Tabelle 11 Ausreißer TV-Geräte...158
Tabelle 12 Vergleich der TV-Gerät (ohne alle Ausreißer)............................159
Tabelle 13 Vergleich der Zahlungsbereitschaft (erste Runde)........................160
Tabelle 14 Bestimmung der Kreuzpreiselastizität....................................166
Tabelle 15 Bestimmung der Drittvariablen...191
Tabelle 16 Vergleich der Kontroll- und Experimentalgruppen.........................192
Tabelle 17 Vergleich der Experimentalgruppen untereinander.........................193

Abkürzungsverzeichnis

bspw.	beispielsweise
DGP	Datengenerierungsprozess
d.h.	das heißt
FTA	Formal Theory Approach
ggf.	gegebenen falls
i.d.R.	in der Regel
o.g.	oben genannt
RCM	Rubin Causal Model
u.a.	unter anderem

1 Einleitung

Politikwissenschaft ist eine beobachtende, keine experimentelle Wissenschaft. So definierte Lawrence A. Lowell die Disziplin in der vierten Ausgabe des American Political Science Review zu Beginn des 20. Jahrhunderts (Lowell 1910: 7). Bis heute wird diese Definition vielfach von WissenschaftlerInnen wiederholt und die Aufgabe der politikwissenschaftlichen Forschung – entlang dieser Definition – folgerichtig darin gesehen, in der Methodenentwicklung mit den Problemen einer beobachtenden und befragenden Wissenschaft umzugehen. Pünktlich zur 100. Ausgabe des American Political Science Review befasst sich jedoch ein Artikel mit der wachsenden Bedeutung von Experimenten in der politikwissenschaftlichen Disziplin (Druckman et al. 2006). In dem Artikel wird quantitativ und inhaltlich die steigende Anzahl von experimentellen Artikeln in der Fachzeitschrift in den letzten Dekaden analysiert. Werden bei dieser Analyse weitere renommierte Fachzeitschriften mit einbezogen, verstärkt sich der Befund einer steigenden Anzahl von Artikeln, welche in den letzten Jahren über Experimente berichten (Morton und Williams 2006: 3; 2010: 4). Dieses verwundert nicht, zumal Experimente die zentrale Methode zur wissenschaftlichen Untersuchung von Kausalzusammenhängen darstellen (McDermott 2002: 56). Aus diesem Blickwinkel ist zu fragen, warum Experimente erst jetzt in den Methoden der Politikwissenschaft einen Bedeutungszuwachs erfahren. Als Grund hierfür wird u.a. ein zunehmendes Interesse an individuellem Verhalten zur Erklärung von sozialen Phänomenen seit Ende der 1980er Jahre benannt (Green und Gerber 2003a: 96f.). Dieses hat zu einer Weiterentwicklung von unterschiedlichen Labor-, Feld- und Befragungsexperimenten geführt, insbesondere in etablierten Forschungsfeldern der Politikwissenschaft, und besonders in der Wahlverhaltensforschung. Auch in Bereichen der Policy Forschung und der Entwicklungspolitik wird der Mehrwert von experimentellen Forschungsdesigns zunehmend diskutiert (Olken 2007; Garcia 2011). Trotz alledem: Eine methodische Systematisierung steht in der experimentell forschenden Politikwissenschaft noch weitestgehend aus. Dieses gilt ebenfalls für die Politikwissenschaft im deutschsprachigen Raum, in

13

welchem Experimente als Methode weitaus weniger anzutreffen sind als im angelsächsischen Raum. Die Situation fasst Petersen daher wie folgt zusammen:

> „Während also in der deutschen empirischen Sozialforschung die experimentelle Methode nach wie vor nur in außerordentlich geringem Umfang genutzt wird, gewinnt sie in den Vereinigten Staaten ganz allmählich an Bedeutung." (Petersen 2002: 49)

Diese Wiederentdeckung[1] des Experiments erlebt jedoch nicht nur die Politikwissenschaft, sondern auch benachbarte Disziplinen. Als Beispiele seien hier die Ökonomie und die Philosophie genannt. In den Wirtschaftswissenschaften waren Experimente als Methode bis Mitte der 1980er Jahre nahezu unbekannt.[2] Ökonomen wie Reinhard Selten, der bereits in den 1960er Jahren Anstöße für eine spieltheoretische und experimentelle Wirtschaftsforschung gab, waren Außenseiter in ihrer Disziplin (Diekmann 2010b: 200). Nicht zuletzt die Verleihung des Wirtschaftsnobelpreises an Selten 1994 und die Aufdeckung zahlreicher „Anomalien" in den Handlungen von Individuen durch die kognitive Psychologie und Entscheidungsforschung, welche durch die ökonomische Theorie nur schwer zu erklären waren, führten zu einem regelrechten Boom der experimentellen Wirtschaftsforschung in den letzten Jahren. Unterschiedliche Forschungsstränge wurden in dem Forschungsprogramm der „Behavioral Game Theory" gebündelt, wobei Experimente als vornehmliche Methode der empirischen Überprüfung dieser Theorien dienen. Der Behaviorismus und die Spieltheorie sind hierbei wichtige Quellen der experimentellen politikwissenschaftlichen Forschung. Hierbei geht es jedoch

---

[1] Den Begriff der „Wiederentdeckung" des Experiments in der Politikwissenschaft stammt aus dem ersten Manuskript von Mortons und Williams Lehrbuch über experimentelle Methoden. Sie vergleichen hierbei das Experiment mit der Entdeckung Amerikas durch die Wikinger. Es gab diese Entdeckung zwar bereits, jedoch musste erst Christopher Columbus kommen, um Amerika erneut zu entdecken (Morton und Williams, Manuskript von 2008). Diese Analogie ist in späteren Manuskripten verschwunden und durch den Hinweis einer kontinuierlichen Existenz von Experimenten in einer Nische der Politikwissenschaft ersetzt worden (Morton und Williams Manuskript vom 02.07.2009). Dies zeigt, wie schwierig das Feld der experimentellen Politikwissenschaft selbst für PolitologInnen zu fassen ist, die seit über zwanzig Jahren in diesem Gebiet forschen.
[2] Andreas Diekmann gibt in seinem einführenden Buch "Empirische Sozialforschung" einen Überblick zu den Methoden der Soziologie, Politikwissenschaft und Ökonomie. Die experimentelle Wirtschaftsforschung wird als neu etabliertes Gebiet der Ökonomie vorgestellt, Experimente werden als Methode der Soziologie oder Politikwissenschaft hingegen eingangs nicht explizit genannt (Diekmann 2010a: 20f). Später wird jedoch vom Autor betont, dass die Dominanz nicht-experimenteller Methoden in den Sozialwissenschaften ein großes Potenzial für die Anwendung gerade dieser Methode geschaffen hat. Gerade in der sozialwissenschaftlichen Grundlagenforschung kann die Anwendung von Experimenten mit sehr viel Erkenntnisgewinn verbunden sein (Diekmann 2010a: 349).

nicht um die Reproduktion von bereits vorhandenen Wissensbeständen benachbarter Disziplinen, sondern um die Übertragung der Methode als Instrument zur Klärung facheigener Fragestellungen.[3] In methodischer Hinsicht kann somit viel von den benachbarten sozialwissenschaftlichen Disziplinen gelernt werden; inhaltlich bedarf es einer Fokussierung auf die facheigenen Fragestellungen.

Eine ähnliche Entwicklung wie die Ökonomie und die Politikwissenschaft erlebt derzeit die Moralphilosophie, welche hier als zweites Beispiel genannt werden soll. Bei der experimentellen Philosophie (kurz X-Phi) wurde 2008 der erste umfassende Sammelband mit Aufsätzen zum Feld herausgegeben (Knobe und Nichols 2008). Dieser Sammelband erinnert in seiner Form sehr stark an die ersten Versuche in der Politikwissenschaft zu Beginn der 1990er Jahre, Publikationen über Experimente zu ermöglichen (Kinder und Palfrey 1993). Eine methodische Systematisierung des Feldes steht jedoch ebenfalls noch weitestgehend aus. Beide Beispiele zeigen, dass neben der Politikwissenschaft in den letzten Jahren auch benachbarte geisteswissenschaftliche Disziplinen in Richtung experimenteller Forschung aufgebrochen sind, welche ihrem wissenschaftlichen Selbstverständnis nach eigentlich als nicht-experimentelle Wissenschaften bekannt waren.

Innerhalb der Politikwissenschaft ist es gegenwärtig die Wahlforschung, welche sich Experimenten als Methode bedient; dieser Zusammenhang kann auch umgekehrt betrachtet werden, insofern sich experimentell forschende PolitikwissenschaftlerInnen die Wahlforschung als Betätigungsfeld suchen.

In den 1990er Jahren wurde der Nobelpreis für Wirtschaft an Elinor Ostrom für ihre experimentellen Untersuchungen zur Bewirtschaftung einer Almende verliehen. Dies hat die Aufmerksamkeit auf umweltpolitische Fragestellungen

---

[3] Als Beispiel sei hier ein Bericht in der Zeitschrift *Psychologie Heute* angeführt, in welchem über (psychologische) Experimente mit Links- und Rechtshändern berichtet wird. Eine Experimentenserie untersuchte den Zusammenhang zwischen der Händigkeit (ob die Käufer Links- und Rechtshänder sind) und der Anordnung von identischen Waren bei Kaufentscheidungen. Die Befunde aus den Experimenten schließen mit dem Hinweis: „Somit forciert allein die Seite auf der ein Objekt steht, die spätere Entscheidung in einem überraschenden Maß. Ob dies auch bei Stimmzetteln bei politischen Wahlen eine Rolle spielt?" (Paschek 2010: 74). Der letzte Gedanke wird nicht weiter ausgeführt, da dies nicht Gegenstand der Experimente war. Dies ist jedoch genau die Stelle, an welcher politikwissenschaftliche Experimente ansetzen können und sollten. Gleiches gilt für einen späteren Gedanken in demselben Artikel. Es wird darauf verwiesen, dass die reine Positionsbeschreibung „rechts" vielfach mit positiven Beschreibungen verbunden wird und „links" sprachlich mit negativen Dingen in Verbindung steht (ebenda: 75). Ob die Aufteilung politischer Parteien in das klassische Links-Rechts Schema oder die Bezeichnung „Links-Partei" einen Einfluss auf Wähler und ihre Entscheidungen haben, wird hierbei ebenfalls nicht geklärt. Politik-wissenschaftliche Experimente würden gerade diese Fragestellungen angehen.

und die Anwendung von Experimenten in diesem Bereich gelenkt. Als Präsidentin der American Political Science Association (1996-97) versuchte sie den Mehrwert der Methode für die Politikwissenschaft zu verdeutlichen. Bei regionalen Konferenzen der APSA wurden diese Bemühungen überwiegend sehr negativ aufgenommen (Morton und Williams 2010: 10). In den letzten Jahren ist ein Trend zu erkennen - auch in der deutschsprachigen Politikwissenschaft, welcher sich von der sachkundigen Erläuterung politikwissenschaftlicher Themenbereiche hin zu einer genauen Datenerhebung und Analyse bewegt (Kittel 2009).[4] Dieser Trend folgt einer Entwicklung, welche sich im angelsächsischen Raum seit den 1970er Jahren stabilisiert hat und drei empirische Methoden für die Politikwissenschaft als führend etabliert hat: formale Modellierung, statistische Analysen und qualitative Methoden, vor allem Fallstudien (Bennett et al. 2003; Schwartz-Shea und Bennett 2003). Zu den ersten beiden genannten empirischen Methoden könnten sich Experimente in den kommenden Jahren gut hinzugesellen. Die hier vorliegende Arbeit greift den gezeigten Faden auf und wird die Frage nach weiteren Anwendungsbereichen von Experimenten in der Umweltpolitik anhand einer eigenen empirischen Untersuchung illustrieren. Denn nicht zuletzt durch die aktuellen Ereignisse in Japan im März 2011 haben Fragen des Stromverbrauchs, auch von privaten Haushalten, an Relevanz gewonnen. In diesem Bereich können die beobachtende und die befragende Forschung an ihre immanenten Grenzen stoßen. Die Arbeit möchte daher die methodische Vielfalt in der Nachhaltigkeitsforschung durch eine experimentelle Sichtweise erweitern. Hierdurch soll der Mehrwert der experimentellen Methodik für umwelt-politische Forschung illustriert werden.

Aus diesem einführenden Überblick zeigt sich neben der aktuellen Relevanz der hier behandelten Themenkomplexe, welche Problembereiche vor der Anwendung auf den jeweiligen empirischen Gegenstand zu lösen sind: Verortung und Systematisierung der Methode. Unter Verortung wird zunächst einmal die begriffliche Fassung der Methode, deren Einordung in die empirische Sozialforschung und die erkenntnistheoretischen Grundlagen des Experiments in der Politikwissenschaft verstanden. Hierneben geht es aber auch um eine

---

[4] Dieser Trend dürfte vor allem die Bewegung innerhalb der Policy Forschung abbilden, wohingegen die eher theoretisch orientierte Politikwissenschaft wohl nur einen begrenzten Mehrwert aus dieser Veränderung ziehen kann. Unter theoretischer Forschung lässt sich bspw. die Form-Bewegungs-Debatte in der metaphysischen Diskussion verstehen, in welcher der zu untersuchende Gegenstand gerade dadurch charakterisiert ist, dass er sich der empirischen Erfahrungswelt entzieht. Im Folgenden wird stärker auf ein anderes Verständnis von Theorie und deren Abstraktionsgrad rekurriert, in welchem Modelle auch als Theorie gelten. Zwischen diesen beiden Verständnissen ist stets zu unterscheiden.

16

Überwindung von Barrieren in Bezug auf die Anwendung und Bewertung experimenteller Designs in der Politikwissenschaft. Beispielhaft sei an dieser Stelle der Vorwurf der Künstlichkeit experimenteller Forschungsdesigns genannt, sowie das Verständnis von Validität der Forschungsergebnisse. Die Bewertung von „realitätsnaher" Forschung als bessere Forschung, wie es im Falle der Frage nach der Künstlichkeit experimenteller Forschungsdesigns der Fall ist, spiegelt einen Mythos der sozialwissenschaftlichen Forschung wieder (Diekmann 2010a: 195). Bei der Frage nach der Validität von Ergebnissen werden oftmals Kriterien der Beobachtungs- und Befragungsforschung auf Experimente übertragen, was zu Fehleinschätzungen führt. Der zweite hier genannte Punkt, die Systematisierung der Methode, umfasst die Synthese und Positionierung innerhalb der aktuell geführten Debatten über die Anwendung von Experimenten.

Vor dem Hintergrund dieser Überlegungen ergibt sich die zentrale Fragestellung der Arbeit: Welches sind die Anwendungsbereiche der experimentellen Methode auf Problemstellungen der politikwissenschaftlichen Nachhaltigkeitsforschung? Dieser Frage soll anhand eines Anwendungsbeispiels im Bereich des aktuell sehr relevanten Themenkomplexes des Stromverbrauchs privater Haushalte geklärt werden. Hierfür muss zunächst ein theoretischer und methodischer Grundstein gelegt werden. Die Kernaufgabe der Arbeit ist somit, auf einer theoretischen Grundlage die Systematisierung der methodischen Entwicklung im Bereich der Experimente darzulegen und zu diskutieren, sowie deren Anwendung im Bereich der Energie- und Nachhaltigkeitspolitik zu illustrieren.

Im empirischen Teil der Arbeit geht es sowohl um die Illustration eines weiteren Anwendungsbereiches, als auch um den Rückbezug der Erfahrungen aus der Empirie auf die Theorie und Methodenentwicklung. Genauer gesagt geht es neben dieser inhaltlichen Fragestellung der Arbeit auf einer weiteren Ebene auch um die Synthese der erkenntnistheoretischen Grundlagen, sowie um die Klärung bisher noch unzureichend untersuchter methodischer Problemstellungen in der experimentellen Politikwissenschaft. Die Arbeit betritt somit auf allen drei Ebenen des Hauptteils Neuland; in der theoretischen Grundlegung, der methodischen Anwendung von Experimenten und in der Empirie.

Im methodischen Teil der Arbeit wird es nicht darum gehen, theoretische Bausteine unterschiedlicher Modelle zusammenzuführen, sondern eine über die Analyse hinausgehende Synthese des bestehenden Materials zu bieten, um bspw. der Frage nachzugehen, weshalb gerade jetzt die experimentelle Methode in der Politikwissenschaft derart an Akzeptanz gewinnt - eine Frage, die bisher nur unzureichend beantwortet wurde. Die Arbeit erweitert auf der methodischen

Ebene außerdem die bisherigen Erkenntnisse bezüglich der Anwendung von finanziellen Anreizen im Experiment und der Randomisierung im Feldexperiment. Diese beiden Punkte werden im methodischen Teil vor dem Hintergrund der bestehenden Literatur besprochen und im empirischen Teil anhand eines Experiments analysiert. In der Literatur werden diese Fragestellungen als zukünftige Probleme der experimentellen Forschung herausgestellt (Morton und Williams 2010: 526). Die Arbeit leistet daher an dieser Stelle vor allem auf der empirischen Ebene einen Beitrag zur Schließung dieser methodischen Lücken; gleichzeitig muss eine Klärung solcher methodisch-technischer Fragen auch stets auf dem Gebiet der Empirie geschehen, da sich die Methoden hier zu bewähren haben. Der empirische Teil leitet hierüber hinaus auch die Beantwortung der erkenntnisleitenden Frage-stellung dieser Arbeit über die Anwendung von Experimenten in der Nachhaltigkeitsforschung ein und illustriert die Anwendungsmöglichkeiten durch empirische Forschung in diesem Bereich. Wie bereits oben erörtert, wird diese empirische Anwendung in der Arbeit auch in Bezug auf die theoretischen und methodischen Abschnitte reflektiert und hierdurch tiefergehend analysiert.

Für die oben aufgezeigte Gliederung bedeutet dies im Detail, dass der theoretische Teil sich zunächst dem Begriff des Experiments selbst nähert. Hierdurch wird der gesamte Rahmen für die Arbeit umrissen, d.h. es wird durch eine definitorische Abgrenzung herausgearbeitet, was der Gegenstand dieser Arbeit ist; aber auch, was nicht behandelt werden wird. Hiervon ausgehend werden grundlegende theoretische Konzepte der experimentellen Forschung besprochen, wie das Konzept der Kausalität und die interdisziplinären Schnittstellen zu den benachbarten sozialwissenschaftlichen Disziplinen. Hiernach werden die wichtigsten Formen experimenteller Forschung in der Politikwissenschaft besprochen. Diese sind das Feldexperiment, das Umfrage-Experiment und das Laborexperiment. Zuletzt werden auch einige Forschungsdesigns behandelt, die bisweilen als Experimente bezeichnet werden, im Rahmen dieser Arbeit jedoch nicht der experimentellen Forschung zugeschlagen werden. Das Ziel des theoretischen Teils dieser Arbeit ist ein Doppeltes: zum einen sollen Fragen an die hier verwendete Methodologie und das Vorgehen im empirischen Teil vorweggenommen werden. Konkret bedeutet dies, dass ein vorwissenschaftliches Verständnis von dem, was ein Experiment ist, hinterfragt werden soll, um sich möglicherweise ergebende Folgefehler und damit verbundene Fehlschlüsse zu vermeiden. Zweitens soll das bestehende erkenntnistheoretische Wissen über Experimente in der Politikwissenschaft systematisiert und durch Synthese erweitert werden. Hierdurch wird ein

Fundament für den methodischen und den empirischen Teil der Arbeit geschaffen.

Im methodischen Teil dieser Arbeit wird sechs zentralen Bewertungskriterien der experimentellen Forschung nachgegangen. Diese umfassen die Fragekomplexe, wie sich Kausalität in Modellen abbilden lässt, wie experimentelle Forschungsdesigns auszusehen haben, wie sich Kontrolle und Randomisierung im Experiment umsetzen lässt und was unter Validität experimenteller Ergebnisse zu verstehen ist. Zuletzt wird die Ethik experimenteller Forschung thematisiert, da Experimentieren in der Politikwissenschaft i.d.R. auch das Experimentieren mit Menschen bedeutet. Vorangestellt ist dem methodischen Teil ein Überblick zu den grundlegenden Elementen experimenteller Forschung. Ziel dieses Teils der Arbeit ist es, Kriterien zur Bewertung durchgeführter Experimente zu liefern und diese Kriterien auch auf den empirischen Teil der Arbeit anzuwenden. Dieses gilt insbesondere für die zentralen Fragen der Randomisierung und Kontrolle im Experiment, auf welche anhand des empirischen Beispiels ein Rückbezug genommen wird. Des Weiteren soll das Verständnis der experimentellen Methode vertieft werden, insbesondere in Bezug auf die Abgrenzung technisch-methodischer Aspekte zur Beobachtungs- und Befragungsforschung.

Der empirische Teil der Arbeit stellt ein selbständig durchgeführtes Experiment vor. Durch das Experiment wurde untersucht, wie sich die Steigerung des Strompreises auf die Kaufentscheidung der KonsumentInnen für energieeffiziente Haushaltsgeräte auswirkt. Das Experiment wurde in unterschiedlichen deutschen Städten im Jahr 2008 durchgeführt. Die im empirischen Teil vorgestellte Analyse kann vor diesem Hintergrund als eine Sekundäranalyse der Daten erscheinen. Da jedoch vor dem Hintergrund der im methodischen Teil entwickelten Kriterien neue Fragestellungen entwickelt wurden, die das zentrale Erkenntnisinteresse der hier vorgestellten Empirie sind, geht die Arbeit über das Ziel in dessen Rahmen die Daten ursprünglich erhoben wurden, hinaus. Die Analyse vertieft vielmehr Elemente des erhobenen Datenmaterials, welche in der bisherigen Auswertung keine systematische Berücksichtigung fanden. Mit anderen Worten ist das Erkenntnisinteresse bei der ursprünglichen Durchführung des Experiments zu den Fragestellungen in dieser Arbeit höchst unterschiedlich.

Bei der Darstellung des „Stromsparexperiments" wird zunächst die bestehende Literatur zu der behandelten Thematik aufgearbeitet, um die Forschungslücke aufzuzeigen, auf welche das Experiment fokussiert. Hiernach wird das verwendete Forschungsdesign thematisiert, insbesondere die Methodik und die Randomisierung. Die relevanten Resultate der bisherigen Analyse, sowie vor allem die erweiterte Datenauswertung werden besprochen und vor dem Hintergrund der theoretischen und methodischen Erwägungen der beiden vorangegangenen Teile reflektiert. Ziel des empirischen Teils ist es, einen Anwendungsbereich für experimentelle Forschung in der Nachhaltigkeitsforschung aufzuzeigen und eine Illustration und Vertiefung der vorangegangen theoretischen und methodischen Teile zu bieten. Am Schluss der Arbeit werden die zentralen Erkenntnisse resümiert und ein Ausblick auf die weiteren Entwicklungsmöglichkeiten und Forschungsfelder in der experimentellen Nachhaltigkeitsforschung in Bezug auf den inhaltlichen und methodischen Bereich umrissen.

Der Anhang der Arbeit besteht aus Tabellen und Abbildungen, welche für das Verständnis der im Experiment durchgeführten Analyse zentral sind, jedoch nicht im Fließtext untergebracht wurden.

Die hier vorliegende Arbeit ist im pragmatisch orientierten Positivismus zu verorten. Die Kritik an dieser wissenschaftlichen Positionierung hat eine lange Tradition und hat mitunter zu sehr ergiebigen Debatten geführt, welche auf die Wurzeln des sozialwissenschaftlichen Grundverständnisses verweisen (Adorno et al. 1993; Dahms 1994). So nimmt die Kritik im wesentlichen Anstoß daran, dass gerade die weitreichenden metaphysischen Spekulationen des Pragmatismus, sowie des Positivismus unreflektiert bleiben. Der theoretische Teil dieser Arbeit wird nicht an dieser (zutreffenden) Problematisierung ansetzen,[5] sondern vielmehr die Position des Positivismus nachvollziehen und in Bezug auf die experimentelle Methode fruchtbar machen.

---

[5] Der Hinweis auf die „zutreffende Problematisierung" verweist auf eine zentrale Paradoxie innerhalb der sozialwissenschaftlichen Forschungspraxis. So verweisen Positivisten in Vorträgen und Konferenzen gerne auf den praktischen (und nicht theoretischen) Gehalt ihrer Arbeit und betonen, dass sie sich hierbei nicht mit Theorie auseinandersetzen. Die Setzung einer theoretischen Grundlage bedeutet jedoch die implizite Anerkennung einer Theorie; dass dies nicht mehr theoretisch reflektiert wird, macht die Forschung weder einfacher noch „un-theoretischer". Die Annahme des hier unterstellten Reduktionismus ist Schein. Um eine Methode, wie sie hier im Falle des Experiments nachvollzogen werden soll, nicht auf den rein funktionalistischen Moment zu reduzieren, ist es nötig auch die theoretischen Grundlagen zu reflektieren (1. Teil der Arbeit). Der Positivismus ist hierbei der Ankerpunkt der Überlegungen, anhand dessen die Setzungen aufgezeigt werden, welche jedoch nicht bis zur Kritik ihrer metaphysischen Annahmen nachvollzogen werden.

2 Grundlegende und einführenden Aspekte

Anders als in den naturwissenschaftlichen Disziplinen hat sich das Experiment in der Politikwissenschaft als Methode bisher noch nicht vollends durchsetzen können. Auch liegt der Beginn dieses Durchsetzungsprozesses in den Fachzeitschriften der Politikwissenschaft erst wenige Jahre zurück. Erst seit 2010 existiert ein Lehrbuch über experimentelle Politikwissenschaft.[6] Die Autoren des Buches, Morton und Willams, bieten hiermit eine erste Orientierung und Übersicht für die Methodenentwicklung im Bereich der experimentellen Politikwissenschaft.[7] Die gegenwärtige Situation innerhalb der Disziplin fassen die beiden AutorInnen folgendermaßen zusammen:

> „No texts exist on experimental methods specifically geared to political scientists and political science research questions (something this book obviously hopes to address)."
> (Morton und Williams 2010: 23)

Daher erscheint es notwendig, im ersten Kapitel dieser Arbeit zunächst einmal darzulegen, was unter einem politikwissenschaftlichen Experiment zu verstehen ist. Diese Form der Darlegung geschieht in der bestehenden Literatur oftmals anhand von Definitionen. In dieser Arbeit soll jedoch ein anderer Weg beschritten werden, da die definitorische Festlegung des Gegenstandes und die Unterteilung anhand spezifischer Kriterien in experimentelle und quasi-experimentelle Forschung (Shadish et al. 2002) bei bisherigen Ansätzen zu einem defizitären Verständnis von Experimenten geführt hat. Es soll vielmehr am angelsächsischen Verständnis des politikwissenschaftlichen Experiments

---

[6] Mit der Ausarbeitung des hier vorliegenden Theorieteils wurde bereits im Jahr 2008 begonnen, weshalb in weiten Teilen nur das Manuskript des Buches als Referenzpunkt herangezogen wurde. Erst mit dem Erscheinen 2010 konnten Zitate und Referenzen aus dem fertig gestellten Werk angegeben werden.

[7] Das Methodenbuch, welches hier die Referenz ist, liegt zum Zeitpunkt an welchem diese Arbeit erstellt wurde, in Form der ersten drei Manuskripte für den Cambridge Verlag vor und wurde für die hier vorliegende Arbeit zur Verfügung gestellt. Daher auch die unterschiedliche Zitation des Buches, um transparent und nachvollziehbar zu machen, aus welcher Version des Manuskriptes jeweils zitiert wurde.

angeknüpft werden und ein abgrenzendes Merkmal der experimentellen Methode von Befragungs- und Beobachtungsforschung erarbeitet werden. Daher wird im ersten Abschnitt dieses Kapitels über die unterschiedlichen Begriffsverständnisse von Experimenten nicht zwischen richtigem und falschem Verstehen des Begriffes getrennt, wie es oftmals in der Literatur der Fall ist (Petersen 2002: 12). Vielmehr soll anhand unterschiedlicher wissenschaftlicher, aber auch tendenziell umgangssprachlicher Bestimmungen aufgezeigt werden, an welchen Stellen sich Elemente wissenschaftlicher Experimente wiederfinden. Die definitorische Abgrenzung im zweiten Abschnitt dieses Kapitels schließt sich an dieses Vorgehen an und hat zum Ziel, ein Kriterium zu bestimmen, anhand dessen sich die experimentelle Methode von anderen in der Politikwissenschaft verwendeten Methoden scheiden lässt. Das in den ersten beiden Abschnitten aufgezeigte Vorgehen, vom Allgemeinen zum Besonderen voranzuschreiten, wird auch in den folgenden Abschnitten beibehalten.[8] Im dritten Abschnitt wird das Experiment zunächst als Methode innerhalb der empirischen Sozialforschung verortet, bevor die Punkte Kausalität und interdisziplinäre Forschung besprochen werden. Alle drei Punkte werden aus erkenntnistheoretischer Sicht beleuchtet und reflektiert. Zudem wird in diesem Abschnitt die Frage aufgegriffen, weshalb Experimente als Methode in der Politikwissenschaft in den letzten Jahren zunehmend an Akzeptanz gewinnen, nachdem sie viele Jahre in der politikwissenschaftlichen Forschung kaum eine Rolle gespielt haben. Hierbei wird von allgemeinen thematischen und erkenntnistheoretischen Veränderungen, dem Paradigmenwechsel über eine Veränderung des Forschungsinteresses bis hin zu den technischen Neuerungen der letzten Jahre argumentiert, um den stattfindenden Wandel deutlich zu machen. Der vierte Abschnitt der Arbeit behandelt unterschiedliche Formen experimenteller Forschung. Die drei zentralen Typen sind hierbei Labor-, Befragungs- und Feldexperimente. Das so genannte Web-Experiment wird von einigen AutorInnen als vierte Form des Experiments bezeichnet, in dieser Arbeit jedoch als alternative Form des Laborexperiments gesehen und somit unter diesem Punkt behandelt. Bei der Besprechung von Feldexperimenten wird kurz auf die Geschichte experimenteller politikwissenschaftlicher Forschung eingegangen, da diese von Feldexperimenten ausgegangen ist, und es wird anhand des „Lab-in-the-field" Experiments auf Mischformen zwischen den unterschiedlichen Typen von Forschungsdesigns eingegangen. Nach der Bestimmung dessen, was ein Experiment ist, folgt eine Besprechung von Unter-

---

[8] Hierzu Descartes (1637/1997). Dieses Vorgehen wird als strukturierendes Element für den gesamten Hauptteil der Arbeit beibehalten.

suchungsdesigns, welche hiernach keine Experimente darstellen, jedoch oftmals als solche bezeichnet werden. Mit Rückbezug auf die ersten beiden Abschnitte soll ein genaueres Abgrenzungskriterium anhand des konkreten Gegenstandes, den experimentellen Designtypen, geschaffen werden. Im fünften Abschnitt werden abschließend die wichtigsten Erkenntnisse aus der hier vorgenommenen Besprechung grundlegender Aspekte experimenteller Forschung resümiert.

Der theoretische Teil der Arbeit verfolgt, genau wie der nachfolgende methodische Teil, nicht nur einen analytischen Anspruch in Bezug auf die im 4. Teil zu behandelnde Empirie, sondern vielmehr einen synthetischen Anspruch. Dies bedeutet, dass die mit der Thematik verbundenen theoretischen Elemente nicht nur systematisch dargelegt werden, sondern vielmehr eine Synthese des Bestehenden in der logischen Struktur durch die Arbeit geschaffen wird.

2.1 Der Begriff des Experiments

Unter einem Experiment wird je nach sprachlichem Kontext ein sehr unterschiedliches Konzept verstanden. Dieses gilt nicht nur für die Unterschiede zwischen umgangssprachlichem und wissenschaftlichen Verständnis, sondern auch zwischen und innerhalb wissenschaftlichen Disziplinen. Etymologisch ist der Begriff des Experiments im 16. Jahrhundert aus dem Lateinischen (experimentum) in medizinischen Schriften in das Deutsche überführt worden (Pfeifer 2004: 331). Es wurde hierunter eine erprobte Arznei verstanden. Gegen Ende des 17. Jahrhundert bezeichnet das Experiment auch einen Versuch im Rahmen der Experimentalphysik. Als Methode ist das Experiment die „Urform" und der Prototyp als Vorgehensweise der wissenschaftlichen Forschung (Behnke et al. 2006: 41f). Es wurde bereits von Astrologen im alten Ägypten verwendet, um Zusammenhänge und Gesetzmäßigkeiten zu bestimmen, wie beispielsweise Zyklen von Überschwemmungen. Das Experiment stellt somit die Urform der wissenschaftlichen Forschung dar, aus welcher sich die anderen Methoden ableiten lassen. In den Naturwissenschaften ist dieses Verständnis bis heute präsent (Petersen 2002: 20f); in der Politikwissenschaft ist das Experiment jedoch eine methodische Randerscheinung geblieben, nicht zuletzt wegen praktischer und ethischer Bedenken gegen das Experimentieren mit Menschen.[9]

Im Folgenden soll daher ein erster Überblick zu den verschiedenen Verwendungsmöglichkeiten des Begriffs des Experiments gegeben und kurz

---

[9] Hierzu ausführlich Teil 3.7 dieser Arbeit.

kommentiert werden. Anhand unterschiedlicher sprachlicher und historischer Kontexte wird die Vielschichtigkeit des Begriffs des Experiments aufgezeigt. Winfried Schulz illustriert anhand von fünf möglichen Bedeutungen des Begriffs die Entwicklungsgeschichte dieser Forschungsmethode (Schulz 1970).

1. Experimente als Versuch, durch „Herumprobieren" Erfahrungen zu sammeln. Dieses Verständnis entspricht sowohl der umgangssprachlichen Verwendung des Begriffs als „Herumexperimentieren", als auch der Verwendung in antiken und mittelalterlichen Schriften (Petersen 2002: 13). Diese Wortbedeutung verweist darauf, dass Experimente sich nicht nur für das Prüfen von Theorien eignen, sondern auch einen explorativen Charakter haben.

2. Experimente werden als Synonym für ein spezielles wissenschaftliches Vorgehen verstanden. Hierbei kommen standardisierte Forschungsabläufe zur Anwendung. Dieser Begriff vom Experiment entspricht zwar dem heutigen Verständnis von Experimenten, ist jedoch als Definition auch sehr weit gefasst.

3. Experimente als Verfahren der Beweisführung zum Nachweis von Kausalzusammenhängen. Dieses Verständnis bezieht sich zumeist auf „Gedankenexperimente" in der Logik. Das Verständnis der experimentellen Methode als Beweisführung für den Nachweis von Kausalzusammenhängen entspricht hierbei auch dem heutigen Verständnis in der Forschung, auch in der Politikwissenschaft (Green und Gerber 2002: 808). Gerade die Eigenschaft von Experimenten, Kausalzusammenhänge nachweisen zu können, wird oftmals als Pro-Argument für experimentelle Forschung ins Feld geführt.

4. Experimente mit Elementen der Künstlichkeit. Dieses Verständnis von Experimenten wird durch Laboruntersuchungen umgesetzt, wobei es um die Kontrolle möglicher Störvariablen geht. Die Debatte um die „Künstlichkeit" von Versuchsaufbauten in der experimentellen Politikwissenschaft wird anhand der Frage nach dem Trade-Off interner und externer Validität geführt (vgl. Punkt 3.6).

5. Experimente als Umsetzung von (oftmals gewagten) Reformen und Neuerungen. Dieses Verständnis von Experimenten entspricht zwar zahlreichen Verwendungen des Begriffs in der Politikwissenschaft, wenn beispielsweise von der russischen Revolution oder Maos Kulturrevolution als gesellschaftlichen Experimenten die Rede ist. Diese Form des Experimentierens ist jedoch als politisches Experimentieren zu bezeichnen, nicht als wissenschaftliche Form des Experimentierens. Ein solches

24

Experiment kann jedoch politikwissenschaftlich von Interesse werden, wenn die Rahmenbedingungen so ausgestaltet sind, dass sich aus den Daten auf einen Kausalzusammenhang schließen lässt. Beispielsweise, wenn sich nach der Einführung eines Tempolimits auf einer Autobahn Veränderungen der Umweltbelastung und der Sicherheit einstellen, welche sich eindeutig auf die Veränderung der Fahrgeschwindigkeit zurückführen lassen (Richter et al. 2001; Green und Gerber 2002: 821).

Die hier genannten fünf Punkte lassen sich noch weiter ausführen und ergänzen, wie beispielsweise durch den Verweis auf Zufallsexperimente in der Statistik. Darum soll es hier jedoch nicht gehen. Ebenfalls soll hier nicht darüber entschieden werden, welches die korrekte begriffliche Bestimmung von einem Experiment ist. Vielmehr ist die Vielschichtigkeit des zu behandelnden Gegenstandes darzulegen und es wird gezeigt, dass jede der hier aufgezeigten Bestimmungen Elemente in sich birgt, die mit dem Verständnis von einem wissenschaftlichen Experiment übereinstimmen. Von diesem Verständnis ausgehend soll der nächste Abschnitt auch keine Definition des politikwissenschaftlichen Experiments bieten. Vielmehr soll ein abgrenzendes Merkmal bestimmt werden, anhand dessen sich das politikwissenschaftliche Experiment von den Methoden der Befragung und Beobachtung unterscheiden lässt.

2.2 Definitorische Abgrenzung

Definitionen von dem, was ein Experiment sei, fallen oftmals sehr unterschiedlich aus. Für eine definitorische Bestimmung von experimentellen Methoden wird an dieser Stelle die Intervention des Forschers in den Prozess der Datenerhebung vorgeschlagen, um die experimentellen Methoden von der Beobachtungs- und Befragungsforschung abzugrenzen (Morton und Williams 2010: 42; Definition 2.3). Die Bestimmung dieses Merkmals soll im Folgenden kurz dargelegt werden. Da in der Politikwissenschaft das methodische Vorgehen stark durch den Gegenstand bestimmt ist, wird der Begriff des politikwissenschaftlichen Experiments an dieser Stelle anhand von Anwendungsbereichen skizziert.

Die Definitionen von sozialwissenschaftlichen Experimenten sind sehr unterschiedlich. So stellen Harrison und List (Harrison und List 2004: 1009) heraus, dass jeder Forscher, der in seiner empirischen Arbeit einen Kausalzusammenhang zwischen zwei Variablen darlegt, letztendlich über experimentelle Forschung berichtet. Da ein Kausalzusammenhang zwischen den empirisch zu prüfenden Variablen in der quantitativen Forschung in der Regel schon im Vorhinein unterstellt wird (Schnapp et al. 2006: 16), würde es sich bei jedem Hypothesen prüfenden Verfahren der quantitativen Forschung um ein Experiment handeln. Diese begriffliche Bestimmung ist jedoch so weit gefasst, dass sie keine Eingrenzung des Gegenstandes der experimentellen Methode mehr zulässt. Dem gegenüber gibt es auch Definitionen, die sehr viel enger gefasst sind. Lehrbücher aus benachbarten sozialwissenschaftlichen Disziplinen, wie beispielsweise der Psychologie, sowie Veröffentlichungen in der Politikwissenschaft bemühen sich, per Definition zu bestimmen, was ein Experiment ist und was nicht (Westermann 2000: 267f). Randomisierung, Kausalität und Manipulation sind hierbei die Schlüsselbegriffe, welche in Beschreibungen und Definitionen als Klassifikationskriterium genannt werden (Petersen 2002: 16). Erst wenn alle diese Kriterien erfüllt sind, sprechen die Autoren von Experimenten. Für die Politikwissenschaft ergibt sich aus dieser sehr engen Definition jedoch ein Problem. In der praktischen Anwendung gibt es kaum Experimente, die diesem Ideal entsprechen. Somit ist es ein Mythos zu glauben, es gäbe eine perfekte oder einzig wahre Form des Experiments und diese könne anhand definitorischer Merkmale klar abgegrenzt werden (Morton und Williams 2006: 4). Die Möglichkeiten des zu wählenden Forschungsdesigns werden in einem hohen Maße durch die Forschungsfrage bestimmt. Somit weisen Experimente bei der Frage nach dem richtigen Design sogar eine große Ähnlichkeit mit der Beobachtungs-Forschung auf. Der entscheidende Unterschied der Experimentalmethodik liegt jedoch in der Intervention des Forschers in den Datenerhebungsprozess (data generating process, kurz DGP). Dies wird als zentrales Merkmal zwischen beobachtender und experimenteller Forschung betrachtet.

> „Thus, we define experiments broadly following the traditional definition: an experiment is simply an intervention by a researcher into the DGP through manipulation of elements of the DGP" (Morton und Williams 2010: 50)

Gleichzeitig sind die oben genannten Begriffe wie Randomisierung, Kausalität und Manipulation zentrale Kategorien der experimentellen Forschung, wenngleich sie hier nicht als Merkmale der Definition verstanden werden. Diese Begriffe werden auch im Folgenden aufgegriffen und erklärt werden. Wie gesagt, es wird hier jedoch kein Versuch unternommen, eine Definition für Experimente in der Politikwissenschaft anhand von spezifischen Eigenschaften einer Untersuchungsmethode zu geben. Vielmehr soll gezeigt werden, wie groß das Feld der Möglichkeiten ist und wo experimentelle Forschung eingesetzt werden kann.

2.3 Experimentelle Forschung in der Politikwissenschaft

Experimente gewinnen in der US-amerikanischen Forschung in den letzten Jahren scheinbar zunehmend an Bedeutung. Im Folgenden wird jedoch insofern gegen diesen oftmals vertretenen Befund argumentiert, als dass es sich bei dieser Erscheinung vielmehr um eine Erhöhung der Akzeptanz von experimentellen Methoden in der politikwissenschaftlichen Disziplin handelt. Dieser Wandel kann auch nicht nur anhand von spezifischen Erscheinungen deskriptiv behandelt werden, sondern es bedarf der Analyse struktureller Wandlungsprozesse innerhalb der Disziplin.

Die Anzahl von Artikeln über Experimente nimmt in den bedeutenden politikwissenschaftlichen Fachzeitschriften seit einigen Jahren zu. Die Feststellung beruht auf einer quantitativen und qualitativen Analyse von US-amerikanischen Fachzeitschriften. Die Ergebnisse dieser Untersuchung wurden in zwei Artikeln veröffentlicht, welche als Ausgangspunkt für die nachfolgende Argumentation genommen werden. Die durch die beiden Artikel untersuchten Fachzeitschriften sind die American Political Science Review (Druckman et al. 2006), das American Journal of Politics und das American Journal of Political Science (McGraw und Hoekstra 2002). Die Artikel zeigen auf, dass die Anzahl und die Bedeutung von experimenteller Forschung in politikwissenschaftlichen Fachzeitschriften in den 1990er stark gestiegen sind (Morton und Williams 2006: 3f, 2010: 4).[10] Ähnliche Befunde liegen für deutschsprachige Veröffentlichungen vor;[11] mit dem einzigen Unterschied, dass es hier keine verstärkte Publikationstätigkeit der experimentellen Forschung gab.

---

[10] Die Ergebnisse der hier herangezogenen Autoren berücksichtigen nicht die Veröffentlichungen von sogenannten Umfrage- oder Befragungsexperimenten (Punkt 1.4.2). McDermott (2002) zählt in ihrem Aufsatz eine geringere Anzahl an publizierten Experimenten in den oben genannten Fachzeitschriften für den gleichen Zeitraum. Im Ergebnis stimmt McDermott jedoch mit demjenigen der hier zitierten Autoren überein. Die voneinander abweichenden Zahlen zu publizierten Experimenten spiegeln jedoch die Problematik der definitorischen Abgrenzung von Experimenten wieder. Druckman et al. (2006) berücksichtigen in ihrer quantitativen Auswertung daher auch gleich vier Definitionsmöglichkeiten, welche sie anhand unterschiedlicher Diagramme darstellen.
[11] Für den Zeitraum zwischen 1949 und 1996 findet Petersen 11 deutschsprachige Artikel, die über Experimente berichten (Petersen 2002: 51; Graphik 3).

„Während also in der deutschen empirischen Sozialforschung die experimentelle Methode nach wie vor nur in außerordentlich geringem Umfang genutzt wird, gewinnt sie in den Vereinigten Staaten ganz allmählich an Bedeutung." (Petersen 2002: 49)

Die Befunde müssen jedoch differenzierter betrachtet werden. Der Praxis, aus einer stärkeren Berücksichtigung experimenteller Forschung in Fachzeitschriften einen Bedeutungszuwachs zu interpretieren, wie es Druckman, Green, Kuklinski und Lupia tun (Druckman et al. 2006), und wie es bei Morton und Williams (Morton und Williams 2006) geschieht, ist zunächst einmal mit Vorsicht zu begegnen. Vielmehr muss davon ausgegangen werden, dass die Akzeptanz experimenteller Forschung innerhalb der Disziplin gestiegen ist. Die Feststellung, dass anhand der Quantität von Artikeln in Fachzeitschriften die Bedeutung einer spezifischen Methode nur schwer geschlussfolgert werden kann, ist hierbei selbstredend. Vielmehr ist auf mehreren Ebenen ein Wandel des Selbstverständnisses der politikwissenschaftlichen Disziplin zu bemerken. So unterliegt die Anzahl der publizierten Artikel in Fachzeitschriften auch der Einschätzung von Herausgebern und Wissenschaftlern, welche die Artikel begutachten. Hier wirkt das allgemeine Wissenschaftsverständnis einer Disziplin auf deren innovative Möglichkeiten zurück. So wurde Anfang der 1980er Jahre eine eigene Zeitschrift für experimentelle Politikwissenschaft herausgegeben, welche sich damals jedoch nicht etablieren konnte. Die Zeitschrift wurde gegründet, weil experimentell forschende Politikwissenschaftler beklagten, dass ihre Artikel von den etablierten Fach-zeitschriften nicht angenommen wurden. Verstärkt wurde diese Tendenz noch durch einen Selbstselektionsprozess der Forscher. Experimentell forschende Politikwissenschaftler bereiteten ihre Ergebnisse nicht für politik-wissenschaftliche Fachzeitschriften auf, sondern für Publikationen in den Nachbardisziplinen (McDermott 2002: 44f). Hierüber hinaus stellt Petersen für den deutschsprachigen Raum in Bezug auf Feldexperimente heraus, dass „(...) gelegentlich in Fachzeitschriften Feldexperimente veröffentlicht werden, ohne daß sie von Autoren als Experimente bezeichnet werden, (...)" (Petersen 2002: 61). Des Weiteren werden - oder besser wurden - für die Publikation politikwissenschaftlicher Experimente der letzten Jahrzehnte auch nicht Fachzeitschriften, sondern Sammelbände herangezogen (Ansolabehere und Iyengar 1995; Kinder und Palfrey Tomas R. 1993; Lupia und McCubbins 1998; Morton und Williams 2001). Somit sind die Befunde der eingangs genannten Autoren unter anderem auf eine Erweiterung der methodischen Akzeptanz innerhalb der Disziplin zu reduzieren. Gleichzeitig ermöglicht die steigende Akzeptanz experimentell forschender Politikwissenschaftler in der eigenen Disziplin auch einen autokatalytischen Prozess auf die Methodenentwicklung. Nicht zuletzt durch die zunehmende Möglichkeit, Artikel aus der experimentellen Forschung in renommierten Zeitschriften zu publizieren und in einer breiteren Öffentlichkeit zu diskutieren, haben sich für die experimentelle Politikwissenschaft in den letzten Jahren Entwicklungspotenziale ergeben. So ist seit den 1990er Jahren nicht nur eine Zunahme von Artikeln über experimentelle Forschung zu beobachten, sondern zunehmend auch Bemühungen der Professionalisierung und Systematisierung der experimentellen Politikwissenschaft innerhalb der Disziplin (Druckman et al. 2006). Die hier beschriebene Entwicklung spiegelt auch ein Pressebericht der Northwestern University zu der Konferenz für das erste "Handbook of Experimental Political Science" wieder:

> „Many at the conference marveled at how the trend in using experimentation has shifted. Today, it has become more acceptable — even "fashionable" — for papers to feature experimental methods. This stands in stark contrast to years, in the not too distant past, where reviewers often dismissed journal submissions outright for inclusion of such methods."[12]

Bevor der hier beschriebene Prozess in Abschnitt 2.3.4 genauer betrachtet wird, soll kurz skizziert werden, wo die experimentelle Methode innerhalb der politikwissenschaftlichen Disziplin zu verorten ist (Punkt 2.3.1), was unter Kausalität verstanden wird (Punkt 2.3.2) und welche Rolle benachbarte Disziplinen hierbei spielen, bzw. wie die interdisziplinäre Forschung hierbei aussieht und realisiert wird (Punkt 2.3.3).

2.3.1   Verortung von Experimenten

Das Experiment wird in der Literatur als Urform wissenschaftlicher Forschung bezeichnet, oder es wird gar ein Aufstiegsprozess der Wissenschaft von der Beobachtung von Phänomenen zur systematischen Betrachtung und schließlich zur genauen Analyse gezeichnet (vgl. Abschnitt 2.1). Das Experiment wird hierbei in Anlehnung an die Naturwissenschaften (als die exakten Wissenschaften) als die methodische Krönung dieses Entwicklungsprozesses gesehen. Auch interessiert sich sozialwissenschaftliche Forschung für mögliche Kausalbeziehungen, welche beispielsweise in der Evaluationsforschung durch die Schaffung von Vergleichsgruppen sehr nahe an experimentelle Designs kommen. Für die Analyse von Kausalbeziehungen stellt das Experiment

---

[12] Quelle: www.northwestern.edu/ipr/news/experimental-ps.html; zuletzt geprüft am 04.10.2010.

grundsätzlich die Methode erster Wahl dar. In der Politikwissenschaft stößt man in der Anwendung experimenteller Forschungsdesigns jedoch schnell an Grenzen. Zum einen lassen sich zahlreiche Fragestellungen der Disziplin gar nicht experimentell untersuchen. Wenn wir beispielsweise wissen wollen, welche Auswirkungen eine Wiedervereinigung Koreas auf das internationale System hat, wird es keinem Forscher möglich sein zwei Parallelwelten zu schaffen, in welchen einmal Nord- und Süd-Korea vereinigt werden und das andere Mal nicht, um die hieraus entstehenden Effekte genau zu messen und die Einwirkung anderer erklärender Variablen auszuschließen. Bei solchen großen und komplexen Sachverhalten wird die Politikwissenschaft auch weiterhin auf die beobachtende Forschung angewiesen sein.

> „Die Analyse Internationaler Beziehungen setzt auf höherer Aggregationsebene an und erfordert daher andere methodische Grundannahmen über den Gegenstandsbereich als die Politische Soziologie." (Kittel 2009: 597)

Eine weitere Grenze für die experimentelle Forschung in der Politikwissenschaft hängt mit dem gerade beschriebenen Beispiel zusammen: Experimente sind in der Regel auf Mikroprozesse ausgerichtet und sind auf der Makroebene nicht ohne größere Probleme zu realisieren. Ein gelungenes Forschungsdesign, sowie das „Herunterbrechen" spezifischer Forschungsfragen (Hyde 2010), können die hier beschriebene Mikro-Makro-Ebenen Problematik jedoch reduzieren helfen. Zudem bieten sich Experimente in diesem Bereich auch immer als eine komplementäre Ergänzung zur Verwendung anderer Methoden an, denn kaum eine Theorie höheren Abstraktionsgrades kommt ohne valide Aussagen über die zugrundeliegende empirische Mikroebene aus.

Insgesamt erscheint das Experiment in der Politikwissenschaft als eine komplementäre Ergänzung zu bereits bestehenden und weitestgehend etablierten methodischen Ansätzen. Sein Mehrwert liegt zum einen in der Verwendung für die Grundlagenforschung, in welcher theoretische Annahmen der beobachtenden und befragenden Forschung in geeigneter Umgebung überprüft werden können. Des Weiteren können Experimente auch zur Überprüfung der Robustheit anderer Forschungsergebnisse eingesetzt werden. Robustheit bedeutet in diesem Fall, dass Forschungsergebnisse durch die Anwendung anderer Methoden repliziert werden (vgl. Punkt 3.6.3). Zuletzt können experimentelle Designs auch zur Analyse von zu erwartenden Effekten eingesetzt werden. Die mögliche Wirkung eines Informationssystems kann so beispielsweise im kleinen Rahmen auf seine Wirksamkeit getestet werden (vgl. hierzu auch Punkt 3.1). Des Weiteren ist ein interessanter Aspekt der experimentellen Forschung, dass sie in der Politikwissenschaft bisher nur in geringem Maße eingesetzt wurde und sich hieraus bisher ungenutzte Potenziale ihrer Anwendung ergeben. Diese Potenziale langfristig zu nutzen und das hieraus generierte Wissen in die politikwissenschaftliche Debatte einfließen zu lassen, ist eine der zentralen Zukunftsaufgaben der experimentellen politikwissenschaftlichen Forschung. Für den Bereich der Umweltpolitik leistet die vorliegende Arbeit hierzu einen Beitrag und möchte ein Tor aufstoßen für die Intensivierung der Nutzung der experimentellen Methodik in diesem Bereich.

2.3.2   Kausalität im Experiment

Während der letzten Jahre gewann Kausalität zunehmend an Bedeutung in der Politikwissenschaft. Dies zeigen die HerausgeberInnen des „Oxford Handbook of Political Methodology" gleich zu Beginn ihrer Einleitung anhand einer quantitativen Auswertung von JSTOR Artikeln auf. Hierbei wurde für den Zeitraum zwischen 1910 und 1999 in den publizierten Artikeln nach dem Begriff gesucht (Box-Steffensmeier et al. 2010: 4, Fig. 1.1.). Die Frage nach der Kausalität kann als die Zentralkategorie der experimentellen Forschung gesehen werden. Die theoretische Grundlage des Verständnisses von Kausalität wird bei der Konstruktion von Modellen jedoch häufig nicht explizit genannt, oder es wird darauf verzichtet, auf diese Grundlage zu reflektieren. Daher ist es notwendig, das zugrundeliegende Verständnis unterschiedlicher Typen von Kausalbeziehungen zu explizieren. Zunächst wird sich dem Begriff der Kausalität historisch genähert, um ihn dann im Verständnis der experimentellen Forschung einzugrenzen. Zuletzt werden zwei Formen der analytischen Betrachtung voneinander abgegrenzt.

Kausalität bezeichnet den Zusammenhang zwischen einer Ursache und deren (Aus-) Wirkung. Ursache, Effekt und Kausalität (oder auch Kausalbeziehung) sind die zu behandelnden Zentralkategorien (Shadish et al. 2002: 4). Eine frühe Systematisierung erfuhren die Begriffe in Aristoteles Metaphysik (Aristoteles 2007). Aristoteles unterscheidet zwischen vier Formen der Ursache. Dies sind die causae materialis, -formalis, -efficiens und -finalis. Während Aristoteles in der metaphysischen Bestrebung die Essenz der positiven Erscheinung sucht und somit die causae materialis und formalis in der Vordergrund der Betrachtung stellt, wurde durch die s.g. wissenschaftliche Revolution des 17. Jahrhunderts und vor allem durch die Arbeiten von David Hume und John Stuart Mill das funktionalistische Verständnis von causa efficiens in der positivistischen Forschung betont. Dieses Verständnis von Ursache liegt auch der experimentellen Forschung in der Politikwissenschaft

31

zugrunde und wird auch in der hier vorliegenden Arbeit geteilt. Grundsätzlich besteht eine forschungspragmatische Sicht der Arbeit auf die Form der Wissenschaftlichkeit, welche mit der Zurückweisung anderer Interpretations- und Forschungstraditionen einhergeht.

Nach der Verortung der Arbeit in Bezug auf Fragen der Kausalität und des Forschungsparadigmas, sollen nun die hier bereits aufgeführten Begriffe zu Effekt, Ursache und Wirkung konkretisiert und deren Verhältnis zueinander erläutert werden. Als Effekt wird das Ausmaß des Unterschiedes zwischen Kontroll- und Experimentalgruppe bezeichnet, der auf das Treatment zurück-zuführen ist. Dieser ist wie folgt definiert:

> „An effect is the difference between what did happen and what would have happened." (Shadish et al. 2002: 5)

Der Zusammenhang zwischen Ursache und Wirkung wird, wie Eingangs bereits definiert, als Kausalität oder als Kausalbeziehung bezeichnet. Aber wie wird Kausalität durch Experimente genau analysiert? Kausalität kann von zwei Seiten aus betrachtet werden: Die erste Betrachtungsweise behandelt die Ursache von Auswirkungen (cause of effects) und die zweite nimmt die Auswirkung einer Ursache (effects of cause) in den Blickpunkt (Morton und Williams 2010: 36f). Diese Unterscheidung lässt sich anhand eines Beispiels aus der Wahlforschung erläutern. Es wird hierbei ein kausaler Zusammenhang zwischen Informationen und Walbeteiligung, bzw. Wahlentscheid unterstellt. Wenn nach der Ursache für die Wahlbeteiligung gefragt wird, stellt sich die Frage nach der Ursache einer Auswirkung, d.h. nach der Ursache für eine Wahlbeteiligung. Wird jedoch danach gefragt, ob besser informierte Wähler auch einen „besseren" Wahl-entscheid treffen, stellt sich die Frage nach der Auswirkung einer Ursache.

Die gleiche Unterscheidung zwischen Ursachen von Auswirkungen und Auswirkung einer Ursache wird auch für die unterschiedliche methodische Ausrichtung von qualitativer und quantitativer Forschung herangezogen (Mahoney und Goertz 2006: 230f). Bei dieser Konzeption wird die Ursache von Auswirkungen (cause of effects) der qualitativen Forschung zugeschrieben und die Auswirkung einer Ursache (effects of cause) der quantitativen Forschung. Das methodische Repertoire der Sozialwissenschaft kann diese strikte Trennung zwischen qualitativer und quantitativer Forschung aufgelöst werden. Entlang dieser Trennlinie argumentieren jedoch zahlreiche WissenschaftlerInnen, wie beispielsweise Heckman (2008: 2). Nach Heckman ist es aus ökonomischer Perspektive die Aufgabe von wissenschaftlichen Modellen, die Ursache von Auswirkungen zu untersuchen. Dieser Ansatz wird von Heckmann die strukturelle Methode genannt. Hierbei werden frühere theoretische und empirische Arbeiten zusammengeführt. Verfügbare Daten, sowohl aus der beobachtenden, als auch aus der experimentellen Forschung, werden in ein in sich logisches und widerspruchsfreies Modell zusammengeführt. Dieses Modell beinhaltet zumeist auch Prognosen und Annahmen über Kausalzusammenhänge. Bei der experimentellen Überprüfung dieser Modelle wird dann auch mehr als nur ein Kausalzusammenhang überprüft. Dieses Verständnis ist auch erkenntnisleitend für politikwissenschaftliche Experimente, insbesondere in der politischen Ökonomie und der politischen Psychologie (Morton 1999).

Von einigen AutorInnen wird zudem eine weitere Frage an die Forschung angeführt, ob die Ursache von Auswirkungen überhaupt quantitativ bedeutungsvoll sei. So wird beispielsweise die Untersuchung der Ursachen von globaler Klimaerwärmung nicht zuletzt dadurch bedeutsam, dass deren Auswirkungen einen bedeutenden Effekt auf uns haben (Morton und Williams 2010: 49). Diese Auffassung ist jedoch ebenfalls in Teilen umstritten. So betonen andere AutorInnen stärker die deskriptive Aufgabe, welche experimentellen Untersuchungen zukommen kann. Auch wird gerade dem Experiment zumeist eine sehr kleinteilige Aufgabe im Forschungszusammenhang zugeschrieben und weniger die Untersuchung der großen Zusammenhänge. Gerade bei der Anwendung von Experimenten zur Grundlagenforschung sind nicht unbedingt die großen Effekte von Bedeutung, um die Notwendigkeit eines Forschungsvorhabens zu begründen. So wird die Auffassung, dass die Beschreibung der Auswirkung einer Ursache auch für die Forschung von Bedeutung ist, wird beispielsweise bei der Suche nach Fakten in Feldexperimenten vertreten (Green und Gerber 2002).

Zusammenfassend lässt sich sagen, dass es keinen einzig richtigen Weg für die Modellierung von Kausalbeziehungen gibt. Das funktionalistische Verständnis des Positivismus bildet hierbei einen wichtigen Ankerpunkt. Das hiermit verbundene Verständnis von Kausalität ist zentral für die Bestimmung der Aufgaben der experimentellen Politikwissenschaft und die Verortung der Methode. Es ist jedoch wichtig, zwischen den beiden methodischen Ansätzen, cause of effects und effect of cause, bei der Formulierung eines Modells zu unterscheiden. Für die experimentelle Untersuchung ist ersteres von zentraler Bedeutung „…scientific research is about building and evaluating theories about the cause of effects." (Morton und Williams 2010: 42; 57) Wie Kausalität konkret in Modellen formalisiert werden kann, um sie im Rahmen von Experimenten überprüfen zu können, ist Gegenstand des Abschnittes 3.2 in dieser Arbeit.

2.3.3 Interdisziplinäre Forschung

Der Beginn des gegenwärtigen „Booms" experimenteller Forschung in der Politikwissenschaft wird in Artikeln und auf Konferenzen zumeist am sozialwissenschaftlichen Institut SUNY der Universität Stony Brook in New York gesehen. Hier forschten ab Mitte der 1970er Jahre zum ersten Mal sozialpsychologisch interessierte PolitikwissenschaftlerInnen in einer institutionalisierten Form, zusammen mit PsychologInnen in deren Labors. Bis heute befassen sich sehr viele PolitikwissenschaftlerInnen auf Long Island mit Experimenten. Diese interdisziplinäre Zusammenarbeit zwischen Politikwissenschaft und Psychologie hat jedoch insbesondere unter Berücksichtigung der erkenntnistheoretischen Ausrichtung der beiden Disziplinen mit einem Problem zu kämpfen.

In einem Aufsatz untersuchen Druckman et al. (Druckman et al. 2009b) die interdisziplinäre Forschung in der politischen Psychologie. Hierbei kommen die Autoren der Studie zu dem Ergebnis, dass das Potenzial der interdisziplinären Forschung zwischen Politikwissenschaft und Psychologie noch nicht voll ausgeschöpft ist und eine Asymmetrie zwischen den beiden Disziplinen besteht. So zitieren PolitikwissenschaftlerInnen weitaus häufiger ihre KollegInnen aus der Psychologie in Fachzeitschriftenartikeln als umgekehrt (ebenda: 488f). Dies ist nicht nur ein wichtiger Punkt für den Methodentransfer, welcher den PolitikwissenschaftlerInnen in Punkto Experimente als einseitig Rezipierenden erscheinen lässt, vielmehr verweist die empirische Analyse von Druckmann et al. (ebenda: 2009b) auf die zugrundeliegende Erkenntnislogik. Karl Popper unterscheidet bei der Erkenntnislogik zwischen Tatsachenfragen (quid facti) und Geltungsfragen (quid juris) (Popper 2005: 7). Die empirische Psychologie hat an den Tatsachenfragen Interesse (Psychologismus), wobei sich Experimente als Methode des Erkenntnisgewinns auch gut einsetzen lassen; dahingegen ist die Erkenntnislogik an Fragen der Geltung interessiert. Um Experimente als Methode des Erkenntnisgewinns einsetzen zu können sind weitaus kompliziertere Forschungsdesigns notwendig. Somit spiegeln die hier vorgestellten Befunde von Druckmann et al. (Druckman et al. 2009a) und Iyengar (Iyengar 2009b) die unterschiedliche erkenntnistheoretische Logik wieder, welche den sozialwissenschaftlichen Disziplinen zugrunde liegt und dem Experiment als Methode unterschiedliche Bedeutungen zukommen lässt. Allgemein lässt sich sagen, dass die quantitativ forschende Politikwissenschaft ihre Blaupausen methodisch bei der Ökonomie in den letzten Dekaden hatte (Kittel 2009). Dies ist auch in Bezug auf Experimente der Fall. Bei einer direkten Gegenüberstellung der drei großen Einflussquellen der experimentellen

Politikwissenschaft – Psychologie, Statistik und Ökonomie – dürfte Letzterer eine besondere Bedeutung zukommen. Dies liegt zum einen an der oben aufgeführten erkenntnistheoretischen Diskrepanz zwischen den sozialwissenschaftlichen Disziplinen, welche in diesem Fall nicht ganz so groß ist, zum anderen aber auch an der schlichten Tatsache der leichten Übertragbarkeit existierender experimenteller Untersuchungsdesigns auf die Politikwissenschaft. Beispielhaft für diese Übertragbarkeit sei hier nur auf die Nähe zwischen experimentellen Untersuchungen von Auktionen und Wahlen hingewiesen, oder ganz allgemein auf die Wirkung von Kommunikation zur Reduktion von Dilemmata.

Ein weiteres zentrales erkenntnistheoretisches Unterscheidungskriterium legt Habermas in seiner Untersuchung über subjektivistische und objektivistische Forschungstraditionen vor (Habermas 1995). Hierbei unterschiedet Habermas zwischen Handlung (action) und Verhalten (habit).[13] Eine Aufgliederung der Forschungsfrage auf diese beiden Muster ist für und vor allem vor der experimentellen Untersuchung des Gegenstandes sinnvoll. Wie das Verhalten Handlungen beeinflusst, bzw. welche Faktoren Handlungen steuern, ist Gegenstand der experimentellen Forschung. Hierbei ist das Urteil und die Beurteilung der Sachverhalte in Ökonomie und Politikwissenschaft weniger Gegenstand der Untersuchung, experimentellen Moralphilosophie oder der Psychologie in Anschluss an Piaget und Kohlberg (Fehr 2011: 34). Vielmehr wird hier die Bereitschaft zu einem spezifischen Verhalten untersucht, wie Altruismus oder Umweltverhalten. Hierbei wird aus einer ökonomischen Perspektive zumeist unterstellt, dass ein solches Verhalten Kosten verursachen kann, ohne direkte materielle Vorteile zu bieten. Diese (theoretische) Situation oder Annahme kann im Experiment durch die Integration finanzieller Anreize in das Forschungsdesign abgebildet werden. Zumeist werden solche Situationen durch die Erzeugung von Dilemmata oder Wettbewerb im experimentellen Setting geschaffen. Unter welchen Bedingungen Menschen ein solches Verhalten zeigen und welche Faktoren in welcher Form darauf Einfluss nehmen, ist Gegenstand politikwissenschaftlicher und ökonomischer Experimente. Dies soll umgekehrt nicht heißen, dass in der Psychologie die Untersuchung ökonomisch geprägter spieltheoretischer Modelle keine Rolle spielen würde. Die Arbeiten des Psychologen David Dunning sind für diese Forschungsrichtung ein gutes Beispiel. Dunning setzt sich intensiv mit der Frage des Vertrauens auseinander und untersucht dieses anhand von Trustgames. In

---

[13] „Max kommt von der Arbeit nach Hause" ist eine Handlung, wohingegen eine Fliege, welche gegen eine Scheibe fliegt, ein Verhalten zeigt.

diesem Abschnitt wird jedoch darauf verwiesen, dass das Erkenntnisinteresse durchaus unterschiedlich ist, wenngleich die theoretischen Modelle und Methoden sich stark ähneln.

Festzuhalten bleibt für die Interdisziplinarität der experimentellen Forschung, dass es eine leichte Trennlinie zwischen Politikwissenschaft und Ökonomie auf der einen Seite und Psychologie und Experimentalphilosophie auf der anderen Seite gibt. Diese Trennlinie zeigt sich zum einen an der Frage nach Fakten- und Geltungstatsachen und zum anderen bei Handlungen und ihren (moralischen) Bewertungen. Gleichzeitig zeigt sich jedoch auch, dass bspw. die experimentelle Politikwissenschaft inhaltlich und methodisch viel von der psychologischen Forschung lernt. Die beiden Bereiche des inhaltlichen und methodischen sind dabei nicht voneinander zu trennen, da ein Verständnis der Methode einem besseren inhaltlichen Verständnis der Forschung zumeist vorausgeht. Exakt zu diesem Punkt leistet diese Arbeit einen Beitrag.

2.3.4 *Wandel in der Beugung von Experimenten*

Wie kommt es zu dem eingangs in diesem Abschnitt beschriebenen, gegenwärtigen Wandel innerhalb der politikwissenschaftlichen Disziplin, welcher die Arbeit und Publikationstätigkeit im Bereich der experimentellen Methoden ermöglicht? Zur Beantwortung dieser Frage sind drei Merkmale voneinander zu unterscheiden. Als erstes wird auf der Ebene des Allgemeinen ein Wechsel im erkenntnistheoretischen Paradigmenwechsel innerhalb der Disziplin untersucht. Hier wird die These vertreten, dass es in den 1990er Jahren zu einer Erschütterung des normalwissenschaftlichen Selbstverständnisses innerhalb der Politikwissenschaft kam. Zweitens veränderte sich die Forschungsperspektive der Politikwissenschaft. Hierdurch kam es zu einer stärkeren Berücksichtigung von Prozessen auf der Mikroebene, deren Analyse experimentelle Methoden zulässt. Zuletzt muss den technischen Veränderungen in der Forschung Rechnung getragen werden. Durch die Verwendung neuer Computersoftware und des Internets zur Erhebung von Daten sind den Forschern neue Möglichkeiten eröffnet worden.

2.3.4.1 Erkenntnistheoretische Veränderungen

In der Literatur wird die Ablehnung von Experimenten als Methode in der Politikwissenschaft auch mit historischen und religiösen Argumenten begründet.

So wird die frühe, vormoderne Ablehnung der Übertragung von naturwissenschaftlichen Methoden auf die Erforschung menschlicher Verhaltensweisen durch die Sonderstellung des Menschen im christlich geprägten Weltbild begründet. Beispielsweise bestrafte im Alten Testament Gott David durch eine Pestepidemie, da dieser eine Volkszählung durchführen ließ (Petersen 2002: 31). Auch das in der Aufklärung vertretene Menschenbild eines rational handelnden Individuums sperrt sich gegen die Übertragung naturwissenschaftlicher Forschungsmethoden, welche auf Tiere und deren Verhalten gerichtet sind, auf den Menschen. Genau dieses ist jedoch durch die behavioristische Perspektive in den Sozialwissenschaften geschehen, insbesondere durch die Arbeiten von John Watson (1878-1958) und B. F. Skinner (1904-1990). Geht man in der Etymologie zurück in Bezug auf zwei relevante Begriffe der Politikwissenschaft, dem Staat als politisches Subjekt und der Statistik als Methode der Sozialwissenschaften, verweist bereits Michel Foucault auf den Zusammenhang zwischen politischer Wissenschaft und statistischer Analyse. Foucault arbeitet in der Geschichte der Gouvernementalität den Wandel vom vormodernen zum modernen Modus des Regierens heraus und unterstreicht hierbei den Zusammenhang zwischen moderner Herrschaftspraxis und der Herausbildung neuer Methoden, um Wissen über die Bevölkerung zu erlangen. Hiernach leitet sich das moderne Verständnis von Staat aus dem Wortstamm ´stat` ab, genau wie der Begriff der Statistik (Foucault 2006: 96). Es geht somit bei einer Staatswissenschaft um das Wissen von der Bevölkerung. Weshalb die Politikwissenschaft, welche sich vornehmlich mit dem Staat, sowie mit Macht und Herrschaft auseinandersetzt, für den Prozess der Generierung von Wissen gerade auf das Experiment verzichtet, scheint hiernach nicht aufgrund religiös begründeter Zweifel hinreichend klar zu sein. Aus politikwissenschaftlicher Sicht scheint daher die eingangs dargelegte monokausale Argumentationskette, welche die Ablehnung experimenteller Forschung in der Politikwissenschaft zu begründen sucht, deutlich zu kurz zu greifen und den Gegenstand zu verfehlen, welchen sie kritisieren möchte.

Thomas Kuhn argumentiert in seinem Essay über die Struktur wissenschaftlicher Revolutionen, dass ein „...Zusammenbruch der normalen Techniken des Rätsellösens..." (Kuhn 1976: 82) aus einer Krise des normalwissenschaftlichen Grundverständnisses, der Paradigmen, entsteht. Als Symptom der Krise bezeichnet Kuhn die Wucherungen von Theorien in der Disziplin (ebenda: 83). Hieraus lässt sich die These ableiten, dass eine Veränderung der politikwissenschaftlichen Paradigmen zu Beginn der 1990er Jahre stattgefunden hat, welche die Möglichkeit neue Theorien und Methoden im bisherigen wissenschaftlichen Kanon der Disziplin zu etablieren, eröffnete. Der These soll an dieser Stelle nicht argumentativ nachgegangen werden, sondern ihre Evidenz mit dem Verweis auf zwei historische Entwicklungen angedeutet werden. So haben zum einen das Ende des Ost-West-Konfliktes und zum anderen unterschiedliche Entwicklungstendenzen, welche allgemein als Globalisierung zusammengefast werden, zu theoretischen Weiterentwicklungen innerhalb der Politikwissenschaft (insbesondere in den Internationalen Beziehungen) geführt. Diese Veränderungen innerhalb der Disziplin erlauben ein „Fenster an Möglichkeiten", in welchem sich neue theoretische Ansätze und Methoden etablieren können. Die Veränderung des Rahmens, in welchem sich der wissenschaftliche Mainstream bewegt, erlaubt auch, wie in dem hier betrachteten Fall der experimentellen Politikwissenschaft, die Übernahme neuer Paradigmen und Methoden aus anderen wissenschaftlichen Kreisen, wie bspw. aus der US-amerikanischen Forschung.

Des Weiteren ist die Frage danach zu stellen, inwieweit ein Wandel in der Bewertung empirischen Arbeitens - und der hiermit verbundenen Anwendung entsprechender Methoden innerhalb der eigenen Disziplin - stattgefunden hat; aber auch, inwiefern diese Faktoren ggf. mit einem Wandel in den Nachbardisziplinen verbunden sind.

2.3.4.2 Veränderung des Forschungsgegenstandes

Für eine zunehmende Akzeptanz experimenteller Forschung in der Politik-wissenschaft hat in den letzten Dekaden die Verschiebung der Forschungsebene von der Makro- zur Mikro- und Mesoebene gesorgt. Aber auch der Übergang vom Individualbereich zur Betrachtung von Merkmalen eröffnete gerade für die Laborforschung neue Möglichkeiten (Petersen 2002: 37). Angefangen mit der behavioristischen Revolution in der Politik-wissenschaft ab den 1950er Jahren und der Übernahme von Forschungsinhalten und Methoden, insbesondere aus der Psychologie (Gerrig und Zimbardo 2008: 12). Andere Felder der politik-wissenschaftlichen Forschung blieben von dem Paradigmenwechsel nach dem Zweiten Weltkrieg nicht ausgenommen. So kam es durch die behavioristische Revolution auch zur Entwicklung der Politikfeldanalyse. Diese orientiert sich jedoch an „(...) avancierten Methoden der Beobachtung und Befragung unter Hinzuziehung elaborierter Auswertungsverfahren (...)" (Schneider und Janning 2006: 11). So blieb die experimentelle Forschung in der Politikwissenschaft zunächst einmal ausgeklammert, und wurde oftmals auf eine unterstützende Methode der Befragungsforschung reduziert. Campbell spricht mit Blick auf die

1960er Jahre von der Beerdigung der Kausalität in der Politikwissenschaft (Green und Gerber 2002: 807). Experimente, welche in der Regel nur eine begrenzte Anzahl von Variablen untersuchen können, erscheinen für viele Jahre als eine zu eingeschränkte Methode, um die komplexen Forschungsgegenstände der Politikwissenschaft und die zahlreichen zu beachtenden Variablen erfassen zu können (Green und Gerber 2002: 807; Petersen 2002: 36). Aber nicht nur die große Anzahl von Variablen, welche oftmals in politikwissenschaftlichen Analysen Berücksichtigung finden, erscheinen zunächst als ein Problem; auch viele relevante Variablen der politikwissenschaftlichen Forschung scheinen sich der experimentellen Forschung zu entziehen, da an ihnen scheinbar keine Manipulation stattfinden kann.

> "The real big social science variables – culture, economic development, ethnic heterogeneity – probably could not be manipulated even if political scientists were permitted to try. For this reason, it is commonly thought that political science can never hope to become an experimental science. And that is where the discussion of experimentation typically ends." (Green und Gerber 2002: 820)

Die beiden hier angesprochenen möglichen Probleme, die Anzahl und die Art der politikwissenschaftlichen Variablen, sind jedoch letztendlich Fragen des Gegenstands und des Designs der Untersuchung. Es handelt sich somit nicht um spezifische Probleme experimenteller Forschung, sondern um grundsätzlich konzeptionelle Fragen, wie sie sich bei jeder Forschung stellen. Dass in der Politikwissenschaft für viele Jahre die Überlegungen zu möglichen Forschungs-designs bereits an einem so frühen Punkt abgebrochen wurden, verweist somit auf die bisher oftmals ungenutzten Potenzale experimenteller Forschung in der Politikwissenschaft. Morton und Williams (2010: 12) gelangen daher zu dem Schluss, dass die zunehmende Entwicklung von experimentellen Forschungs-designs, bzw. deren steigende Bedeutung, ihre Ursache sowohl in dem Aufkommen neuer Forschungsfragen in der Disziplin hat, als auch im Scheitern nicht-experimenteller Methoden bei der Beantwortung entscheidender Forschungsfragen. Letzteres gilt insbesondere bei der Frage nach der Kausalität (Kinder und Palfrey 1993: 14). Am Beispiel der Wählermobilisierung in US-amerikanischen Wahlkämpfen zeigt Allen Gerber auf, dass die Befragungs-forschung in diesem Feld auf unterschiedlichen Grundannahmen beruht, die kritisch geprüft werden müssten. Gerber fasst diesen Sachverhalt in seinem Essay wie folgt zusammen:

> „ (…) survey analysis faces potentially serious problems from mis-measurement of key variables. Since the recent wave of experimental research was in many ways an attempt to address these criticisms." (Gerber 2009: 9)

Der Anwendung experimenteller Forschungsdesigns stehen jedoch auch sehr viel praktischere Bedenken gegenüber. So ist es vielen Auftraggebern lieber, dass eine repräsentative Umfrage durchgeführt wird, als die Gruppe der ProbandInnen in eine Kontroll- und eine Experimentalgruppe zu unterteilen und hierdurch Ergebnisse auf der Grundlage einer scheinbar kleineren Fallzahl zu erzielen. Diese Form der Kosten-Nutzen-Problematik ist nur eine Ausprägung des Sachverhaltes. Das Kosten-Nutzen-Kalkül schlägt sich letztendlich auch im Vorhandensein bestehender Infrastrukturen nieder. So ist es preiswerter für empirische Forschungen bereits bestehende Telefonzentralen entsprechender Forschungseinrichtungen zu nutzen, als ein entsprechendes Labor aufzubauen und parallel zu bestehenden Strukturen zu betreiben. Möglichkeiten und Grenzen der Anwendung experimenteller Forschung ergeben sich daher nicht zuletzt aus den praktischen Problemen, mit welchen Beobachtungs- und Befragungsforschung konfrontiert sind.[14] Hinzu kommen technische und strukturelle Veränderungen, wie beispielsweise die Möglichkeit, an Universitäten vorhandene Computer CIP-Pools mit einfachen Mitteln zu Experimental-Laboren kurzfristig umrüsten zu können.[15] Dies verweist bereits auf den nächsten Punkt, den der technischen Veränderungen. Hier sind gerade die praktischen Gründe zu suchen, wie etwa die verbesserte Kosten-Nutzen-Struktur bei der Durchführung von Experimenten durch neue technische Möglichkeiten.

2.3.4.3 Technische Veränderungen

Die Frage nach technischen Veränderungen und den hiermit verbundenen neuen Möglichkeiten experimenteller Forschung ist stets verbunden mit der Frage nach

---

[14] Eines dieser Probleme der Befragungsforschung ist beispielsweise die zunehmende Anzahl gerade jüngerer Personen, welche nur noch über ein Handy und nicht mehr über einen Festnetzanschluss verfügen. Jüngste Schätzungen gehen davon aus, dass die so genannten „Mobile-only" 8-12% der Gesamtbevölkerung ausmachen (Häder 2009: 16). Elaborierte Methoden für repräsentative Umfragen stellt dieser Wandel vor ein schwerwiegendes Problem. Selbstredend eröffnen diese Entwicklungen auch neue Möglichkeiten: „Entwicklungen in der Telekommunikation, insbesondere der Wegfall der Registrierungspflicht, haben massive Auswirkungen auf einst bewährte Verfahren der Stichprobenziehung." (Diekmann 2010a: 11).

[15] Genau in dieser Kosten-Nutzen Struktur liegt daher ein großes Potenzial, gerade für die Laborforschung. Aber auch die Feldforschung zum WählerInnenverhalten weist im Vergleich zur Befragungsforschung eine günstige Kostenstruktur auf, wie ein Rechenbeispiel bei Green und Gerber (2002: 824) zeigt.

den neuen Möglichkeiten, welche leistungsstarke Computerhardware, neue Software, und vor allem das Internet bieten. Technische Veränderungen, insbesondere die Möglichkeit mit leistungsstarken Computern zu arbeiten, haben in den letzten Jahren die Entwicklung der quantitativen, aber auch der qualitativen Forschung in der Politikwissenschaft vorangebracht (Green und Gerber 2002: 805). Jedoch blieb bei dieser Entwicklung die experimentelle Forschung für viele Jahre aus-geklammert.

"Each new development in data analysis, sampling theory, and computing seemed to make nonexperimental research more promising and experimentation less so."(Green und Gerber 2003a: 96)

Ein Beispiel hierfür ist die Umfrageforschung, welche sich aufgrund neuer Möglichkeiten seit Anfang der 1950er Jahre stark weiterentwickelte und hierbei die Potenziale der neuen Techniken voll ausschöpfte. Dasselbe geschah in der experimentellen Forschung in der Politikwissenschaft jedoch nur in geringem Umfang. Neue technologische Möglichkeiten spielten in Bereichen der experimentellen Forschung nur da ein Rolle, wo Experimente dazu genutzt werden konnten, die Umfrageforschung zu verbessern (Morton und Williams 2010: 11).

In den letzten Jahren wird jedoch verstärkt Computersoftware, auch speziell für die experimentelle Forschung, entwickelt. Die Entwicklung unterschiedlicher Softwarepakete wie z-Tree[16] (Fischbacher 2007) und spezieller Matching-Software,[17] welche es ermöglicht, ex post Beobachtungs-daten als Experimentaldaten zu verwenden und gleichzeitig mit sehr großen Datenmengen zu operieren, spiegelt diese Veränderungen wieder. Projekte wie Time-Sharing Experiments in Social Science (TESS), eine Plattform, welche 2002 von Arthur Lupia und Diana Mutz gegründet wurde und das digitale Fernsehen für den Aufbau von TeilnehmerInnen-Pools und die Durchführung von Umfrage-Experimenten nutzt , zeigen, wie eng die Weiter-entwicklung experimenteller Forschung an die technischen Veränderungen gebunden ist (Sniderman 2009: 10).

---

[16] z-Tree steht für Zurich Toolbox for Readymade Economic Experiments. Es handelt sich hierbei um ein auf R – somit eigentlich auf S - basierendes Softwarepaket, welches für die wissenschaftliche Forschung frei verfügbar über die Projektseite (http://www.iew.uzh.ch/ztree/index.php) downloadbar ist.

[17] Unter Matching wird hierbei die Erzeugung parallelisierter Paare und Gruppen aus nicht experimentellen Datensätzen verstanden (Behnke et al. 2006: 49f.). Auf das zugrundeliegende Verständnis dieser Technik wird in Zusammenhang mit der Technik der Randomisierung in Abschnitt 3.5 eingegangen.

Besonders vielversprechend erscheinen auch die neuen Möglichkeiten, welche das Internet den Forschern bietet. Durch die experimentelle Ökonomie sind auf diese Weise in den letzten Jahren zahlreiche Grundannahmen von ökonomischen Modellen überprüft worden; das Internet ermöglicht es den Forschern auf größere und heterogenere TeilnehmerInnen-Gruppen zurückzugreifen und hierdurch die Robustheit der Ergebnisse zu erhöhen.

Abschließend lässt sich sagen, dass die Beantwortung der Frage, weshalb Experimente als Methode in der Politikwissenschaft gerade jetzt an Bedeutung gewinnen, keine ganz so einfache, geschweige denn monokausale Argumentation zulässt. Die hier vorgeschlagenen drei Betrachtungsebenen (erkenntnistheoretische Veränderungen; Veränderung des Forschungsgegenstandes und technische Veränderungen) zeigen auf, wie eng diese Ebenen miteinander in Beziehung stehen und dass die Durchsetzung von neuen Möglichkeiten Veränderungen auf jeder Ebene bedarf. Dieses spiegelt auch der nächste Abschnitt wieder, in welchem die drei Haupttypen politikwissenschaftlicher Experimentalforschung behandelt werden und noch einmal aus einer anderen Perspektive gezeigt wird, wie sich Veränderungen der Rahmenbedingungen und des Umfeldes auf die Methodenentwicklung ausgewirkt haben.

2.4   Formen experimentellen Forschens in der Politikwissenschaft

In der Praxis experimenteller Forschung in der Politikwissenschaft lassen sich drei Typen von Experimenten unterscheiden: Laborexperimente, Umfrage-Experimente und Feldexperimente.[18] Diese drei Typen experimenteller Forschungsdesigns werden in den ersten drei Abschnitten behandelt. Es gibt neben diesen Typen auch Forschungsdesigns, die in vielen Punkten Experimenten sehr ähnlich sind und oftmals sogar dem oben entwickelten Abgrenzungskriterium des Eingriffs in den Datengenerierungsprozess entsprechen. Die Sekundärliteratur ordnet diese Forschungen sowohl der experimentellen, als auch der nicht-experimentellen Forschung zu. Anhand der drei Beispiele der Simulation, des Naturexperiments und des ex-post facto Designs soll das hier verwendete Abgrenzungskriterium mit Blick auf das weitere Vorgehen in der Arbeit präzisiert werden.

---

[18] Das als Entwurf vorliegende „Handbook of experimental Political Science" (Druckman et al. 2009b) führt im ersten Teil der Aufsatzsammlung in die drei Typen von Experimenten ein.

2.4.1 Laborexperimente

Das Labor gilt gemeinhin als das typische Setting von Experimenten. In den 1960er und 1970er Jahren entstanden an der Schnittstelle von psychologischer und politikwissenschaftlicher Forschung die ersten Kooperationen zwischen Forschern der beiden Disziplinen. Hierdurch ergab sich erstmals die Situation, dass Politikwissenschaftler die materiellen Voraussetzungen für die Laborforschung hatten, d.h. Räumlichkeiten mit Ausstattungen wie Spiegelwänden, Mikrophonen und Kameras. Innerhalb der Politikwissenschaft wurden Laborexperimente im Laufe der 1980er Jahre zunehmend wahrgenommen; hierdurch wurden junge(n) PolitikwissenschaftlerInnen, welche sich in ihrer Arbeit mit Experimenten auseinandersetzten, durch erste Konferenzen und Publikationsmöglichkeiten in Fachzeitschriften eine wissenschaftliche Laufbahn ermöglicht (Iyengar 2009b: 3f). Trotzdem blieben die Vorbehalte gegen Laborexperimente in der politikwissenschaftlichen Forschung lange bestehen und sind zum Teil bis heute präsent. Diese Vorbehalte betreffen insbesondere das Problem der externen Validität und der Generalisierbarkeit, welches in Zusammenhang mit der Frage nach der Künstlichkeit der Laborumgebung und der Auswahl der TeilnehmerInnen am Experiment steht (Iyengar 2009b: 6). Gleichzeitig stellt die „Künstlichkeit" des Labors aber auch einen großen Vorteil der Forschung dar. Die Möglichkeit, einzelne unabhängige Variablen zu isolieren und deren Effekt auf die abhängige Variable zu messen, ist gerade der Vorteil experimenteller Forschung gegenüber der Beobachtungs- und Befragungsforschung und im Laborexperiment am besten realisierbar (Iyengar 2009b: 6f). Die Isolierung von einzelnen abhängigen Variablen zeigt auf, wie kleinteilig die Logik der Laborforschung ist, d.h., es wird kein großer kausaler Mechanismus untersucht (Falleti und Lynch 2009), sondern vielmehr ein Wirkungszusammenhang in einer ganzen Serie von Experimenten, innerhalb derer die unabhängigen Variablen einzeln auf ihre Wirkung auf die abhängige Variable hin untersucht werden. Dies verweist bereits auf eine grundsätzliche Logik des politikwissenschaftlichen Experiments, denn es werden durch das Experiment gerade nicht die großen Gesamtzusammenhänge untersucht, sondern vielmehr die zugrundeliegenden Axiome und die umgebenden Fragestellungen des Gegenstandes.

Ein Beispiel hierfür sind die Studien von Ansolabehere und Iyengar, die in einer Serie von Experimenten die Auswirkungen positiver und negativer Wahlkampagnen auf unterschiedliche Wählergruppen untersucht haben (Ansolabehere und Iyengar 1995). Hierbei wurden u.a. akustische Untermalungen von Werbespots für Kandidaten manipuliert und die

Auswirkung dieser Manipulation durch Befragungen der TeilnehmerInnen gemessen. Ein weiteres Beispiel ist ein Experiment, welches bei den Präsidentschaftswahlen in den USA 2004 durchgeführt wurde (Bailenson et al. 2008). Hierbei wurde untersucht, ob die äußerliche Ähnlichkeit eines Spitzenkandidaten mit einem Wähler das Parteizugehörigkeitsgefühl des Wählers beeinflusst.[19] Hierfür wurden 172 zufällig ausgewählte, registrierte Wähler gefragt, ob sie den Forschern ein Foto von sich zu Verfügung stellen würden. Dieses Foto wurde dann mit dem Bild des Spitzenkandidaten in einem Verhältnis von 60 zu 40 überblendet.[20] Eine Woche vor der Präsidentschaftswahl wurde den Wählern, welche ein Bild eingeschickt hatten, ein ausführlicher Fragebogen zugesandt, welcher auch (in einem geteilten Panel) eines der manipulierten Bilder der Kandidaten beinhaltete.

Aus methodischer Sicht fasst die/ der ExperimentatorIn sein Forschungsprojekt später wie folgt zusammen:

> „(…) the experiment provides unequivocal causal evidence because the researcher is able to isolate the causal factor in question, manipulate its presence or absence, and hold other potential causes constant. Any observed differences between experimental and control groups, therefore, can only be attributed to the factor that was manipulated." (Iyengar 2009b: 18)

Dieses Zitat skizziert, ausgehend von einer Serie von Experimenten, die Spezifika und den Mehrwert laborexperimenteller Forschung in der Politikwissenschaft.

Das zweite Beispiel zeigt auch, welche Rolle die technische Entwicklung der letzten Jahre für die experimentelle Forschung hat. So war die Durchführung des Experiments durch Bildbearbeitungssoftware vereinfacht worden und fand nicht mehr im Rahmen eines Labors im klassischen Sinne statt; vielmehr war der Heimcomputer der TeilnehmerInnen ein Teil des Labors geworden. Somit ist nach Iyengar unter einem Laborexperiment nicht mehr zwangsläufig ein Experiment zu verstehen, welches an einer bestimmten Örtlichkeit sattfindet. Ein „Labor" kann heutzutage auch aus einem Server bestehen, welcher die TeilnehmerInnen an unterschiedlichen Orten der Welt miteinander verbindet (Iyengar 2009b: 27). Auch war das hier vorgestellte zweite Experiment in eine Befragung eingebettet. Die Manipulation der Bilder veränderte gezielt das

---

[19] Die Forscher fanden einen signifikanten Zusammenhang zwischen optischer Ähnlichkeit des Kandidaten mit dem Wähler und dessen selbstbekundeter Parteinähe. Bei einer bereits bestehenden Parteizugehörigkeit hatte die Manipulation eines der Kandidatenbilder jedoch keine Auswirkung.
[20] Die Bilder von George Bush und John Kerry hatten einen Anteil von 60% am endgültigen Kandidatenbild, das Bild des Wählers einen Anteil von 40%.

„framing" der Fragen, was der ersten Generation von Survey- und Split-Ballot-Experimenten sehr nahe kommt (Sniderman 2009: 13). Somit nutzte das Design des zweiten Beispiels gezielt Elemente der Befragung und des Web-Experiments, die zunächst einmal nicht mit einem klassischen Laborexperiment vereinbar zu sein schienen. Diese neueren Entwicklungen in der Laborforschung erlauben es jedoch auch, Probleme und Kritikpunkte der Laborforschung zu entkräften, die diese Art der Forschung als nicht angemessen für die Politikwissenschaft darstellen. So erlauben große Web- Panels eine bessere Generalisierbarkeit der erhobenen Daten und die Reduktion eines Labors auf einen Webserver eine bessere Kostenstruktur bei der Forschung.

2.4.1.1 Web-Experimente

Web-Experimente werden in der Literatur manchmal neben Labor-, Feld- und Befragungs-Experimenten als vierte Form des politikwissenschaftlichen Experiments aufgeführt. In dieser Arbeit wird das Web-Experiment jedoch nicht als eigener Typ von Experimenten gesehen, da es sich lediglich in der Lokalität, aber nicht in der zugrundeliegenden Logik von den anderen Typen des politikwissenschaftlichen Experiments unterscheidet. Aus diesem Grund wird es dem Laborexperiment untergeordnet und eher als alternative Form des Laborexperiments verstanden, wie es die Besprechung der Beispiele im letzten Abschnitt demonstriert. Gegenüber dem Experimentallabor treten bei den Web-Experimenten aber auch Probleme auf; wie etwa die geringere Kontrolle durch den/ die ForscherIn und weniger Vertrauen der TeilnehmerInnen in die Auszahlung von finanziellen Anreizen. Dies kann zu Schwierigkeiten führen, wenn finanzielle Anreize in das Forschungsdesign eingebunden sind und entscheidend für das Gelingen des Experiments selbst sind. Im Folgenden sind die neuen Möglichkeiten und Probleme von internetbasierten Experimenten anhand der aktuellen Sekundärliteratur (Eckel und Wilson 2005: 55f) kurz aufgelistet und ergänzt.
Vorteile internetbasierter Experimente:

- Experimentallabore sind zumeist auf eine begrenzte Anzahl von TeilnehmerInnen ausgerichtet. Sobald die Durchführung des Experiments nicht mehr an einen konkreten Ort des Labors gebunden ist, lassen sich auch Experimente mit großen TeilnehmerInnenzahlen realisieren, um Theorien zu prüfen, welche auf der Annahme großer Teilnehmer-

Innenzahlen beruhen. Dies ist beispielsweise bei Markttheorien in der politischen Ökonomie häufig der Fall (Plott 2000).

- o Hieraus ergibt sich der Vorteil, dass der oder die ExperimentatorIn nicht selbst über einen Zugang zu einem Labor verfügen muss, sondern ggf. nur einen Internet-Server, bzw. einen Computer, welcher als solcher fungiert, benötigt.

- Experimente können simultan über große Distanzen hinweg durchgeführt werden. Hierdurch können Hypothesen bezüglich „kulturspezifischer Verhaltensmuster" untersucht, oder auch die Interaktion von Gruppen getestet werden. Die TeilnehmerInnen können in diesen Experimenten über Grenzen hinweg in Echtzeit interagieren (Morton und Williams 2010: 280f).

- Sowohl das Konsumentenverhalten hat sich durch das Internet verändert, als auch der Umgang der Bürger mit Medien; bspw. hat sich durch Online-Angebote von Zeitungen und Fernsehsendern das Konsumverhalten der BürgerInnen gewandelt. Experimente, deren Forschungsfragen an diesen Veränderungen ansetzen, können deren Beantwortung in den entsprechenden Umgebungen nachgehen.

- Die Anonymität der TeilnehmerInnen ist größer als in einem Labor. Hierdurch können gezielt die Auswirkungen anonymen Handelns, beispielsweise auf Online-Märkten, untersucht werden. Ebenso kann die Kommunikation zwischen den TeilnehmerInnen sehr leicht erfasst werden. Hieraus ergeben sich unterschiedliche Möglichkeiten für Design und Forschungsfrage, welche je nach Forschungsgegenstand Anwendung finden können.

- Genau wie bei Online-Befragungen ist die Intensität der Kommunikation durch den nicht persönlichen Kontakt geringer (Taddicken 2009: 94). Dies kann das Problem der unbewussten Beeinflussung des Probanden durch den Interviewer verringern. Gleichzeitig müssen die geringeren Rückfrage-möglichkeiten der Probanden während des Experiments und die dement-sprechende Notwendigkeit der sehr genauen, unmissverständlichen Formulierung von Fragen und Handlungsanweisungen beachtet werden.

Es ergeben sich jedoch auch Nachteile aus internetbasierten Experimenten:

- Die Koordination der TeilnehmerInnen ist aufwendiger als in einem Labor. Das Forschungsdesign muss hierdurch auf die Spezifika eines internet-basierten Experimentes ausgerichtet werden. So müssen die Startzeit und ggf. die Zeit für die Beantwortung von Fragen oder das Treffen von Entscheidungen im Vorfeld exakt festgelegt werden.

- Die größere Anonymität des Internets ermöglicht es den Teilnehmer-Innen, ihre Identitäten zu verschleiern oder auch falsche Angaben hierüber zu machen. Probleme treten dann im Experiment auf, wenn beispielsweise der Zusammenhang zwischen sozialstatistischen Daten (Alter, Geschlecht etc.) und dem Verhalten im Experiment untersucht werden soll.

- Sind finanzielle Anreize in das Forschungsdesign des Experiments integriert, kann es schwierig sein, die TeilnehmerInnen davon zu überzeugen, dass die Auszahlungen real stattfinden. In der Praxis wird das Problem dadurch umgangen, dass sich die TeilnehmerInnen über einen Account registrieren und für die Experimente nur auf Gruppen zurückgegriffen wird, die aus Personen bestehen, welche bereits Auszahlungen für ihre Teilnahme an Experimenten erhalten haben und daher wissen, dass die versprochenen Auszahlungen auch durchgeführt werden.

- Internet-Experimente lassen weniger Kontrolle zu. So können störende Geräusche und Ablenkung der ProbandInnen zu Verzerrungen bei den Ergebnissen führen.

- Auch werden Entscheidungen bei Internetexperimenten oftmals schneller getroffen als bei Laborexperimenten (Eckel und Wilson 2005: 55). Hierdurch besteht die Gefahr, dass ProbandInnen am heimischen Computer unüberlegtere Entscheidungen treffen als in einer kontrollierten Laborumgebung.

- Die Kontrolle im Experiment kann auch dadurch verloren gehen, dass den TeilnehmerInnen nicht mehr glaubhaft gemacht werden kann, dass sie wirklich mit anderen Personen interagieren. Dieses kann im Experiment erwünscht sein, wenn es jedoch nicht erwünscht ist, kann es auch zu erheblichen Verzerrungen in den Ergebnissen führen.

- Die ProbandInnen für das Experiment benötigen einen eigenen Computer und einen Internetzugang. Hierdurch besteht die Gefahr, dass Bevölkerungsgruppen systematisch ausgeschlossen werden, bzw. dass andere Gruppen im Experiment überrepräsentiert sind.

Diese Auflistung zeigt, dass bei der Konzeption eines Experiments zahlreiche Überlegungen bezüglich des Forschungsgegenstandes vorangestellt werden müssen. Zumeist handelt es sich bei der Wahl einer passenden Durchführung eines Experiments um ein Trade-Off zwischen unterschiedlichen Vor- und Nachteilen, welche hier am Beispiel des Internet Experiments dargestellt wurden. Bei diesem Abwägungsprozess ist stets der konkrete Gegenstand des Experiments zu berücksichtigen und die Frage zu stellen, ob das gewählte Vorgehen hierfür ein Adäquates ist. Die hier ausgeführte Besprechung von unterschiedlichen Vor- und Nachteilen neuer technischer Möglichkeiten weist bereits über sich hinaus auf die eng verbundene Frage nach dem Forschungsdesign (Abschnitt 3.3) und den Zielen experimenteller Forschung in der Politikwissenschaft.

2.4.2   Umfrage-Experimente

Das Umfrage- oder Survey-Experiment ist in der Literatur oftmals auch als Split-Ballot-Experiment bekannt (Sniderman 2009: 3). Morton und Willams definieren diese Form des Experiments wie folgt:

> „A survey experiment is a type of individual decision-making experiment in which researchers randomly assign subjects to different survey question treatments as part of a survey of public option." (Morton und Williams 2009: 206)

Das Umfrage-Experiment war hierbei viele Jahre lang innerhalb des sehr strikt gehandhabten Split-Ballot-Designs[21] gefangen, bei welchem immer nur ein Aspekt der Befragung variiert wurde. Dieses änderte sich erst durch die zunehmende Verwendung von Computertechnologie. Auch wurden Split-Ballot-Versuche nicht als eigenständige wissenschaftliche Methode betrachtet, sondern vielmehr als Instrument zur Verbesserung der Umfrageforschung. Dies spiegeln auch die Themen wieder, welche durch Split-Ballot-Versuche untersucht wurden. Petersen benennt folgende zwei Themen, welche von deutschen Forschern unter Verwendung dieses Designs hauptsächlich fokussiert wurden (Petersen 2002: 49f).

1. Der Einfluss des Interviewers auf das Antwortverhalten der Teilnehmer-Innen. Von besonderem Interesse war hierbei die Hautfarbe des Interviewers und wie sich das Antwortverhalten befragter Personen aufgrund dieses Merkmals ändert.

---

[21] Unter diesem Design wird die zufällige Aufteilung von TeilnehmerInnen am Experiment verstanden. Beide Gruppen erhalten bspw. die gleichen Fragen, allerdings wird die eine Hälfte von einer Person mit dunkler Hautfarbe und die andere Gruppe von einer Person mit heller Hautfarbe befragt (vgl. den nachfolgenden Aufzählungspunkt 1).

2. Mittel, mit welchen man die Rücklaufquote schriftlicher Befragungen erhöhen kann. Hierbei wurde die unterschiedliche Wirkung von Belohnungsexperimenten untersucht.

Diese Themen wurden zumeist durch Experimenten ähnelnde Forschungsdesigns untersucht.[22] Erst die Entwicklung und Anwendung von computer-assisted interviewing gab den Forschern einen Ansatzpunkt für die Durchführung randomisierter Experimente (Sniderman 2009: 9). Die Entwicklungen in der Befragungsforschung und die dort zur Anwendung kommenden neuen technischen Möglichkeiten waren der Türöffner, um politische Meinungen der Bürger durch zufällige Variationen in den Fragebögen zu untersuchen. Hierdurch wendeten sich die Umfrage-Experimente von der Logik der Split-Ballot-Versuche ab und die Manipulation der Fragen gewann an Komplexität.

Das Umfrage-Experiment weist eine große Nähe zur Befragungsforschung auf, wie der Name des Experimententyps bereits verrät. Durch zwei Beispiele aus der Befragungsforschung sollen kurz die Unterschiede und mögliche Missverständnisse skizziert werden,[23] bevor drei unterschiedliche Designs von Befragungs-Experimenten besprochen werden.

Die Meinungsforschung hat in den letzten Jahrzehnten großen Einfalls-reichtum darauf verwendet herauszufinden, wie peinliche Fragen und solche, welche zu verzerrten Antworten führen, vermieden werden können (Diekmann 2010a: 489). Eine Antwort auf diese Frage war die Entwicklung der Randomized-Response-Technik (RRT). Hierbei werden die ProbandInnen zufällig und für die anderen nicht sichtbar in zwei Gruppen aufgeteilt. Dies geschieht beispielsweise, indem jede Person unbeobachtet vom Nachbarn eine Münze wirft. Danach werden der Gesamtgruppe zwei Fragen gestellt. Die eine Frage ist neutral („Ist Ihre Großmutter in einem geraden Monat geboren?"), die andere Frage mitunter peinlich („Haben Sie schon einmal gestohlen?"). Durch den Wurf der Münze ist festgelegt, welche Frage beantwortet werden soll. Von Interesse ist bei diesem Versuch nur die zweite Frage, welche unter der Annahme berechnet werden kann, dass die Frage von ca. 50 Prozent der ProbandInnen beantwortet wurde. Das Verfahren wird bei kleinen Gruppen

---

[22] Petersen benennt diese Forschungsdesigns als Feldexperimente. Diese Bezeichnung ist irreführend, da im nächsten Abschnitt 2.4.3 das Feldexperiment anhand von Definitionen US-amerikanischer WissenschaftlerInnen anders gefasst wird. Nur weil in einer Versuchsanordnung außerhalb des Labors ein Faktor manipuliert wurde, muss es sich bei der Untersuchung noch nicht um ein Feldexperiment handeln.

[23] Beide Beispiele sind Diekmann (2010a) entnommen.

jedoch entsprechend unsicher. Obwohl bei diesem Design die Randomisierung der TeilnehmerInnen auf zwei Gruppen geschieht, und sich hierdurch ein experimentähnlicher Aufbau vermuten lässt, handelt es sich nicht um ein Befragungs-Experiment, da hier der Eingriff in den Datengenerierungsprozess fehlt. Ein weiteres Beispiel, welches Diekmann unter dem Thema Befragungs-forschung behandelt, ist das Image von Nescafé (Diekmann 2010a: 475f). Bei diesem Versuch wird den ProbandInnen ein Einkaufszettel ausgehändigt und sie werden gebeten, die Person zu charakterisieren, welche diesen geschrieben hat. Von dem Einkaufszettel gibt es jedoch zwei Versionen: beide enthalten sieben unterschiedliche Produkte, bei dem einen Einkaufszettel ist eine Dose Nescafé aufgeführt und bei dem anderen stattdessen 1 Pfund Bohnenkaffee. In der Beschreibung der fiktiven Person durch die Gruppe, welche den Zettel mit der Dose Nescafé hatte, finden sich Begriffe wie „Bequeme Hausfrau" und „kopflos". Diese oder ähnliche negative Bezeichnungen fehlen bei der Gruppe, die den Einkaufszettel mit dem Pfund Bohnenkaffee zu bewerten hatte. Diese Befragung stellt ein klassisches Befragungsexperiment dar, durch welches sich die Bewertung von Nescafé untersuchen lässt. Die/ der ExperimentatorIn greift in den Datengenerierungs-prozess ein, indem die Einkaufslisten verändert werden und befragt die Personen nicht nur zu ihrer Meinung bezüglich Nescafé, sondern erhebt mit der gleichen Methode eine Kontrollgruppe, mit welcher der Nescafé-Einkaufszettel verglichen wird.

Nach diesen beiden Beispielen sollen nun unterschiedliche Designs dieses Experimententyps dargestellt werden. Es lassen sich drei unterschiedliche Designs bei den Befragungs-Experimenten erkennen (Sniderman 2009: 11f):

1. Manipulatives Design (manipulative design): Dieses Design ist sehr nahe an Split-Ballot-Versuche angelehnt und untersucht zumeist, wie der Rahmen einer Befragung deren Ergebnisse beeinflusst. Ein klassisches Beispiel sind die Autoritäts-Experimente, in welchen mittels sprachlicher Veränderungen in der Fragestellung eine hohe Zustimmung zu einer gesetzlichen Einschränkung der Freiheitsrechte erzeugt werden kann (Sniderman 2009: 12f). Bei dieser manipulativen Form des Befragungsexperiments sind jedoch viele Möglichkeiten der Theorieprüfung bereits durch die Methode vorgegeben. So positioniert sich Sniderman wie folgt zu diesem Design:

> „My theme is the interplay between design and theory, and the first generation of framing experiments struck me as a showcase example of the theory as a victim of design." (Sniderman 2009: 13)

Ein wesentlicher Punkt experimenteller Forschung ist es jedoch, abgesehen von dem Eingriff in den DGP durch die Einführung des Treatments, eine Umgebung zu schaffen, in welcher sich der Effekt des Treatments genau bestimmen lässt. Dies ist nicht möglich, wenn durch die Schaffung einer spezifischen Situation versucht wird, eine Reaktion zu erzwingen.

2. Zulassendes Design (permissive design): Hierbei wird kein Druck auf den Befragten in der Form ausgeübt, wie es durch die direkte Befragung in einem manipulativen Design geschieht. Ein Beispiel hierfür ist das Listen-Experiment. Hierbei wird den TeilnehmerInnen eine Liste von Aussagen oder Situationsbeschreibungen vorgelesen, woraufhin diese entscheiden sollen, wie viele der Aussagen sie beispielsweise verärgern. Der Experimentalgruppe wird im Gegensatz zur Kontrollgruppe eine zusätzliche Frage vorgelesen. Aus dem Vergleich der beiden Gruppen lässt sich dann eine Aussage über die zusätzliche Frage oder Aussage treffen (Sniderman 2009: 16). Ausgehend von dieser Grundüberlegung des Designs lassen sich zahlreiche Variationen für den jeweiligen Forschungs-gegenstand erarbeiten.

3. Erleichterndes Design (facilitative design): Bei diesem Design trifft der/ die TeilnehmerIn eine Aussage und der/ die InterviewerIn argumentiert gegen diese. Ob die Argumentation der/ des InterviewerIn auf einem Argument beruht, oder ein eigentlich inhaltsleerer Allgemeinplatz ist, wird hierbei zufällig durch die/ den ExperimentatorIn bestimmt. Hierdurch lässt sich der Unterschied zwischen inhaltlichen Argumenten und der Wirkung von Scheinargumentationen bestimmen (Jackmann und Sniderman 2006).

Durch die Darstellung der drei möglichen Designtypen von Umfrage-Experimenten lässt sich zum einen zeigen, wie vielfältig die Anwendungsmöglichkeiten des Designs durch den technischen Fortschritt geworden sind und zum anderen, wie weit sich die Methode der Umfrage-Experimente von den Split-Ballot-Versuchen gelöst hat und zu einer eigenständigen Form der experimentellen Forschung geworden ist.

2.4.3   Feldexperimente

Feldexperimente werden allgemein definiert als Untersuchungen kontrollierter Eingriffe in die politische Welt; „(...) field experimentation, the study of controlled interventions into the political world." (Green und Gerber 2002: 805). Im Gegensatz zum Laborexperiment weisen sie somit nicht die Eigenschaft auf,

Kontrolle durch eine Form der „Künstlichkeit" auszuüben, sondern vielmehr in der realen Umgebung in den Datengenerierungsprozess einzugreifen. Morton und Williams definieren das Feldexperiment folgendermaßen:

> „Where a researcher's intervention takes place in subjects' natural environments and the researcher has only limited control beyond the intervention conducted. Usually the relationship between the researcher and the subject is conducted through variables outside of the researcher's control." (Morton und Williams 2010: 46; Def. 2.11)

Bei Feldexperimenten werden zwei Typen von Forschungsdesigns unterschieden: Kontrollierte Feldexperimente und randomisierte Feldexperimente. Kontrollierte Feldexperimente wurden in der politikwissenschaftlichen Forschung in den 1920er Jahren und in den Jahrzehnten danach nur vereinzelt eingesetzt. In diesem Sinne wurden Informationen über Parteien oder die Aufforderung sich für die Wahl registrieren zu lassen, gezielt an einzelne Wohnblöcke oder Distrikte gegeben. Durch Neuerungen in den statistischen Methoden (besonders durch die Arbeiten von R.A. Fisher) und deren Anwendung in den Sozialwissenschaften, erweiterte sich das Forschungsfeld um randomisierte Experimente (Green und Gerber 2003a: 96). Die Möglichkeit, einzelne Personen zufällig dem Treatment aussetzen zu können, ermöglichte eine bessere Kontrolle der Drittvariablen und erhöhte somit die Aussagekraft der experimentellen Forschung. Randomisierte Experimente wurden in den Sozialwissenschaften schnell zum Synonym des Experimentes schlechthin, wenngleich die methodische Entwicklung stärker in der Laborforschung vorangetrieben wurde und die Potenziale der Methode fast ausschließlich in der Psychologie ausgeschöpft wurden. Der Unterschied zwischen randomisiertem und nicht-randomisierten Forschungsdesigns ist nach Fisher wie folgt beschreiben:

> „If the treatments E and C were assigned to the 2N units randomly, that is, using some mechanism that assured each unit was equally likely to be exposed to E as to C, then the study is called a randomized experiment or more simply an experiment; otherwise, the study is called a nonrandomized study, (...)" (Green und Gerber 2002: 806)

Im Folgenden zeigt ein kurzer historischer Abriss über die Entwicklung des Feldexperiments in der Politikwissenschaft nicht nur die wechselnde Bedeutung dieses Forschungsdesigns auf, sondern auch dessen gegenwärtigen inhaltlichen Forschungsschwerpunkte.

2.4.3.1 Geschichte

In der ersten Hälfte des 20. Jahrhunderts, noch bevor die Politikwissenschaft einen klaren Methodenkanon entwickelt hatte, gab es die ersten Ansätze von feldexperimenteller Forschung in den USA (Green und Gerber 2003a: 95). Als Beispiele für kontrollierte feldexperimentelle Forschung werden in der Literatur die Experimente von Gosnell (1927), Hartmann (1936-37) und von Moore und Callahan (1943) genannt. Gosnells Feldexperiment ist ein sehr frühes Beispiel eines Feldexperiments, bei welchem Tausende von wahlberechtigten Chicagoer Bürgern durch einen Brief aufgefordert wurden, sich für die Wahlen 1924 und 1925 registrieren zu lassen. Die Empfänger der Briefe wurden jedoch nicht zufällig ausgesucht, sondern es wurden Wohnblöcke durch den Experimentator bestimmt, welche das Treatment erhalten sollten. Durch den Vergleich von Experimental- und Kontrollgruppe konnte Gosnell einen signifikanten Anstieg der Wählerregistrierung durch die schriftliche Aufforderung feststellen. Dieser Anstieg der Registrierungen war für alle ethnischen und demographischen Gruppen zu belegen (Green und Gerber 2003a: 95). Das von George Hartmann (1936-37) durchgeführte Experiment in Allentown, Pennsylvania bestand aus zwei unterschiedlichen Treatments. Für die Wahl 1935 wurden ein emotionaler und ein rationaler Wahlaufruf der Sozialisten in zehntausend Faltblättern in unterschiedlichen Wahlbezirken verteilt. Anhand der Wahlergebnisse der Bezirke konnte Hartmann eine stärkere Wirkung der emotionalen Wahl-botschaften feststellen. Moore und Callahan (1943) untersuchten die Auswirkungen einer stärkeren polizeilichen Durchsetzung der Verkehrs- und Parkregeln in New Haven, Connecticut. Ausgehend von diesem Experiment wurden in den letzten Jahren über einhundert weitere Experimente mit dem gleichen Design über den Zusammenhang zwischen politischer Kommunikation und Wahlausgang durchgeführt; an anderen Orten, oder mit systematischer Variation einiger Faktoren des ursprünglichen Experiments (Gerber 2009: 14f und 24, Tabelle3).

Während des Zweiten Weltkrieges wurden die ersten randomisierten Feldexperimente über die Wirkung von Medien durchgeführt. Von US-amerikanischen Forschern wurde geprüft, ob sich Filme zur Indoktrination des Militärpersonals eignen (Green und Gerber 2003a: 96). Diese Form des Experimentierens fand in den kommenden Jahren jedoch stärker in der Labor-forschung statt und etablierte sich vor allem in der Psychologie. Ein viel beachtetes, jedoch selten repliziertes Feldexperiment, war die Studie von Eldersveld (1956) in Ann Arbor, Michigan. Eldersveld modifizierte das von Gosnell entwickelte Design der Wählermobilisierung, indem er die wahlberechtigte Bevölkerung zufällig randomisierte und nicht wie in dem älteren Feldexperiment nach Wohnblöcken einteilte. Hierdurch konnte er die Wirkung unterschiedlicher Treatments, wie Telefonanrufe, Aufforderungen per Post und persönlichem Kontakt auf die Wählermobilisierung bestimmen. Die Etablierung von Befragungen in den Sozialwissenschaften seit den frühen 1950er Jahren und die hiermit verbundene Möglichkeit, über eine kostengünstige Methode zur Erhebung repräsentativer Daten zu gelangen, verdrängte die Ansätze experimenteller Forschung in der Politikwissenschaft weitestgehend. Erst in jüngster Zeit wurden die in den 1920er und 1950er Jahren verwendeten Methoden wieder aufgegriffen und neue Feldexperimente aus ihnen entwickelt (Green und Gerber 2003b).

Anhand dieses kurzen historischen Abrisses über Feldexperimente zeigt sich, dass das, was für die experimentelle Politikwissenschaft im Allgemeinen gilt, für Feldexperimente im Besonderen zutrifft. So waren Experimente für viele Jahrzehnte nur eine Randerscheinung der Disziplin, wobei Feldexperimente innerhalb dieser Marginalisierung besonders selten Anwendung fanden.[24] Die steigende Popularität von feldexperimenteller Forschung in der Politikwissenschaft in den letzten Jahren führt Alan Gerber auf Schwächen anderer Methoden bei entscheidenden Fragen der Disziplin zurück.

"The presence of several important shortcomings in the voter mobilization and campaign effects literature circa 2000 is one of the reasons for the popularity of field experiments over the past decade." (Gerber und Green 2000: 2)

Des Weiteren stellt der historische Abriss die Bedeutung der Randomisierung (Abschnitt 3.5) für die Entwicklung der experimentellen Forschung heraus. Ein Aspekt, welcher auch für die Politikwissenschaft zentral ist.

2.4.3.2 "Lab-in-the-field" Experimente

Wie der Name bereits verrät, handelt es sich bei dieser Form des Feldexperiments eigentlich um ein Laborexperiment, bei welchem das Labor jedoch in das Feld verlegt wurde. Der Grund hierfür liegt zumeist in der Beschaffenheit der zu erhebenden Daten. So ist es denkbar, dass die TeilnehmerInnen am Experiment nicht in das Labor kommen können oder nicht in das Labor kommen würden. Wenn der/ die ForscherIn an einer spezifischen

---

[24] Beispielsweise versammeln Kinder und Palfrey (1993) in ihrem Buch „Experimental Foundations of Political Science" zwanzig Forschungsessays über Experimente. Nur eines dieser Essays behandelt ein Feldexperiment.

Durchmischung des ProbandInnen-Pools interessiert ist, das Verhalten der ProbandInnen unter bestimmten Bedingungen untersuchen möchte, oder so spezielle ProbandInnen sucht, dass das Labor zu den TeilenehmerInnen am Experiment kommen muss, ist das Labor im Feld eine Methode zur Realisierung des Vorhabens. Im Folgenden soll diese Methode anhand eines Beispiels kurz skizziert werden:

Nach dem Hurrikan Katrina wurde eine Serie von Lab-in-the-field Experimenten mit Betroffenen der Katastrophe durchgeführt (Wilson 2006).[25] Hierbei wurden mit den Evakuierten aus dem Katastrophengebiet u.a. unterschiedliche Diktator- und Ultimatumspiele durchgeführt. Da es für diese Spiele bereits aus anderen Experimenten gesicherte Ergebnisse zu den Gleichgewichtsituationen, bzw. zu dem Verhalten der TeilnehmerInnen gibt, konnten die Ergebnisse aus dem Feldlabor mit denen aus anderen Laborbedingungen direkt verglichen werden. In diesem Fall wurden somit vergangene Experimente als Baseline für die hier durchgeführten Experimente verwendet. Rick Wilson wollte mit diesen Experimenten die Frage klären, ob sich betroffene Personen nach einer solchen Katastrophe egoistischer verhalten, oder nicht. In seinen Ergebnissen konnte er zeigen, dass die Betroffenen untereinander weitaus kooperativer spielten und sich in den Experimenten weniger egoistischer verhielten, als in anderen Laborexperimenten. Somit wurden auf der einen Seite die Experimente im Feldlabor durchgeführt, von eigentlichem Interesse waren jedoch die unterschiedlichen Mittelwerte der Spielgleichgewichte. Der Hurrikan Katrina kann somit als Treatment-Variable bei dieser Art der Auswertung gesehen werden.

2.4.4 Nicht-experimentelle Untersuchungen

Labor-, Umfrage- und Feldexperimente können anhand der Sekundärliteratur als die drei methodischen (Grund-)Typen experimenteller Forschung identifiziert werden. In der Forschungspraxis ergeben sich weiterhin oftmals Mischformen und Zusammenführungen dieser drei Design-Typen. Hierbei werden bei der Auswahl des experimentellen Forschungsdesigns die Vor- und Nachteile abgewogen. In der Literatur werden jedoch auch Forschungsdesigns als Experimente bezeichnet, welche sich der in dieser Arbeit entwickelten Logik des politikwissenschaftlichen Experiments entziehen. Gleichzeitig gibt es aber

---

[25] In Bezug auf die mit der Betrachtung des Hurrikan Katrina als ein wissenschaftliches Experiment verbundene Problematik ist sich der Argumentation der Autoren Morton und Williams anzuschließen (Morton und Williams 2010: 53).

auch nicht-experimentelle Untersuchungstypen, welche sehr nahe an der Logik politikwissenschaftlicher Experimente rangieren. Die Abgrenzung fällt daher in manchen Fällen schwer. Auf drei Fälle soll im Folgenden eingegangen werden: Auf Simulationen, Naturexperimente und auf ex-post facto Forschungsdesigns. Dieses geschieht, um den sehr weiten Rahmen zur Bestimmung politikwissenschaftlicher Experimente, welcher eingangs bei dieser Arbeit eröffnet wurde, auf den zu behandelnden Gegenstand enger zu führen. Das heißt nicht, dass die im Folgenden aufgezeigten Forschungsdesigns nicht auch in Einzelfällen als Experimente bezeichnet werden könnten. Vielmehr werden diese Forschungsdesigns bei den theoretischen und methodischen Ausführungen in dieser Arbeit aus den o.g. Gründen keine Berücksichtigung finden.

2.4.4.1 Simulationen

Simulationen umfassen zwei Typen von Untersuchungsdesigns. Zum einen sind dies computergestützte Simulationen und zum andern die so genannten „gaming experiments", d.h. Simulationen, in welchen die TeilnehmerInnen eine ihnen zugewiesene Rolle spielen.

Zumeist sind es StudentInnen, die bei diesen gaming experiments die Rolle von Wirtschaftsunternehmen, Staatspräsidenten etc. übernehmen. Die Fachzeitschrift Journal of Conflict Resolution veröffentlichte seit ihrer Gründung 1957 zahlreiche Artikel über diese Form der Simulationen (Morton und Williams 2010: 7). Der didaktische Mehrwert dieser Simulationen ist weitestgehend unbestritten. Auch weisen viele der Simulationen Spezifika von Experimenten, wie die zufällige Zuweisung der TeilnehmerInnen zu ihren Rollen und kontrollierte Manipulationen durch die/ den SimulationsleiterIn auf. Auch wenn einige Simulationen der definitorischen Abgrenzung eines Experiments, dem Eingriff in den Datengenerierungsprozess, genügen, unterscheiden sie sich in ihrer Zielsetzung zumeist erheblich von den eingangs in diesem Abschnitt aufgeführten Experimenten. Denn es geht bei Simulationen gerade nicht darum, spezifische Eigenschaften des Forschungsgegenstandes – bspw. den Umgang von Wählern mit Informationen etc. - zu ermitteln, sondern Szenarien, durch welche ein Gegenstand erst geschaffen wird. Dies ist didaktisch sinnvoll, jedoch analytisch nicht im Sinne eines Experiments. Durch diese Zielsetzung von Simulationen entstehen unterschiedliche Verzerrungen. Ein Beispiel: Der Frage, ob sich das Verhalten von Militäroffizieren und Studenten bei Szenarien in den Internationalen Beziehungen unterscheidet, gehen Mintz et al. (Mintz et al. 2006) in einem Versuch nach. Es wurden 50

Militäroffiziere und 46 Studenten der Politikwissenschaft mit dem Schwerpunkt Internationale Beziehungen Fragen gestellt, welche unterschiedlich geframet waren, d.h., die Fragen waren einmal in positiver, und einmal in negativer Form formuliert. Der Versuch ergab, dass die Studierenden mit den vorhandenen Informationen anders umgingen als die Offiziere und auch signifikant weniger entscheidungsfreudig waren (Mintz et al. 2006: 263f). Hieraus schließen die Autoren der Studie, dass sich Ergebnisse aus Simulationen mit Studierenden nicht auf Entscheidungen aus dem Verteidigungssektor übertragen lassen, wohl aber auf die Öffentlichkeit. Ergebnisse wie diese werden in der Sekundär-literatur und in methodischen Einführungen zumeist als Beispiele für die experiemntelle Forschung angeführt. Nach dem hier dargelegten Verständnis müsste das Design dieser Studien jedoch deutlich anders entwickelt sein, um als experimentell zu gelten.

Computergestützte Simulationen sind die zweite Form von Simulationen, welche zumeist mit Experimenten gleichgesetzt werden. Beispielsweise werden Langzeitszenarien zur Auswirkung des Klimawandels berechnet und hierbei unterschiedliche Elemente, wie etwa der Temperaturanstieg pro Jahr, variiert. Auch wenn die Erstellung eines solchen Szenarios oftmals als Experiment bezeichnet wird, entspricht es doch nicht der hier aufgezeigten Grundidee eines Experiments, durch den Eingriff in den Datengenerierungsprozess einen Kausal-zusammenhang zwischen zwei Variablen zu untersuchen. Zudem geht es hierbei um eine Analyse eines Modells, oftmals in der Langzeitwirkung, und nicht um das „reale" Verhalten von Personen in einer Entscheidungssituation. Daher ist der Kategorisierung dieser Simulationen als nicht-experimentelle Forschung auch in der Politikwissenschaft zu folgen.

> „In einem wirtschaftswissenschaftlichen Experiment ist das reale Verhalten von Probanden Gegenstand der Untersuchung; dagegen werden in einer Simulation die Implikationen eines Modells systematisch untersucht, wobei das zu untersuchende Modell das theoretische, meistens idealisierte Abbild einer realen Situation ist. Dieses Vorgehen entspricht einer theoretischen Analyse, nicht einer empirischen." (Rieck 2009: 347)

Somit handelt es sich bei Computersimulationen um Untersuchungen, welche Auswirkungen anhand theoretischer Modelle darstellen sollen und es geht gerade nicht um den empirischen Test von Modellen anhand von neuen Daten, wie es gerade bei Experimenten (bspw. FTAs in Abschnitt 3.2.3) der Fall ist (Morton und Williams 2010: 55).

2.4.4.2 Naturexperimente

Im Konferenzprogramm der American Political Science Association von 2008 erhält man bei einer Suche nach "natural experiment" 900 Treffer. Nur hinter wenigen Treffern verbergen sich jedoch auch Experimente (Robinson et al. 2009: 342). Naturexperimente werden in dieser Arbeit als nicht-experimentelle Forschung behandelt, da die meisten Artikel, welche mit diesem Schlagwort versehen sind, Korrelationen zwischen Variablen im Sinne der beobachtenden Forschung analysieren. Dies soll nicht heißen, dass es nicht auch Naturexperimente gibt, welche dem Feldexperiment sehr nahe kommen und daher als experimentelle Forschung betrachtet werden können - dieser Abschnitt stellt auch zwei Beispiele hierfür vor. Die überwiegende Anzahl der Publikationen mit dem Titel Naturexperiment sind jedoch der nicht-experimentellen Forschung zuzuordnen. Detaillierte Kriterien für diese Unterscheidung darzulegen ist das Hauptanliegen dieses Abschnittes.

Unter Naturexperimenten werden zum einen Versuchsanordnungen verstanden, bei welchen der Eingriff in den Datengenerierungsprozess nicht durch den Forscher, sondern durch die Natur geschieht (Robinson et al. 2009: 342). Ein weiteres Verständnis von Naturexperimenten ist, dass eine mehr oder weniger natürliche Versuchsanordnung vorzufinden ist, welche der eines Experiments entspricht (Morton und Williams 2010: 53). Diese beiden Formen werden dann auch gelegentlich als Quasi-Experimente bezeichnet (Shadish et al. 2002: 12; Green 2010: 98). Der Begriff des Quasi-Experiments führt jedoch eher zu weiteren Verwirrungen, da seine Verwendung ebenfalls nicht einheitlich ist. Beide Konzeptionen des Naturexperiments haben gemeinsam, dass derartige Versuchsaufbauten über keine Kontrollgruppe oder eine sogenannte Baseline verfügen, welche als Kontrollgruppe genutzt werden könnte (Morton und Williams 2010: 45; Definition 2.10).

Morton und Williams (Morton und Williams 2010: 53) bezeichnen den Hurrikan Katrina hiernach gerade nicht als Naturexperiment. Der Hurrikan lässt sich aus dem Blickwinkel mancher ForscherInnen als Treatment auffassen. Ausgehend hiervon lassen sich politisch relevante Veränderungen in New Orleans untersuchen, aber auch der Zusammenhang zwischen Informationen über das Krisenmanagement und der politischen Meinungsbildung in unterschiedlichen gesellschaftlichen Milieus. Das Problem ist jedoch, dass die Bürger bereits nach Milieus unterteilt in den unterschiedlichen Bereichen der Stadt wohnen. Hierdurch waren, um bei dem Beispiel des Hurrikan Katrina zu bleiben, die unterschiedlichen Milieus der Stadt schon geographisch voneinander getrennt und somit auch unterschiedlich stark von der Katastrophe betroffen. Somit ist eine Randomisierung im diesem Naturexperiment nicht möglich.

Ein Beispiel für ein Naturexperiment - man könnte es auch ein Policy-Experiment nennen, da hier nicht die Natur eingreift, sondern die Politik ähnliche Bedingungen für das Experiment geschaffen hat - bei welchem eine natürliche Randomisierung der TeilnehmerInnen vorlag, ist die Untersuchung von Miller et al. 1998 über die Bedeutung der Zusammenstellung von Kandidatenlisten bei Wahlen im US Bundesstaat Ohio (Miller et al. 1998), denn in Ohio wechselt die Listung der Kandidaten zwischen den unterschiedlichen Wahlbezirken. Diese vorhandene Randomisierung nutzten Miller, Krosnick und Lowe in ihrem Experiment und kamen zu dem Ergebnis, dass ein höherer Listenplatz im Durchschnitt über 2,5 Prozent des Wahlergebnisses für den Kandidaten entscheidet.

Diese beiden Beispiele zeigen, dass es das Vorhandensein eines natürlichen Treatments nur schwerlich erlaubt, von einem Experiment zu sprechen. In einem solchen Setting ist es jedoch möglich, nach experimentellen Bedingungen zu suchen, wie es das Beispiel in dem Abschnitt über „Lab in the field"-Experimente zeigt (vgl. Abschnitt 2.4.3.2). Liegt ein natürlicher Randomisierungsprozess vor, ist es hingegen a priori leichter für den/ die ForscherIn kausale Abhängigkeiten zu untersuchen. In beiden Fällen zeigt sich jedoch, dass die Trennung zwischen Feld- und Naturexperiment nicht immer deutlich ist. Einen Vorschlag zur Unterscheidung von Natur- und Feldexperiment machen Morton und Willams, indem sie die Frage stellen, ob der Versuchsleiter am Prozess der Randomisierung beteiligt war (Morton und Williams 2010: 54f). Diese Unterscheidung soll an einem Beispiel verdeutlicht werden; Benjamin Olken führte ein Feldexperiment über den Zusammenhang von direkter Demokratie und der Verteilung lokaler öffentlicher Güter durch. Es wurden hierbei 49 Dörfer in Indonesien für Straßenbauprojekte ausgewählt (Olken 2010). Der Prozess der Entscheidungsfindung für die Ausgestaltung des Projektes (Treatment) wurde entweder über Repräsentanten der Dörfer oder über direkte Wahlen durch die Bewohner der Dörfer festgelegt. Die zufällige Zuweisung der Dörfer zu einem der beiden politischen Prozesse stellt die Manipulation des Treatments dar. Olken maß bei diesem Feldexperiment die Zufriedenheit der Dorfbewohner und kam zu dem Ergebnis, dass die direkte Wahl durch die Dorfbewohner viele positive Effekte auf die Beurteilung des Straßenbauprojektes hat. Das Kriterium, welches Morton und Williams für die Trennung zwischen Natur- und Feldexperiment vorschlagen, ist bei diesem Beispiel die Einbindung des Forschers in den Auswahlprozess der Dörfer und den Randomisierungsprozess für die Manipulation des Treatments. Die

Einbindung des Forschers war in diesem Fall gewährt durch den Umstand, dass Olken bei der Auswahl der Dörfer mitentscheiden konnte und hierdurch Kriterien für ein adäquates Forschungsdesign sichergestellt wurden. Wäre die Auswahl der Dörfer und die Manipulation ohne die Einbindung des Forschers geschehen, würde es sich nach Morton und Williams um ein beobachtendes Design handeln. Somit handelt es sich letztlich, möchte man das Experiment genau spezifizieren, um ein Policy-Experiment in einem natürlichen Setting.

Grundsätzlich ist jedoch festzuhalten, dass ein Naturexperiment, es dem/ der ForscherIn zunehmend ermöglicht valide Aussagen über kausale Zusammenhänge zu treffen je mehr es sich einem feldexperimentellen Design annähert. Grundsätzlich ist jedoch, in Bezug auf Naturexperimente der definitorischen Festlegung von Shadish, Cook und Campbell zu folgen: „Natural Experiments: Not really an experiment because the cause usually cannot be manipulated;..." (Shadish et al. 2002: 12). Ein weiterer Problempunkt bei Naturexperimenten ist, dass oftmals keine Randomisierung der Teilnehmer-Innen am Experiment möglich ist. Ob es sich im konkreten Fall um beobachtende oder um experimentelle Forschung handelt, lässt sich somit am besten mit einem Blick auf den zugrundeliegenden Randomisierungsprozess und die Wirkung des Treatments im Design klären.

2.4.4.3 Ex-post facto Designs

Das Naturexperiment zeigt auf, dass manchmal experimentelle Daten erhoben werden, ohne dass ein Forscher an dem Prozess beteiligt war, oder dass die Befragungs- und Beobachtungsforschung Datensätze generiert, welche denen von Experimenten sehr nahe kommen. Unter dem Begriff des ex-post facto Designs werden Ansätze gebündelt, aus deren ursprünglich nicht experimentellen Daten nachträglich Experimente konstruiert werden. Hierbei stellt sich - wie bei Naturexperimenten - die Frage, ob die Operationalisierung eines Forschungsdesigns, bzw. in diesem Fall das „natürliche" Vorhandensein eines Experimenten ähnlichen Designs, eine Untersuchung des Kausal-zusammenhangs zulässt. Dieses ist ex-post nicht immer der Fall.

Eine gerade in der Wirtschaftswissenschaft verbreitete Form ist der sogenannte Differences-in-Differences (DD) Ansatz. Dieser Ansatz wird oftmals verwendet, um ex-post die Wirksamkeit politischer Instrumente oder die Auswirkung der Einführung von Gesetzen zu überprüfen. So werden von den ForschernInnen beispielsweise zwei weitestgehend miteinander vergleichbare US-Bundesstaaten gewählt und die Veränderung von Kenngrößen durch die

Einführung eines Gesetzes gemessen. Herfür werden abhängige, unabhängige und Dritt-Variablen vor und nach der Einführung des Gesetzes in beiden Bundesstaaten miteinander verglichen. Das Gesetz wird hierbei ex-post als Treatment behandelt. Kritik an diesem Vorgehen äußern Ökonometriker und Statistiker, da spezifische Probleme der Vergleichbarkeit der Fälle ignoriert werden (Bertrand et al. 2004). Problematisch für die experimentelle Forschung ist zudem, dass die Kontexte (Falleti und Lynch 2009), in welchen die zu prüfenden kausalen Mechanismen eine Rolle spielen, nicht aufgebrochen werden; d.h., die einzelnen Teile eines Gesamtkontextes werden nicht experimentell untersucht. Hieraus ergibt sich das Problem der seriellen Korrelation einer Kausalitätskette. Bezogen auf das oben genannte Beispiel der Untersuchung eines kausalen Zusammenhangs zwischen Ursache und Wirkung bei der Einführung eines Gesetzes, lässt sich nicht mehr genau sagen, ob die Wirkung eines Gesetzes nicht auch auf die Ursache zurückgeht, welche die Einführung des Gesetzes in dem Bundesstaat beeinflusst hat. Es kann somit eine Ursache außerhalb des Forschungsdesigns geben, welche sowohl die abhängige, als auch die unabhängige Variable im Forschungsdesign beeinflusst.

Das Problem von ex-post facto Designs und von Differences-in-Differences im Besonderen ist somit das Vorhandensein eines komplexen Kausal-mechanismus, welcher durch den Forscher nicht aufgebrochen und im Detail untersucht werden kann, sowie und die hieraus möglicherweise entstehenden seriellen Korrelationen.

2.5 Zusammenfassung

Der vorgelegte theoretische Teil legt die Grundlage für die beiden folgenden Teile, in welchen die experimentelle Methode expliziert wird, um in einem weiteren Schritt anhand von Fragen zum nachhaltigen KonsumentInnen-verhalten Anwendungsbereiche der Methode aufzuzeigen. Zu Beginn wurde herausgearbeitet, welche unterschiedlichen Begriffe von Experimenten in der Wissenschaft und in der Alltagssprache bestehen. Hierauf aufbauend wurden Elemente herausgestellt, die eine begriffliche Bestimmung des politik-wissenschaftlichen Experiments ermöglichen. Als Abgrenzungs-kriterium wurde der Eingriff in den Datengenerierungsprozess (DGP) bestimmt. Es schloss sich die Frage an, an welcher Stelle das Experiment innerhalb des politikwissenschaftlichen Methodenkanons zu verorten ist. Zum einen kann das Experiment dazu dienen die Grundlagenforschung zu stützen, indem es die zugrundeliegenden Axiome von Theorien empirisch überprüft; es kann durch

Methodentriangulation zu einer Robustheitsprüfung von Ergebnissen aus anderen Untersuchungen genutzt werden und nicht zuletzt Elemente von Politikvorschlägen und politischen Instrumenten in diesem Rahmen überprüfen. Da Experimente gerade bei der Beantwortung von Fragen bezüglich der Kausalität als Methode der Wahl gelten, wurde das im Folgenden zugrunde-liegende Verständnis von Kausalität herausgearbeitet. An die Frage nach den Möglichkeiten und Grenzen interdisziplinärer Forschung schloss sich diejenigen an, weshalb Experimente in der politikwissenschaftlichen Forschung zunehmend an Akzeptanz gewinnen und warum dieses erst in den letzten Jahren häufig der Fall ist. Für die Klärung dieser Frage wurden drei Analyseebenen unterschiedlicher Komplexität betrachtet. Abschließend lässt sich sagen, dass das Zusammenfallen unterschiedlicher Faktoren auf allen drei Ebenen für die Erklärung des Sachverhaltes von Bedeutung ist. Abschließend wurden in diesem Teil der Arbeit die drei Typen von experimentellen Forschungsdesigns näher betrachtet, welche als idealtypische Formen für die experimentelle Forschung in der Politikwissenschaft angesehen werden können. Diese sind das Laborexperiment, das Umfrage-Experiment und das Feldexperiment. Gleichzeitig wurden einige Forschungsdesigns benannt, welche in der Sekundärliteratur manchmal als Experimente bezeichnet werden und anhand der hier vorgenommenen begrifflichen Bestimmung von Experimenten in der einschlägigen politikwissenschaftlichen Literatur jedoch von solchen abgegrenzt werden.

Zusammenfassend lässt sich sagen, dass der in der Literatur oftmals sehr ungenaue Bestimmung des Experiments in der Politikwissenschaft im theoretischen Teil dieser Arbeit eine sehr klare begriffliche Bestimmung entgegengestellt wurde. Diese Bestimmung wurde konkretisiert durch die Darstellung von drei Grundtypen des politikwissenschaftlichen Experiments, wodurch eine klare Abgrenzung zu den Typen von Forschungsdesigns geschaffen wurde, welche kein Experiment darstellen. Diese Abgrenzung ist in der bestehenden Literatur zumeist nur unzureichend ausgearbeitet. Auch die Fragen nach einem Konzept der Kausalität und weshalb Experimente erst jetzt an Bedeutung in der Politikwissenschaft gewinnen bedarf der Klärung. Erst vor dem Hintergrund dieser Wandlungen ist das Experiment innerhalb der Disziplin vollends zu verorten. Dieser theoretische Teil der Arbeit hat somit durch synthetisch Arbeit und logische Strukturierung des Bestehenden, sowie die Verortung innerhalb des Materials, d.h. im Rahmen der bestehenden Methoden in der Politikwissenschaft, die Grundlage für die methodische empirische Auseinandersetzung mit politikwissenschaftlichen Experimenten geschaffen.

3 Methodische Aspekte

Ziel des hier vorliegenden Teils der Arbeit ist es, methodische Aspekte der experimentellen Forschung in der Politikwissenschaft genauer zu beleuchten. Bei der Planung, Durchführung und Auswertung von Experimenten wird in der Politikwissenschaft anders verfahren als in der befragenden und beobachtenden Forschung. Dieser Unterschied wurde im letzten Teil bereits auf theoretischer Ebene herausgearbeitet. Auch im methodischen Bereich unterscheidet sich die experimentelle von der beobachtenden und befragenden Sozialforschung oftmals so grundlegend, dass sich einige Begrifflichkeiten nicht ohne weiteres übertragen lassen (Imai et al. 2008). Ein Beispiel hierfür ist der Begriff der Validität. Validität bezeichnet in der Messtheorie ein ganz anderes Konzept als in der experimentellen Forschung. Dem methodischen Teil dieser Arbeit kommt daher auch die Aufgabe zu, zentrale Begrifflichkeiten der experimentellen Politikwissenschaft zu explizieren und einen systematischen Überblick über die relevante methodische Literatur im Feld zu geben. Die hier synthetisierten Elemente der experimentellen Methodik werden im nachfolgenden empirischen Teil Grundlage für eine kritische Reflektion der angewandten Forschungs-designs sein.

Möchte man die Logik der experimentellen Forschung in zwei Begriffen zusammenfassen, dann wären dies die Begriffe der Kontrolle und der Randomisierung. Hierauf lassen sich umgekehrt jedoch nicht die politik-wissenschaftlichen Experimente reduzieren. Für eine ausführliche Besprechung methodischer und wissenschafts-technischer Praktiken müssen weitere Aspekte Berücksichtigung finden. Der methodische Teil dieser Arbeit gliedert sich daher wie folgt: Zunächst einmal sollen im ersten Abschnitt die Grundüberlegungen experimenteller Forschung skizziert werden. Neben der Besprechung der Ziele experimenteller Forschung gehört hierzu auch die Darstellung von unterschiedlichen Modellen, durch welche Kausalität empirisch geprüft werden soll. In den Abschnitten zwei und drei werden weiterhin die Formalisierung von Experimenten und die grundlegenden experimentellen Designs vorgestellt. In den darauf folgenden Abschnitten wird auf Kontrolle in Experimenten und die

Randomisierung von TeilnehmerInnen eingegangen. In den Abschnitten fünf und sechs werden abschließend zwei Fragekomplexe thematisiert, welche in der empirischen Sozialforschung eine wichtige Rolle spielen. Zum einen ist dies die Frage nach der Validität, andererseits wird im siebten Abschnitt des methodischen Teils die Frage der Ethik behandelt. Da die experimentelle Forschung in der Politikwissenschaft das Experimentieren mit Menschen beinhaltet und es in der Disziplin gleichzeitig keine klaren Regulierungen diesbezüglich gibt, kommt der Diskussion dieses Punktes eine besondere Bedeutung zu. Als Bindeglied zwischen dem methodischen und dem empirischen Teil der Arbeit wird im letzten Abschnitt ein Gliederungsvorschlag für die Darstellung experimenteller Forschungsergebnisse vorgestellt. Eine solche Gliederung experimenteller Ergebnisse ist in anderen Disziplinen bereits Standard; dem hier unter Punkt 3.8 vorgestellten Vorschlag wird dementsprechend auch der empirische Teil dieser Arbeit folgen.

3.1   Grundüberlegung

Ein gut geplantes und sorgfältig durchgeführtes Experiment sollte einen Unterschied zwischen Kontroll- und Experimentalgruppe nachweisen können, welcher nur auf die Einführung eines Treatments in der Experimentalgruppe zurückzuführen ist. Diese Nicht-Übereinstimmung kann zwischen zwei Gruppen gemessen werden, als auch an einem Individuum in zwei unterschiedlichen Situationen. Der Begriff Situationen wird in der Literatur als „stages of the world" bezeichnet. Gemeint ist hiermit, dass ein Individuum bspw. uninformiert sein kann, bis die/ der ExperimentatorIn einen Informationszettel ausgeteilt hat, sich diese Person in einer informierte Situation versetzt. Die beiden Situationen - informiert und uninformiert - sind sehr allgemein die beiden Stufen der Welt, auf welchen die abhängige Variable gemessen wird, welche durch die Information - als Treatment - nach der Forschungshypothese beeinflusst wird. Die Mittelwerte (μ) der zu untersuchenden abhängigen Variable sollen sich bei der Messung in den beiden Situationen des Experiments nicht nur zufällig voneinander unterscheiden ($\mu_T \neq \mu_C$). Im Optimalfall sollte der Unterschied zwischen Experimental- und Kontrollgruppe oder dem Individuum in den beiden Situationen bereits aus einer deskriptiven Darstellung anhand eines Diagramms der Mittelwerte ersichtlich sein. Für eine genaue Analyse der Unterschiede zwischen den beiden Gruppen werden in der Praxis zumeist der t-Test, sowie der Wilcoxon-Mann-Whitney-Test verwendet. Sowohl die deskriptive als auch die analytische Auswertung des

64

Experiments lassen jedoch die Kernfrage offen, ob das Experiment wirklich das gemessen hat, was es sollte und ob das gewählte Design hierfür geeignet war.[26] Auf diese Frage fokussiert sich im Kern die (angemessene) Diskussion über experimentelle Ergebnisse.

Die Entscheidung, ob das gewählte experimentelle Design angemessen für die Beantwortung der zugrundeliegenden Fragestellung war, hängt u.a. von der jeweiligen Zielsetzung des Experiments ab, d.h. von der Frage, was genau untersucht werden soll. Druckman, Green, Kuklinski und Lupia unterschieden zwischen drei Zielsetzungen der experimentellen Politikwissenschaft (Druckman et al. 2006: 629f).[27] Diese drei Punkte lassen sich auch für die Politikwissenschaft im Allgemeinen nennen und müssen nicht zwangsläufig auf die experimentelle Forschung beschränkt werden. Der erste Punkt ist die Suche nach Fakten, zweitens der Dialog mit Theoretikern und drittens der Dialog mit Entscheidungsträgern in der Politik. Die Suche nach Fakten ist hierbei sicherlich das zentrale wissenschaftliche Anliegen (Roth 1995: 22), welches für die empirische Sozialforschung im Allgemeinen gilt. Die anderen beiden Punkte sollen anhand einer kurzen Auflistung von Zielsetzungen von Experimenten behandelt werden.

1. Testen von Theorien. Mit Theorien sind hierbei oftmals formale Modelle gemeint, insbesondere aus der Handlungs- und Entscheidungstheorie, sowie aus der Spieltheorie.
2. Die Überprüfung und Etablierung neuer Grundsätze oder sogar Gesetzmäßigkeiten für die Ableitung oder Überarbeitung neuer oder bestehender Theorien.
3. Das Testen von Aussagen unter bestimmten „Umweltbedingungen" oder die Auswirkung von Regulationen, Institutionen etc. zur Theorieüberprüfung, aber auch zur Ableitung konkreter Politik-empfehlungen.
4. Die Untersuchung von Annahmen in einer Art „Windtunnel", in dem bspw. Politikinstrumente unter gewollt künstlichen Bedingungen auf ihre spezifische Wirkungsweise hin überprüft werden. Die Überlegung taucht immer wieder in der Literatur zu politikwissenschaftlichen Experimenten auf und wird daher im Folgenden ausführlicher besprochen.
5. Das „Herauslocken" von Präferenzen auf der Subjekt- und Gruppenebene. Dieses geschieht beispielsweise durch Spiele zum Zustandekommen

---

[26] Vgl. hierzu auch die Abschnitte über experimentelle Forschungsdesigns (Abschnitt 3.3) und Validität (Abschnitt 3.6).
[27] Vgl. hierzu auch Diekmann (2010: 44f).

öffentlicher Güter oder durch das Testen von Zahlungsbereitschaften oder risikoaversem Verhalten.

In der Praxis vermischen sich diese Zielsetzungen meist, da sie (explizit oder implizit) auf ihren jeweiligen Gegenstand hin definiert werden. Besondere Bedeutung kommt in der oberen Aufzählung dem vierten Punkt zu. Das Bild vom Windtunnel fasst die Intention von Laborexperimenten gut zusammen. Hierin steckt jedoch bereits das zuvor umrissene Problem der Wahrnehmung von Experimenten. Kann man sich Experimente in den Naturwissenschaften gut vorstellen, welche sehr klar umrissene Gegenstände untersuchen, wird gegen Experimente in der Politikwissenschaft meist das Kontraargument der Komplexität der zu behandelnden Gegenstände angeführt. Dieser Argumentation liegt jedoch ein Denkfehler zugrunde, denn Experimente zielen nicht darauf ab, einen spezifischen Gegenstand oder ein komplexes Gebilde in seiner Gesamtheit zu erfassen und abzubilden, sondern vielmehr einzelne, den Gegenstand umgebende Faktoren zu analysieren. Diese Faktoren werden dann als „molecular causation" bezeichnet, wohingegen das übergeordnete Ganze als „molar" bezeichnet wird: „... molar here referring to a package that consists of many different parts." (Shadish et al. 2002: 10). Experimente zielen in ihrem Erkenntnisinteresse auf die „Zerlegung" des als Black-Box empfundenen Kausalmechanismus in empirisch untersuchbare Teile.

> „Usually, this involves decomposing the cause into its causally effective parts, decomposing the effects into its causally affected parts, and identifying the processes through which the effective causal parts influence the causally affected outcome parts." (Shadish et al. 2002: 10)

Diese zu analysierende Umgebung wird dann zum Gegenstand des Experiments. Es geht somit darum, Experimente als Methode zu verstehen, welche unter anderem als komplementäre Ergänzung zu Theorien höherer Komplexität und zur Überprüfung der zugrundeliegenden Axiome geeignet ist, wie durch das nachfolgende Zitat ebenfalls herausstellt wird:

> „Big theories hinge on a subsidiary propositions, some of which may be susceptible to experimentation. The microlevel phenomena (e.g. shirking, obedience, conformity) that are thought to undergird aggregate phenomena can be examined experimentally." (Green und Gerber 2002: 822)

Gleichzeitig sind Experimente auf einen guten theoretischen Rahmen angewiesen und profitieren von diesem, wie die beiden hier zitierten Autoren herausstellen: "Granted, the design and interpretation of experiments benefit enormously from sound theoretical knowledge." (Green und Gerber 2002: 811) Hier muss jedoch noch einmal betont werden, dass unter Theorien oftmals Modelle aus der formalen Modellierung gemeint sind, welche auf individuelle oder kollektive Handlungen und Interaktionen abzielen.

Die Idee des Testens von Theorie - in einer Art Windtunnel - ist in der Politikwissenschaft oftmals mit dem Test von Treatments (bspw. Informationen) und den Auswirkungen von unterschiedlichen Kontexten auf die Wirkungsweise eines Politikinstrumentes verbunden.[28] So wird die Robustheit der Wirkung von Politikinstrumenten unter der kontrollierten Variation einzelner Aspekte der Umgebung überprüft. Dies ist auch andersherum möglich, d.h., dass auch unterschiedliche Politikinstrumente in der gleichen Umgebung getestet werden können. Die „Künstlichkeit" der hierdurch geschaffenen Umgebungen wird oftmals nicht nur hingenommen, sondern ist in vielen Fällen gewollt. Denn durch sie kann eine bessere Kontrolle ausgeübt werden, wodurch sich der Zusammenhang zwischen Treatment und abhängiger Variable besser nachweisen lässt.

Die hier vorgenommene Auflistung und deren Diskussion verweisen bereits auf die Grenzen experimenteller Forschung. Diese sollen bereits an dieser Stelle kurz diskutiert werden. Zum einen ersetzen Experimente nicht den Entwicklungsprozess von Theorien und können diesen höchstens komplementär unterstützen. Experimente können durch die Fokussierung auf „Rahmenbedingungen" einer Theorie auch nicht unbedingt neue Hypothesen über einen komplexen Gegenstand generieren und zuletzt stellen Experimente auch keine universell einsetzbare Methode dar. So eignen sich zahlreiche qualitative Methoden weitaus besser für die Generierung neuer Forschungshypothesen als Experimente. Dies verweist auf den bereits angeführten Punkt der Komplementarität von Experimenten innerhalb des sozialwissenschaftlichen Methodenkanons. Denn das Experiment ist eine Methode,[29] welche gerade in den Sozialwissenschaften eher komplementär unterstützend zu anderen Methoden eingesetzt werden kann, um bspw. Axiome einer Theorie zu falsifizieren.

---

[28] Selbstredend funktioniert dies auch umgekehrt und es können Gelingensbedingungen, bspw. für erfolgreiche Wahlkämpfe, ex post oder ex ante untersucht werden, sowie Faktoren für die (erfolgreiche) Umsetzung einer Politik geprüft werden können.

[29] Hierbei wird von einer Darstellung und begrifflichen Abgrenzung des Experiments ausgegangen, wie sie im theoretischen Teil der Arbeit vorgenommen wurde. Wird das Experiment sprachlich weiter gefasst entstehen zunehmend Anwendungsbereiche für die Methode. Jedoch existiert ein Trade-Off zwischen einer weiten begrifflichen Bestimmung und der Exaktheit bei der Anwendung der Methode.

Auf den Punkt gebracht gibt es unterschiedliche Ansatzpunkte und Motivationen, um Experimente als Methode für die Forschung einzusetzen. Das vorrangige Ziel beim Einsatz von Experimenten ist jedoch die Klärung der Frage nach der Kausalbeziehung zwischen zwei Variablen. In diesem Zusammenhang sind Theorien oder Theorieelemente wichtig, welche Kausalbeziehungen unterstellen. Diese Elemente oder Axiome von Theorien sind es, welche durch Experimente empirisch untersucht werden. Hierfür muss die Kausalbeziehung in einem experimentellen Design konstruiert und ggf. modelliert werden. Wie sich Kausalbeziehungen in Experimenten konstruieren und modellieren lassen, ist Gegenstand der nächsten Unterabschnitte.

3.2   Konstruktion von Kausalität

In der politikwissenschaftlichen Forschung haben sich zwei Formen der Modellierung von Kausalität durchgesetzt: Zum einen das Rubin Causal Model (RCM), welches ursprünglich der Statistik entstammt und durch die frühen Feldexperimente Einzug in die Politikwissenschaft gehalten hat. Das andere Modell ist der aus der Ökonometrie stammende Formal Theorie Approach (FTA). Beide Ansätze werden in diesem Abschnitt, inklusive weiterführender und zugrundeliegender Aspekte, wie der stable unit treatment value assumption (SUTVA) vorgestellt. Zunächst einmal wird jedoch in die Notation zur Formalisierung von Experiment eingeführt.

3.2.1   Formalisierung von Experimenten

Unter Formalisierung werden Möglichkeiten zur Abbildung theoretischer Modelle gefasst, welche anhand von Experimenten auf Kausalbeziehungen überprüft werden. Es gibt jedoch unterschiedliche Formen der Notation, weshalb es notwendig ist, die im Folgenden verwendete Form kurz zu erläutern. Zudem bezieht sich die Bezeichnung des Formalen Modells nicht nur auf den FTA Ansatz, sondern durch auf die jeweilige Theorie, welche durch das Experiment überprüft werden soll, also auch das RCM.

Wie bei der beobachtenden Forschung wird der Zusammenhang zwischen der abhängigen Variable Y_i und der unabhängigen Variable X_i, U_i untersucht. Die unabhängige Variable kann beobachtbar oder erfragbar sein X_i - Alter, Einkommen etc. -, aber auch nicht direkt erfassbar U_i - kognitive Fähigkeiten, Sehstärke der Probanden etc. (Green und Gerber 2003a: 98). Die nicht erfassbaren Variablen können jedoch sichtbar gemacht werden; bei der Formalisierung findet die Entscheidung statt, ob dies bezogen auf den zu untersuchenden Gegenstand Sinn macht.

Anders als bei der beobachtenden Forschung wird ein Kausalzusammenhang zwischen abhängiger und unabhängiger Variable jedoch nicht unterstellt (Schnapp et al. 2006: 16), sondern durch die Einführung eines Treatments Ti anhand deren Auswirkung untersucht. Wenn beispielsweise die Auswirkung einer Information auf die Entscheidung des Individuums i untersucht werden soll, kann einer Gruppe im Experiment diese Information gegeben, und einer anderen Gruppe vorenthalten werden. Die Information hat somit eine binäre Ausprägung. Für den informierten Probanden am Experiment gilt dann $Ti = 1$ und für den uninformierten $Ti = 0$. Hieraus ergibt sich hieraus folgende Form der Notation:

$$Yij = Xi + Ui + Ti \mid Ti = [0, 1] \qquad (3.9)$$

Um den Unterschied zwischen Kontroll- und Experimentalgruppe zu untersuchen (kurz $\mu_T \neq \mu_C$), werden die abhängigen Variablen der beiden Gruppen gemessen ($Y i_1 \neq Y i_o$).

Der Treatment-Variablen Ti kommt eine doppelte Bedeutung zu, da das Treatment auch durch den Experimentator oder die Natur manipuliert werden kann. Diese manipulierte Variable wird mit Mi bezeichnet. Des Weiteren gibt es beobachtbare (Zi) und nicht beobachtbare Variablen (Vi), welche wiederum unabhängige Variablen der abhängigen Variablen Ti sind. Die manipulierte Variable ist in einem perfekten Experiment mit der Treatment-Variable identisch. Dieses perfekte Experiment ist jedoch kaum durchführbar; in der Literatur wird es daher zumeist als unerreichbares Ideal dargestellt (Morton und Williams 2010: 79). Durch sorgfältige Arbeit in der Vorbereitung und Durchführung des Experiments kann sich diesem Ideal daher nur angenähert werden. Die manipulierte Variable im Experiment wird aus diesem Grund einen Wert zwischen 0 und 1 annehmen. Der Wert 0 drückt aus, dass es keine Auswirkung der Manipulation auf die Treatment-Variable gibt und der Wert 1 bezeichnet die perfekte Übereinstimmung zwischen Manipulation und Treatment im Experiment.

Die manipulierte Variable hat somit einen doppelten Charakter als unabhängige Variable von Yi und als abhängige Variable. Die Notation für Ti als abhängige Variable ist:

$$Ti = Zi + Vi + Mi \qquad (3.10)$$

Hierbei bezeichnen Xi und Zi die beobachtbaren Variablen und Ui und Vi diejenigen Variablen, welche durch das Experiment nicht beobachtet werden. Hieraus ergibt sich die Möglichkeit von Überlappungen zwischen den Variablen. So steht Wi für die Gesamtmenge der beobachtbaren Variablen $Wi = Xi \cup Zi$.

Die Unterscheidung des experimentellen Stimulus zwischen Manipulation und Treatment soll an dieser Stelle kurz anhand eines Beispiels skizziert werden. Während den Gouverneurswahlen in Virginia 2005 untersuchten Gerber, Kaplan und Bergan in einem Feldexperiment die Auswirkungen von Informationen auf das Wahlverhalten der Bürger. Hierbei boten sie Haushalten, welche noch keine Tageszeitung bezogen, für einige Wochen ein kostenloses Abonnement der Washington Post und der Washington Times an. Beide Zeitungen besitzen ein politisches Profil, welches sich einem der beiden großen politischen Lager in den USA zuordnen lässt. Welche der beiden Zeitungen die TeilnehmerInnen am Experiment erhielten, konnten diese nicht selbst entscheiden, sondern sie bekamen zufällig eine Zeitung zugewiesen. Durch die Inhaltsanalyse der beiden Zeitungen versuchten die Experimentatoren die Manipulation im Experiment zu bestimmen, da sich beide Zeitungen zu aktuellen politischen Geschehnissen unterschiedlich positionierten. Dieses Feldexperiment lässt sich unter vielen methodischen Aspekten diskutieren, an dieser Stelle soll nur ein Aspekt der Untersuchung herausgestellt werden. Die Experimentatoren konnten sich bei ihrem Versuch nicht sicher sein, dass die durch sie gegebene Manipulation überhaupt ein Treatment wirkt; d.h. es ist nicht sicher, ob die TeilnehmerInnen am Experiment die Zeitung nicht lediglich zum Anheizen des Kamins verwendet haben. In diesem Fall hätte die Manipulation den Wert 0 besessen. Sofern die ProbandInnen die Zeitung jedoch gelesen haben, hätte sich der Wert an 1 angenähert. In einer Vorher-Nachher-Messung wäre dann ein Unterschied zwischen dem bekundenden Wahlverhalten messbar, wenn die Treatment-Variable einen Einfluss auf die abhängige Variable, das Wahlverhalten, hätte.

Die folgende Tabelle fasst die bis hierhin eingeführten Abkürzungen zusammen (Morton und Williams 2010: 79):

Tabelle 1 Übersicht der verwendeten Abkürzungen

Abkürzung	Bedeutung
Y_i	Abhängige Variable der Einheit i
X_i	Beobachtbare unabhängige Variable von Y_i
U_i	Nicht-beobachtbare unabhängige Variable von Y_i
T_i	Treatment-Variable der beobachteten Einheit i $T_i = [0, 1]$
Z_i	Beobachtbare unabhängige Variable von T_i
V_i	Nicht-beobachtbare unabhängige Variable von T_i
M_i	Manipulation der Treatment- Variablen T_i
W_i	Gesamtmenge der beobachtbaren Variablen $W_i = X_i \cup Z_i$

3.2.2 Rubin Causal Model

Fast jede empirische Untersuchung in der Sozialwissenschaft ist darauf ausgerichtet, den Zusammenhang zwischen der Varianz einer zu untersuchenden Variablen und deren Einfluss auf die abhängige Variable zu messen. Ob ein kausaler Zusammenhang zwischen den beiden Variablen besteht und wie stark dieser Effekt ist, lässt sich durch die beobachtende Forschung nicht immer bestimmen. Die beobachtende Forschung sucht daher nach Situationen, anhand derer sich die Varianz nachweisen lässt. Die experimentell forschende Wissenschaft schafft hingegen durch den Eingriff in den DGP Situationen, in welchen sich die Auswirkungen der Varianz der zu untersuchenden Variable auf die abhängige Variable messen lassen. Eines der am häufigsten verwendeten Konzepte zur Modellierung von Kausalität in der experimentellen Politik-wissenschaft ist das Rubin Causal Model (RCM). Im Folgenden wird zunächst anhand dieses Unterschiedes zwischen beobachtender und experimenteller Forschung in die Notation für die Formalisierung von Kausalzusammenhängen eingeführt, um hierauf aufbauend eine weiterführende Überlegung des RCM zu explizieren.

In der beobachtenden Wissenschaft lässt sich die zu untersuchende Variable, hier als Treatment-Variable Ti notiert, und deren Wirkung auf die abhängige Variable Yi wie folgt notieren (Morton und Williams 2010: 85):

$$Yi = Ti\, Yi_1 + (1 - Ti)\, Yi_0 \qquad (3.1)$$

Die abhängige Variable Yi wird bestimmt durch die Ausprägungen der zu untersuchenden Variable, welche in diesem Fall als das Treatment (Ti) bestimmt ist. Es gibt hierbei zwei Situationen, in welchen das Individuum i dem Einfluss ausgesetzt ist (Yi_1) und eine andere Situation, in welcher dies nicht der Fall ist (Yi_0). Durch die beobachtende Forschung ist die Ausprägung der abgängigen Variable Yi messbar. Das es zwei Situationen[30] gibt, in welchen sich die Auswirkung von Ti auf das Individuum klar bestimmen lassen, ist in "der natürlichen oder der realen Welt"[31] nur äußerst selten gegeben. Daher wird durch die experimentelle Forschung eine Situation geschaffen, in welcher sich der Unterschied zwischen diesen beiden Situationen (δ) für das Individuum messen lässt.

$$\delta i = Yi_1 - Yi_0 \qquad (3.2)$$

Diese Differenz zwischen den beiden Situationen wird durch das RCM gemessen. Hierbei ist neben der Differenz zwischen den beiden Ausprägungen der Variable Yi auch der Effekt von Interesse, d.h. die Intensität mit welcher das Treatment die beiden Ausprägungen beeinflusst. Der Treatment Effekt der Einheit i ist hierbei (Imai et al. 2008: 482): $TEi \equiv Yi_1 - Yi_0$.[32] Es ist jedoch nicht in jeder Situation möglich, ein Individuum zwei unterschiedlichen Situationen auszusetzen. Daher werden die TeilnehmerInnen am Experiment zufällig auf

---

[30] Der Begriff Situationen steht hier für die in der experimentellen Literatur verwendete Bezeichnung „stages of the world", wie bereits im Abschnitt 3.1 zu den Grundüberlegungen der experimentellen Methode erörtert.

[31] Natürlichkeit und Realität sind hier in Anführungszeichen geschrieben, da sie zum einen mit den größten erkenntnistheoretischen Problemen in direkter Verbindung stehen und zum anderen, weil die Verwendung dieser Begriffe meist mit einem sprachlich begründeten Fehlschluss in Verbindung steht. Dieser Fehlschluss meint die Annahme, dass sich Aspekte der realen Welt auch in der Realität besser untersuchen ließen. Auf diese Annahme wird im Abschnitt über Validität noch genauer eingegangen werden.

[32] Die rechte Seite der Formel verweist ja bereits auf eine Doppelung der Notation. An dieser Stelle sind der Vollständigkeit halber beide Notationen aufgeführt, da beide in der Literatur zu finden sind.

zwei Gruppen aufgeteilt und nur eine Hälfte dem Treatment ausgesetzt; der Unterscheid zwischen den beiden Gruppen stellt dann den Unterschied zwischen den beiden Situationen dar. Daher wird das RCM auch oftmals als kontrafaktischer Ansatz zur Bestimmung der Kausalität bezeichnet, da das Modell die Möglichkeit des Kontrafaktischen erwägt (Morton und Williams 2010: 85). Wie soll über die Möglichkeit des Kontrafaktischen ein Kausal-zusammenhang unterstellt werden können? Das RCM betrachtet δi als eine Zufallsvariable, welche durch reine Beobachtung nicht messbar ist und auch in vielen Experimenten nur schlecht untersucht werden kann (ebenda: 94). Experimentelle und nicht-experimentelle Untersuchungen können versuchen, einige Eigenschaften der Verteilung von δi zu messen. Auf die Frage, was gemessen werden soll, gibt es unterschiedliche Antworten. Die beiden meist verbreitetsten Bestimmungsmaße sind der Average Treatment Effect (ATE) und der Average Treatment Effect on the Treated (ATT):

$$ATE = E\,(\delta i) \qquad\qquad (3.3)$$

$$ATT = E\,(\delta i \mid Ti = 1\,) \qquad\qquad (3.4)$$

Der ATE schätzt den Kausaleffekt eines Treatments bei einer zufällig aus der Population gezogenen Person. Der ATT hingegen schätzt den Kausaleffekt des Treatments auf ein zufällig gezogenes Individuum, welches nicht dem Treatment ausgesetzt wurde. Diese beiden Konzepte zur Messung von Kausalität lassen sich erweitern und hierdurch weiter verdeutlichen. Beispielsweise wenn der/ die ForscherIn an einer durchschnittlichen konditionalen Messung des Treatment-Effekts interessiert ist. Mit konditional ist hierbei die Abhängigkeit von einer beobachtbaren Variablen gemeint. Beobachtbare Variablen werden mit der Notation Wi zusammengefasst, wie bereits oben beschrieben. Für den ATE und den ATT folgt hieraus:

$$ATE\,(W) = E\,(\delta i \mid Wi\,) \qquad\qquad (3.5)$$

$$ATT\,(W) = E\,(\delta i \mid Wi,\,Ti = 1\,) \qquad\qquad (3.6)$$

Möchte der/ die ForscherIn also wissen, was der durchschnittliche Effekt einer Information in Bezug auf einen Kaufentscheid ist, wenn Wi gegeben ist, wird der ATE (W) bestimmt. Der ATT (W) hingegen bestimmt die durchschnittliche Wirkung einer Information auf KonsumentInnen, die bereits informiert sind (Morton und Williams 2010: 95).

Neben dem ATE und dem ATT gibt es noch weitere Konzepte, die zur Messung der Kausalität vorgeschlagen werden.[33] Da die im Experiment untersuchte Zielpopulation (*n*, sample population) in der Regel nicht die gesamte mögliche Zielpopulation (*N*, target population) der Untersuchung umfasst, sondern deutlich kleiner ist (*N>n*), lässt sich nach dem sample average treatment effect (SATE) und dem population average treatment effect (PATE) differenzieren (Imbens 2004):

$$SATE \equiv \frac{1}{n} \sum_{i \in \{1-t\}} \partial i$$

(3.7)

$$PATE \equiv \frac{1}{N} \sum_{i \in \{1i=1\}}^{N} \partial i$$

(3.8)

Aus der (möglichen) Differenz von SATE und PATE im Experiment ergibt sich der sample selection error ($\Delta s \equiv$ PATE - SATE), welcher durch eine ausreichend große Anzahl von TeilnehmerInnen am Experiment verringert werden kann. Ob die Anzahl der TeilnehmerInnen am Experiment ausreicht, bzw. ob Δs klein genug ist, um aus dem Experiment Aussagen ableiten zu können, kann durch einen Power-Test überprüft werden. Auch ist es unter gewissen Einschränkungen möglich, durch einen statistischen Powertest bereits im Vorfeld die nötige Anzahl der Probanden zu berechnen (Faul et al. 2007, 2009).

3.2.3 *Formal Theory Approach*

Der zentrale Unterschied des Formal Theory Approach (FTA) zum RCM ist der Ausgangspunkt des Ansatzes. Dieser ist beim FTA ein formales Modell, d.h. eine genaue Voraussage oder Prognose über das zu erwartende Ergebnis des Datengenerierungsprozesses. Der Unterschied zum RCM liegt hierbei in der Abstraktion, bzw. in der damit verbundenen Notation der prognostizierten Erwartungswerte, welche im formalen Modell sehr umfassend sein müssen. Wenn beispielsweise die Interaktion zweier Akteure in einer spezifizierten

---

[33] Die Liste der Konzepte zur Bestimmung von Kausalzusammenhängen ließe sich an dieser Stelle noch weiterführen (Morton und Williams 2010: 95f), es soll sich jedoch auf vier zentrale Konzepte beschränkt werden, welche in der Literatur zu Experimenten besonders häufig aufgegriffen werden.

Situation oder Umwelt abgebildet werden soll, ist es notwendig, alle möglichen Entscheidungen der Akteure im Modell zu erfassen. Nicht zuletzt hieraus entsteht die Notwendigkeit, die Realität im Modell auf den zu untersuchenden Gegenstand zu reduzieren (Morton und Williams 2009: 147), bzw. den zu untersuchenden Gegenstand in das Zentrum der Analyse zu rücken und die umgebenden Aspekte (ceteris paribus) als konstant zu betrachten. Daher sind auch gegenwärtig keine Feldexperimente bekannt, welche einen FTA verwenden (Morton und Williams 2010: 248). Das Laborexperiment ist aufgrund der hier beschriebenen Voraussetzungen die übliche Form zur experimentellen Überprüfung formaler Modelle. Neben der formalen Abbildung einer Theorie ist es in der Praxis jedoch auch nicht unüblich, ein s.g. strukturelles Modell zu entwerfen, in welchem die Spekulation über die zugrundeliegende Struktur des empirischen Ereignisses abgebildet wird. Beide Möglichkeiten der Abbildung von Theorie müssen die Bedingung der Widerspruchsfreiheit der im Modell verwendeten Voraussagen und Axiome erfüllen. Dies entspricht den Bedingungen der formalen Logik. Den Bedingungen der Logik und dem Anspruch der Widerspruchsfreiheit unterliegt auch das RCM, beim FTA sind diese Dinge jedoch weiter ausformuliert, bzw. in einem Modell ausformalisiert. Wie bereits eingangs ausgeführt, ist der zugrundeliegende Abstraktionsgrad das entscheidende Kriterium für diesen Ansatz; was umgekehrt nicht bedeutet, dass Aspekte der Fragestellung oder des Forschungsdesigns Ähnlichkeiten mit dem RCM, oder der politikwissenschaftlichen Forschung im Allgemeinen aufweisen können.

Formale Modelle beinhalten drei unterschiedliche Voraussagen (ebenda 2010: 196f). Zum einen Punktvoraussagen, welche Prognosen über die Ausprägung von Variablen in Gleichgewichtssituationen beinhalten. Zweitens relationale Voraussagen, d.h. Voraussagen über die Auswirkung einer Änderung in einer Variablen auf die Ausprägung einer weiteren Variablen. Zuletzt sind Voraussagen über kausale Beziehungen zwischen den Variablen zu nennen, sowie Interaktionen zwischen den Akteuren.

Formale Modelle werden in fünf Schritten konstruiert (ebenda: 203f):

1. Die politische Umgebung wird analysiert. Hiermit sind Akteure und Institutionen gemeint, sowie die Sammlung aller verfügbaren relevanten Informationen.

2. Die Charakteristiken der Institutionen und die Präferenzen der Akteure werden erfasst. Diese werden zumeist anhand von Nutzenfunktionen und/ oder Pfaddiagrammen abgebildet.

3. Die Funktionsweise von Institutionen, sowie das Verhalten von Akteuren außerhalb der spezifischen Umgebung wird hinterfragt.
4. Das Wie und das Was der Entscheidungssituationen von Akteuren wird analysiert.
5. Es werden Konzepte zur Lösung von Gleichgewichtssituationen bestimmt. Hieraus lassen sich theoretische Voraussagen und Erwartungswerte bestimmen.

Diese (theoretischen) Voraussagen lassen sich dann empirisch durch Experimente überprüfen. Dieses wird als Theorietest bezeichnet. Werden bestimmte Parameter im Modell verändert, oder Axiome ausgelassen um deren Bedeutung für das Model zu überprüfen, wird dieses als Stresstest bezeichnet.

Anwendung findet der FTA Ansatz beispielsweise dort, wo mit spieltheoretischen Modellen Entscheidungssituationen abgebildet werden können. So z.B. in der deutschsprachigen Forschung zur Umweltökonomik. Bei der Erstellung von Umweltgütern (Bau von Kläranalgen etc.) und bei der Vermeidung von Umweltschäden (Überfischung etc.) befinden sich die Akteure zumeist in einem sozialen Dilemma. Das bedeutet, dass individuell rationales Verhalten zu kollektiv nicht wünschenswerten Ergebnissen führt. Theoretische Konzepte über den Umgang mit öffentlichen Gütern und Common Pool Resources (CPRs) werden durch (Labor-) Experimente getestet (Sturm 2006: 25). Hierbei hat sich u.a. gezeigt, dass sich die Voraussagen aus der Standardtheorie der klassischen spieltheoretischen Dilemma-Situation nicht ohne weiteres halten lassen. Das Verhalten der Akteure ist in den Experimenten weitaus kooperativer, als es die Theorie prognostiziert (ebenda: 60f). So konnten anhand der experimentellen Ergebnisse für die Umweltökonomik neue Punktvoraussagen für die Verhaltenstheorie abgeleitet werden. Des Weiteren konnten relationale Aussagen, bspw. über die Auswirkung von Kommunikation in Spielsituationen, zu einer Erweiterung der Modelle führen und gleichzeitig zugrundeliegende Annahmen über Kausalbeziehungen überprüft werden.

Der FTA ist somit eine abstraktere Darstellungsform formaler theoretischer Modelle; der Abstraktionsgrad ist deutlich höher als beim RCM. Der FTA wird hierbei häufig zur Ermittlung von Gleichgewichtssituationen in diesen Modellen eingesetzt und um als Ansatz ceteris paribus die Auswirkung von Änderungen in diesem Modell zu bemessen.

3.2.4 Die stable unit treatment value assumption

Eine zentrale Annahme der experimentellen Forschung ist, dass δi einen kausalen Effekt abbildet, bzw. dass sich durch die Messung von δi eine Kausalbeziehung zwischen den Variablen abbilden lässt. Um hiervon ausgehen zu können, wird jedoch wiederum eine Anzahl impliziter Grundannahmen benötigt, welche hier kurz explizit gemacht werden sollen. Diese Grundannahmen werden in der experimentellen Forschung in dem Konzept der stable unit treatment value assumption (SUTVA) zusammengefasst. Die Annahmen sind folgende (Morton und Williams 2010: 96f):

1. Das durch die/ den ExperimentatorIn kontrolliert eingeführte Treatment beeinflusst im Datengenerierungsprozess nur die Einheit oder Person im Experiment, welche das Treatment auch erhält.
2. Das Treatment besitzt eine gewisse Homogenität um ATE und ATT berechnen zu können.
3. Das Treatment, welches auf das Individuum i einwirkt, variiert nicht und hängt somit auch nicht von den (beispielsweise) kognitiven Fähigkeiten der Probanden ab.
4. Beide möglichen Ausprägungen der abhängigen Variablen werden gemessen; mit und ohne Treatment.
5. Die Kausalitätsfrage lässt sich auf den Unterschied zwischen den beiden Ausprägungen der abhängigen Variablen reduzieren; es gilt: $\mu_T \neq \mu_C$.
6. Eine serielle Korrelation zwischen abhängiger und Treatment-Variable ist durch die Auswahl des Forschungsdesigns und der ProbandInnen ausgeschlossen.

Bei der Betrachtung eines experimentellen Forschungsdesigns ist es daher wichtig zu prüfen, ob diese Annahmen nicht verletzt worden sind. Während sich die ersten drei Punkte stärker auf die Ausgestaltung des Treatments im Experiment beziehen, fragen die letzten drei Punkte nach der Angemessenheit des Forschungsdesigns. Forschungsdesigns werden im folgenden Abschnitt 3.1 ausgeführt.

Zusammenfassend ist für diesen Abschnitt zu sagen, dass der hier vorgestellte Zugang zur Untersuchung von Kausalbeziehungen, bzw. der Begriff der Kausalität, sich von anderen Forschungstraditionen der Politikwissenschaft erheblich unterscheidet. Aufbauendend auf den in Abschnitt 2.3.2 dargelegten theoretischen Grundlagen des Kausalitätsverständnisses wurden hier die methodischen Aspekte zur Konstruktion von Kausalität durch experimentell prüfbare Modelle expliziert. Zur Formalisierung von Kausalzusammenhängen wurden vor allem die beiden am meisten verwendeten Kausalbeziehungen besprochen, der ATE und der ATT. Mit dem RCM und dem FTA wurden zwei Ansätze unterschiedlichen formalen Abstraktionsgrades vorgestellt. Auf diese beiden Ansätze wird in der experimentell forschenden Politikwissenschaft zumeist zurückgegriffen. Zuletzt umfasst die SUTVA mit sechs Grundannahmen die zentralen Axiome bezüglich des Treatments und des experimentellen Forschungsdesigns, womit in den nächsten Abschnitt übergeleitet wird.

3.3 Das experimentelle Forschungsdesign

Die erste ausführliche Beschreibung eins experimentellen Forschungsdesigns stammt von Francis Bacon aus dem 17. Jahrhundert. John Stuart Mill präzisiert in seiner „System of Logic" diesen Ansatz weiter. Mill entwickelt in diesem Werk mehrere experimentelle Designs, bei welchen die Methode der Übereinstimmung und die Methode der Differenz von besonderer Bedeutung sind. Durch diese können notwendige und hinreichende Bedingungen für die Wirkung eines Kausalmechanismus systematisch ausgeschlossen werden (Behnke et al. 2006: 44f). Das Problem dieser Designs ist jedoch, dass für ihre Anwendung alle Faktoren, welche auf die abhängige Variable Y_i einwirken, bekannt sein müssen. Dies ist in der Praxis der experimentellen Forschung zumeist nicht der Fall. Daher können die von Mill entwickelten Designs zwar als Idealtypen experimenteller Forschung gelten, ihre Anwendung in sozialwissenschaftlichen Forschungskontexten ist jedoch schwierig.

In diesem Abschnitt werden daher zunächst die Grundüberlegungen für ein experimentelles Forschungsdesign expliziert, sowie die Intention der Forschungsdesigns - in Abgrenzung von der beobachtenden und befragenden Forschung. Hiernach werden in den letzten beiden Unterabschnitten das vorexperimentelle Design und unterschiedliche Grundtypen experimenteller Designs besprochen. In diesen beiden Abschnitten wird auch in die Abbildung experimenteller Designs eingeführt, sowie in die Probleme im Untersuchungsdesign, welches die unterschiedlichen Designs adressieren.

3.3.1 Grundüberlegungen des experimentellen Designs

Wenn die Aussagekraft experimenteller Forschungsergebnisse besprochen wird, betreffen Kritikpunkte bezüglich derselben zumeist nicht die Verfahren der Datenauswertung, sondern vielmehr das Forschungsdesign. Experimentelle Forschung zielt vor allem darauf ab, die Erhebung von Daten so gut zu gestalten, dass die gestellte Forschungsfrage auch ohne die Anwendung aufwendigerer statistischer Auswertungsverfahren zu möglichst eindeutigen Ergebnissen gelangt. Dies ist ein erster wesentlicher Punkt, da sich die experimentelle Forschung von der Beobachtungs- und Befragungsforschung grundlegend unterscheidet. In der Politikwissenschaft liegen zur Beantwortung von Forschungsfragen oftmals nur schlechte und unvollständige Datenquellen vor. Das Verständnis von der Anwendung statistischer Methoden und Techniken in der quantitativ forschenden Politikwissenschaft bezieht sich somit oftmals auf die Möglichkeiten, diese Daten doch noch auszuwerten. Experimente versuchen hingegen, durch Eingriffe in den Datengenerierungsprozess (also in die Phase der Erhebung) möglichst gezielt Einfluss zu nehmen. Diese Überlegung lässt sich wie folgt zusammenfassen: „(…) in the interplay between design and statistics, design rules." (Shadish et al. 2002: xvi)

Die Idee experimenteller Forschung ist somit, kontrollierte Beeinflussungen in der Phase der Datenerhebung durchzuführen, um auf die zugrundeliegende Fragestellung möglichst deutliche Antworten geben zu können. Die nachfolgende Graphik bildet vier Phasen des Forschungsverfahrens ab. Der Schwerpunkt liegt bei der experimentellen Forschung i.d.R. zwischen der ersten und zweiten Stufe im Forschungsablauf; zwischen der Entwicklung der Forschungsfrage und der Übertragung und Untersuchung der Frage durch ein adäquates Forschungsdesign.

Abbildung 1 Stufen der Untersuchung

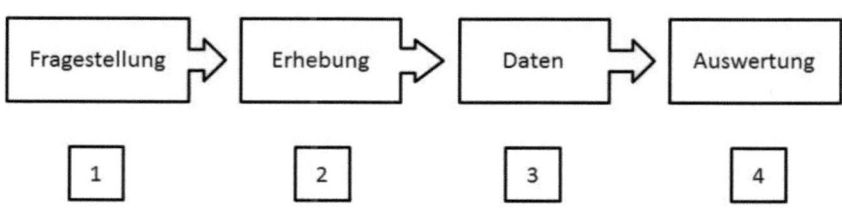

Hierbei ist es wichtig sich in Erinnerung zu rufen, dass der Datengenerierungsprozess in der Regel nicht darauf ausgerichtet ist, das zu untersuchende Phänomen vollständig zu untersuchen, sondern vielmehr einzelne Teilaspekte und Axiome der Theorie auf ihre Gültigkeit hin zu überprüfen (Hyde 2010). Wie bereits oben ausgeführt, zielt die Verwendung experimenteller Forschungsdesigns auf die im theoretischen Rahmen mit beinhalteten Faktoren, um diese im Sinne Mills auf ihren Einfluss auf das zu untersuchende Phänomen hin zu überprüfen.

3.3.2   Das vorexperimentelle Design

Bei der Darstellung experimenteller Forschungsdesigns werden die beiden Situationen (vgl. Abschnitt 3.2.2) in denen sich eine Person, oder die unterschiedlichen Gruppen im Experiment befinden durch ein O bezeichnet (Shadish et al. 2002; Behnke et al. 2006: 52f). Zur Unterscheidung der unterschiedlichen Situationen kann das Zeichen durch eine tieferstehende Zahl ergänzt werden, welche durchlaufend nummeriert wird. Das große X steht für das Treatment. Dieses kann bei Bedarf, wenn mehrere Treatments in ein Experiment eingeführt werden, ebenfalls durchnummeriert werden. Mit diesen beiden Symbolen lassen sich experimentelle Designs sehr einfach abbilden. Das einfachste Design ist hierbei das so genannte vorexperimentelle Design, welches aus einem Treatment und einer darauf folgenden Messung besteht: X O.
Dieses Untersuchungsdesign ist zwar sehr einfach, bringt aber auch erhebliche Probleme mit sich. Daher wird es im Kontext dieser Arbeit gar nicht als Experiment bezeichnet und in der Literatur höchstens als ein vorexperimentelles Design. Das Problem des Designs beschreibt Diekmann anhand eines Beispiels (Diekmann 2010a: 331): Auf einer Parkbank sitzt ein Mann, welcher regelmäßig in die Hände klatscht. Darauf von Passanten angesprochen sagt er, dass er die Elefanten aus dem Park vernhalten möchte. Die Passanten erwidern, dass in dem Park noch nie Elefanten gesehen wurden. Diese Beobachtung (O) der Passanten nimmt der Mann auf der Parkbank als Beweis für die Wirksamkeit seines Klatschens (X).
Dieses Beispiel mag im ersten Moment nichts mit sozialwissenschaftlicher Forschung gemein haben, entspricht aber genau der Vorstellung von Experimenten als „Herumprobieren" und ist in der wissenschaftlichen Praxis nicht selten anzutreffen. Eines der bekanntesten Experimente, auf welches in der Politikwissenschaft häufig Bezug genommen wird, ist das Milgram-Experiment. Hierbei handelt es sich eigentlich auch um ein vor-experimentelles Design,

welches die Stärken eines Experiments nicht nutzt; sondern lediglich die methodischen Schwächen von beobachtender Forschung und Experimenten miteinander kombiniert. In der (explizit wissenschaftlichen) Dokumentation des bayrischen Rundfunks über die Durchführung des Experiments in München in den 1970er Jahren wird als Grund für die Autoritätshörigkeit der Probanden[34] die Anwesenheit des Wissenschaftlers genannt; genauer die Wirkung seines weißen Kittels. Der weiße Kittel signalisiert hiernach für die Personen im Experiment wissenschaftliche Autorität. Dieser Autorität leisten die Probanden Gehorsam. Dieser Gehorsam im Experiment wird zumeist auf die Verbrechen im Zweiten Weltkrieg generalisiert. Eine solche Verbindung stellt der preisgekrönte Kurzfilm „Atrocity" von Adam Kargman her. Es gibt bei dieser Argumentation jedoch mehrere Probleme: Um Autoritätshörigkeit auf einen weißen Kittel zurückzuführen wäre es bei der Planung des Experiments von Vorteil gewesen, die Probanden auf zwei Gruppen aufzuteilen. In einer Gruppe hätte der Experimentator den weißen Kittel getragen (Experimentalgruppe), in der anderen Gruppe hätte er ihn nicht getragen (Kontrollgruppe). Der Unterschied zwischen den beiden Gruppen wäre dann auch auf den weißen Kittel zurückzuführen gewesen. Des Weiteren lassen sich diese Ergebnisse nicht einfach auf andere historische Kontexte und Personengruppen übertragen, wie etwa auf Mitglieder der Wehrmacht im Zweiten Weltkrieg. Da die Probanden über eine Anzeige in der Tageszeitung angeworben wurden, kann nicht von einer zufälligen Ziehung gesprochen werden. Die selbstselektive Auswahl der Teilnehmer wurde auch nicht durch eine Zufallsaufteilung auf Gruppen wettgemacht (Randomisierung Punkt 3.5), wie es ein zentrales Kennzeichen von Experimenten wäre. Ebenfalls ist beim theoretischen Konzept des Milgram-Experiments zu fragen, was überhaupt durch den Versuch gemessen wurde. Aus der Spieltheorie ist das Konzept der Verantwortungsdiffusion bekannt. Dieses Konzept besagt, wenn eine Person Hilfe benötigt und sich viele Leute um diese herum befinden, wird nicht automatisch die Wahrscheinlichkeit erhöht, dass der Person in Not geholfen wird. Umso mehr Leuten die Situation beobachten, desto stärker steigt bei diesen die Tendenzen zu schlussfolgern: „Die anderen können doch genauso gut helfen." Also ist die Frage zu stellen, ob Milgram wissenschaftliche Autorität gemessen hat, oder Verantwortungsdiffusion. Um dieses bestimmen zu können hätte der Experimentator in einer Versuchsgruppe nach der Instruktion den Raum verlassen müssen. Dadurch hätte das Experiment eine Baseline gehabt, von welcher aus die Thesen, welche für das Experiment

---

[34] An dieser Stelle wird ausschließlich die männliche Form des Begriffes verwendet, da in den frühen Formen des Milgram-Experiments ausschließlich Männer teilnahmen, wie es auch in München der Fall war.

formuliert wurden, besser hätten überprüft werden können. Zuletzt wäre auch danach zu fragen, ob bei einem Doppelblindversuch die Bereitschaft Stromstöße zu geben gleich hoch geblieben wäre. Bei einem solchen Versuch würden zwei Probanden gezogen und zufällig auf die Rollen unterschiedlichen Aufgaben im Experiment aufgeteilt.

Diese Ausführungen zum Milgram-Experiment sollen zeigen, wie stark sich die Vorstellungen von Experimenten und vor-experimentellen Designs in der Praxis vermengen und vor allem durch die Rezeption in der Wissenschaft beeinflusst werden. Ein faktorielles Experimentaldesign (vgl. Punkt 3.3.3) mit mindestens vier Gruppen wäre im o.g. Fall eigentlich angemessen gewesen, um gute Aussagen über die Autoritätshörigkeit von Personen treffen zu können. Diese Möglichkeit wurde jedoch in den frühen Formen des Milgram-Experiments nicht genutzt.

Ähnliche Probleme wie beim Treatment-Messungs-Design können auch bei Zeitreihenanalysen festgestellt werden. Daher wird dieses Design, welches zumeist mit einem Natur- oder Policy-Design verwechselt wird, hier kurz besprochen.

In der Notation für experimentelle Designs ließe sich eine Zeitreihenuntersuchung wie folgt notieren:

$$O_1 \quad O_2 \qquad O_3 \qquad X \qquad O_4 \qquad O_5 \qquad O_6$$

Wenn bspw. eine regelmäßige statistische Erhebung über das Verkehrsaufkommen an einer Straßenkreuzung durchgeführt wird, können die unterschiedlichen Messungen (O_1 bis O_6) vorliegen. Zwischen der 3. und der 4. Messung wurde jedoch eine bauliche Maßnahme durchgeführt, deren Beitrag zur Verkehrsreduktion nun evaluiert werden soll. Das Problem dieses Designs ist, sofern es als Policy Experiment bezeichnet werden soll, genau wie im ersten Beispiel, dass die Wirkung des Treatments nicht durch die sechs Messungen nachgewiesen werden kann. Selbst wenn eine Zunahme des Verkehrs in der ersten Hälfte der Zeitreihe gemessen wird und der Verkehr in der zweiten Hälfte wieder abnimmt, kann es sich auch um einen Regressionseffekt handeln, d.h., dass die Daten nach einer „Spitze" wieder die Tendenz zur Mitte haben. So kann im Beispiel ein Spitzenwert bei der Messung O_3 beobachtet werden. Die Reduktion des Verkehrs (Messung O_4) hätte sich nach der baulichen Maßnahme u.U. auch ohne diese eingestellt. Experimente versuchen daher eine Baseline mit einzubeziehen, welche die mögliche Wirkung dieser Effekte messbar und für die/ den ExperimentatorIn erfassbar macht.

3.3.3 Grundtypen experimenteller Forschungsdesigns

Zwei Grundtypen experimenteller Forschungsdesigns lassen sich unterschieden: Within-Subject- und Between-Subjects Designs. Wie die Namen bereits verraten, handelt es sich bei dem ersten Design um die Messung der Wirkung eines Treatments auf die gleiche Person. Das andere Mal wird einer Person oder Gruppe ein Treatment gegeben um diese ex-post mit der Kontrollgruppe (oder Baseline) zu vergleichen. Die ProbandInnen werden hierbei zufällig auf die beiden Gruppen aufgeteilt (randomisiert), was durch das Zeichen R ausgedrückt wird. Das Within-Subject Design lässt sich wie folgt abbilden:

Within-Subject Design

Experimentalgruppe $\qquad$ O_1 $\quad$ X $\quad$ O_2

Wenn $O_1 \neq O_2$ ist, dann hatte das Treatment eine Auswirkung auf die ProbandInnen; wenn nicht ($O_1 = O_2$), dann ist die Hypothese eines Zusammenhangs zurückzuweisen. Die gleiche grundsätzliche Logik gilt für das Between-Subjects Design, bei welchem eine der einfachsten Varianten das Post-Test Design ist.

Post-Test Design

Experimentalgruppe $\qquad$ R | $\quad$ X $\quad$ O_1

Kontrollgruppe $\qquad$ R | $\qquad$ O_2

Welches der Grunddesigns verwendet werden kann, hängt sowohl von den Möglichkeiten des Forschers ab, als auch von dem zu untersuchendem Gegenstand selbst. Zudem werden die beiden hier aufgeführten Grundtypen auch oftmals vermischt. Eine einfache Mischform ist das Pre-Test-Post-Test Design.

Pre-Test-Post-Test Design

Experimentalgruppe $\qquad$ R | $\quad$ O_1 $\quad$ X $\quad$ O_2

Kontrollgruppe $\qquad$ R | $\quad$ O_3 $\qquad$ O_4

Bei diesem Design sollte für einen Nachweis der Wirkung des Treatments bei der statistischen Auswertung gelten:

$$O_1 = O_3 = O_4 \text{ und } O_2 \neq (O_1 \mid O_3 \mid O_4).$$

Dies wird quasi durch eine doppelte Differenz (die Differenzen der Differenz) im Design gemessen:

$$(O_2 - O_1) - (O_4 = O_3)$$

Eine andere Erweiterung der Zusammenfügung der beiden Grunddesigns ist das Salomon Viergruppen-Design. Hier werden die Experimental- und die Kontrollgruppe verdoppelt und dadurch das Post-Test Design und Pre-Test-Post-Test Design zusammengeführt. Durch dieses Design kann eine Wechselwirkung zwischen Treatment und anderen abhängigen Variablen ausgeschlossen werden, welche beispielsweise durch Lerneffekte im Verlauf des Experiments entstehen können (Behnke et al. 2006: 54).

Salomon Viergruppen-Design

Experimentalgruppe 1	R |	O_1	X	O_2
Experimentalgruppe 2	R |		X	O_3
Kontrollgruppe 1	R |	O_4		O_5
Kontrollgruppe 2	R |			O_6

Die Idee der Vervielfachung von Gruppen lässt sich auch nutzen, wenn es nicht allein um den Vergleich zwischen den Gruppen geht, sondern, wenn aus der Untersuchung der Experimentalgruppe, bzw. aus der Wirkung des Treatments auf diese eine Implikation abgeleitet werden soll, welche durch die Größe einer Gruppe in ihrer Aussagekraft gestützt werden soll. Ein solches *Multi-Gruppen Design* kann hilfreich sein, um die begrenzte Aufnahmefähigkeit von Laboren zu überwinden. Hierbei kann je nach Fragestellung sowohl die Experimentalgruppe eins, als auch die Experimentalgruppe zwei im Salomon Viergruppen-Design verdoppelt werden. Nicht zuletzt aus Kostengründen kann es notwendig sein, mehrere unterschiedliche Treatments in einem Experiment zu untersuchen und hierbei auch die Kombination unterschiedlicher Treatments zu messen;

beispielweise wenn die gemeinsame Wirkung zweier möglicher Policy-Instrumente getestet werden soll. Hierbei ist die Anwendung eines solchen faktoriellen Designs notwendig.

Faktorielles Design

Experimentalgruppe 1	R |	O_1	X_1	O_2
Experimentalgruppe 2	R |	O_3	X_2	O_4
Experimentalgruppe 3	R |	O_5	X_1,X_2	O_6
Kontrollgruppe 1	R |	O_7		O_8

Bei den hier vorgeschlagenen Variationen und Zusammenführungen der Grundtypen experimenteller Designs ist jedoch zu beachten, dass jede Erweiterung auch ein Mehraufwand an Organisation, Planung und Durchführung bedarf. Sollte ein Design sehr komplex werden, ist spätestens hier die Frage zu stellen, ob die ursprüngliche Forschungsfrage soweit heruntergebrochen wurde, dass sie sich für eine experimentelle Überprüfung eignet. Wenn dies nicht der Fall sein sollte, ist eine grundsätzliche Überprüfung des Forschungsvorhabens notwendig. Das bedeutet, dass von der eher technischen Betrachtung des Vorhabens zurück auf die ursprüngliche Forschungsfrage reflektiert werden muss. Gerade erst aus dieser Verbindung lässt sich ein gutes Design entwickeln. Zudem sind „Fehler" zu einem späteren Zeitpunkt in der Entwicklung des Forschungsdesigns kaum noch zu korrigieren, da die experimentelle Forschung stark auf die Erhebung guten Datenmaterials fokussiert ist.

Wie im Abschnitt über nicht-experimentelle Forschung (Abschnitt 2.4.4) bereits ausgeführt wurde, stellt die Frage nach dem Design ein zentrales Unterscheidungskriterium zur Klärung der Frage dar, ob es sich bei der Untersuchung um ein Experiment handelt. Datensätze, welche ex post als Experimentaldaten ausgewertet werden, oder welche durch einen natürlichen Eingriff in den Datengenerierungsprozess zustande gekommen sind, werden oftmals als Quasi- oder Naturexperimente für Publikationen verschlag wortet (Robinson et al. 2009: 342). Ob es sich bei den entsprechenden Beiträgen wirklich um experimentelle Untersuchungen handelt kann, zumeist anhand des zugrundeliegenden Designs entschieden werden.

3.4 Kontrolle

Kontrolle wird in den Sozialwissenschaftlichen je nach Kontext unterschiedlich bestimmt. Dies liegt vor allem darin begründet, dass aus der methodischen Tradition der beobachtend forschenden Politikwissenschaft die Ausübung von Kontrolle und der kontrollierte Eingriff in den DGP durch den Wissenschaftler dem methodischen Grundverständnis der Disziplin widerspricht. Hierdurch kann es zwischen den unterschiedlichen methodischen Ausrichtungen innerhalb der Disziplin zu Fehlinterpretationen kommen (Imai et al. 2008). Des Weiteren handelt es sich bei Kontrolle im Experiment eher um ein Querschnittthema als um einen seperaten Punkt. So ist z.B. die Täuschung der TeilnehmerInnen am Experiment über den genauen Hintergrund der Forschung nicht nur eine Form der Ausübung von Kontrolle, sondern auch ein ethisches Problem; dieses wird in dieser Arbeit unter dem Punkt der Ethik im Experiment thematisiert, daher werden hier zunächst nur einige Punkte, welche mit Kontrolle im Experiment in Verbindung stehen besprochen und im Übrigen auf andere Stellen in der Arbeit hingewiesen. Kontrolle in wissenschaftlichen Untersuchungen im Allgemeinen, sowie die Kontrolle möglicher Störfaktoren im Besonderen, wird im ersten Unterabschnitt thematisiert. Danach wird das Konzept der Ignorability of Treatment besprochen. Ein Konzept, welches neben der Annahme über die SUTVA eine der wesentlichen Voraussetzungen, bzw. Bedingungen für die Durchführung von Experimenten ist. Zuletzt wird die Frage nach der Verwendung finanzieller Anreize in Experimenten besprochen. Aus der ökonomischen Perspektive sind finanzielle Anreize dazu geeignet, Präferenz-strukturen der TeilnehmerInnen am Experiment abzubilden und werden somit als ein Element der Kontrolle im Forschungsdesign verstanden. Hier stehen sich unterschiedliche Vorstellungen von Seiten der Ökonomie und der Sozial-psychologie gegenüber, welche vor dem Hintergrund der bestehenden Sekundärliteratur diskutiert werden.

3.4.1 Störfaktoren

Störfaktoren und ihre Kontrolle sind eine der großen Problemstellungen der empirischen Politikwissenschaft im Allgemeinen. Der Umgang mit dieser Problemstellung nimmt bspw. in der statistischen Literatur einen großen Raum ein. An dieser Stelle sollen jedoch nicht Störfaktoren und die Möglichkeit ihrer Kontrolle im Allgemeinen besprochen werden, sondern es erfolgt die

Beschränkung auf die Möglichkeiten und Zielsetzungen innerhalb eines experimentellen Forschungsdesigns.

„So bemüht sich der Experimentator, den Versuch so einzurichten, daß er gegenüber einer Frage >> (…) möglichst empfindlich, gegenüber allen anderen in Betracht kommenden aber möglichst unempfindlich ist (…): hier besteht u.a. die Arbeit der Abschirmung aller möglichen ´Fehlerquellen´<<.[35]" (Popper 2005: 84)

Unter Störfaktoren wird hier der Einfluss von beobachtbaren und unbeobachtbaren Variablen auf die abhängige Variable verstanden. Kontrolle hierüber wird in der experimentellen Forschung in der Regel über Randomisierung der TeilnehmerInnen ausgeübt (Abschnitt 3.5), d.h. durch die zufällige Aufteilung der ProbandInnen in Experimental- und Kontrollgruppe. Des Weiteren bestehen die Möglichkeiten des Blockens und des Matchens. Blocken bedeutet, die TeilnehmerInnen ex ante Gruppen zuzuteilen. Dies macht z.B. dann Sinn, wenn der Zusammenhang zwischen Wahlwerbung und Parteizugehörigkeit untersucht werden soll. Hier können die TeilnehmerInnen entsprechend ihrer parteipolitischen Ausrichtung geblockt werden, dann aufgeteilt, und entsprechend der geblockten Gruppen ist es im Anschluss möglich, die Ergebnisse auszuwerten.[36] Matching bezeichnet ein Verfahren, bei welchem ex post Daten innerhalb größerer Sätze anhand von beobachtbaren Variablen zusammengeführt werden. Dieses Verfahren erlaubt es auch, aus Beobachtungsdaten Experimentaldatensätze zu gewinnen. Beide Verfahren haben jedoch gegenüber der „klassischen" Randomisierung den Nachteil, dass sie lediglich eine Kontrolle über die beobachtbaren Variablen erlauben, jedoch die unbeobachtbaren Variablen gar nicht betrachten können. Dies ist insbesondere dann ein Problem, wenn wir unterstellen, dass wir es in der Politikwissenschaft mit recht komplexen Gegenständen zu tun haben, bzw. der Mensch als Gegenstand der sozialwissenschaftlichen Forschung eine Komplexität aufweist, welche nicht einfach zu beobachten und unter Kontrolle zu bringen ist. Diese Problematik wird in der Literatur oftmals wie folgt beschrieben:

"Von einem solchen prinzipiell konstanten ´Normalzustand´ des Untersuchungs-gegenstandes (wie in der Naturwissenschaft) kann bei Experimenten mit Lebewesen, besonders aber bei Experimenten in der Sozialforschung, nicht ausgegangen werden." (Petersen 2002: 39)

---

[35] Hier zitiert Popper aus Weyl (1927: 115): Philosophie der Mathematik und Naturwissenschaft.
[36] Hierbei ist es wichtig festzuhalten, dass Blocken nicht mehr ex post möglich ist, sondern vor der Randomisierung geschehen muss (Imai et al. 2008).

Aus dieser Feststellung zieht Petersen daraufhin folgenden Schluss:

> „Erst als dieser Schritt vom Vorher-Nachher-Modell zum Parallelgruppenmodell vollzogen war, konnte das Experiment auch in den Sozialwissenschaften nutzbar gemacht werden." (Petersen 2002: 41)

Der Beschreibung des Problems ist an dieser Stelle zwar noch zuzustimmen, der von Petersen aufgezeigte Lösungsweg ignoriert jedoch die Entwicklung des Experiments in der Politikwissenschaft und würde, konsequent zu Ende gedacht, die experimentelle Politikwissenschaft wieder in eine Sackgasse führen, denn der Mehrwert zahlreicher, in den letzten Jahren durchgeführter Experimente liegt ja gerade darin, Variationen des Within-Subject Designs zu untersuchen. Ein kurzes Beispiel soll dies erläutern: Eine gesetzliche Regelung in Japan erlaubt es politischen Parteien im Land nicht, während des Wahlkampfes die Inhalte der Internetseiten zu verändern, sodass Forscher von einem konstant bleibenden Treatment über die Zeit ausgehen können (Horiuchi et al. 2007). Dies ermöglicht Web-Experimente mit großen Gruppen von TeilnehmerInnen, ohne dass notwendigerweise der „Schritt vom Vorher-Nachher-Modell zum Parallelgruppenmodell" gegangen werden muss. Ein Kontrollverlust in diesem Beispiel besteht somit in der Veränderung des Ortes vom Labor- zum Web-Experiment, aber resultiert nicht aus der Veränderung des experimentellen Forschungsdesigns.

Doch wie kann neben der Randomisierung noch Kontrolle über die unbeobachtbaren Variablen im Experiment ausgeübt werden? Eine häufige Antwort hierauf ist die Untersuchung im Labor. Für die Durchführung von Experimenten im Labor spricht, dass eine Umgebung geschaffen werden kann, die durch den Forscher gut zu kontrollieren und zu dokumentieren ist. Dies ermöglicht einerseits die genaue Untersuchung des fraglichen Kausalzusammenhangs; im Optimalfall kann dieser von anderen möglichen Einflussfaktoren isoliert - und hierdurch messbar gemacht werden. Weiterhin ermöglicht eine genaue Dokumentation der Umgebung eine Kritik und daran anschließend eine Verbesserung der angewendeten Formalisierung, Techniken und Methodik. Ein zentraler Kritikpunkt, welcher generell gegen Laborforschung eingebracht wird, ist, dass die Verhaltensweisen von Probanden in der „künstlichen" Umgebung des Labors nicht natürlich sein könnten. Ausgehend von diesem Verständnis werden Feldexperimente oftmals als realitätsnäher betrachtet (Falk und Heckman 2009: 4). Dieser zunächst einmal evident erscheinenden Argumentation liegt jedoch ein grobes Missverständnis vom Begriff der Realitätsnähe zu Grunde. Ziel der Formalisierung und Modellierung von Kausalbeziehungen ist nicht die Abbildung der Realität in ihrem

Facettenreichtum. Vielmehr geht es darum, den zu untersuchenden Gegenstand mit seinen relevanten Einflussfaktoren zu modellieren und durch die gezielte Variation der Einflussfaktoren auf einen möglichen Kausalzusammenhang hin zu untersuchen.[37] Die entscheidende Frage für die Wahl des Forschungsdesigns, d.h. die Wahl zwischen Labor- und Feldexperimenten,[38] ist somit diejenige nach der geeignetsten Untersuchungsmöglichkeit einer Kausalbeziehung. In Bezug auf die Frage nach der Kontrolle als einer der wesentlichen Eigenschaften experimenteller Forschung, ist es daher nicht verwunderlich, dass Labor-experimente eine weitverbreitete Form des politikwissenschaftlichen Experiments darstellen. Laborexperimente werden innerhalb der etablierten politikwissenschaftlichen Forschung mitunter zweifelnd beäugt (Morton und Williams 2010: 308f); hervorgehoben werden muss jedoch ihr komplementärer Charakter zu anderen Methoden und Forschungsdesigns innerhalb der Politikwissenschaft, sowie die Möglichkeit spezifische Fragestellungen mit einer hohen internen Validität (vgl. Punkt 0) zu untersuchen.

3.4.2 Ignorability of Treatment

Die Ignorability of Treatment, auch „Selection on the Observables" genannt, bezeichnet die Annahme, dass Drittvariablen die Wahrscheinlichkeit für eine/n TeilnehmerIn am Experiment ein Treatment zu erhalten nicht beeinflussen. Wenn beispielsweise die Wirkung einer Information auf einen Wahlentscheid des Individuums i untersucht werden soll, wird im RCM δi untersucht. Wird nun nicht nach dem Wahlentscheid selbst, sondern nach der Wahrscheinlichkeit (Pi) der Beeinflussung durch die Information gefragt, lässt sich Formel 3.2 wie folgt umformen:

$$\delta i = P i_1 - P i_o \qquad (3.9)$$

---

[37] Unter Modellen wird hierbei die vereinfachte Darstellung sozialer Phänomene verstanden. Der Begriff der Vereinfachung bezieht sich dabei auf Auslassungen der zu beschreibenden Realität (Varian 2001: 1f). Dieses Verständnis ist in Bezug auf Experimente bereits im Abschnitt 3.1 in der Besprechung des FTA angeklungen. Zu den hier verwendeten, der Spieltheorie sehr nahe stehenden Modelle vgl. auch Diekmann (2010b: 187).

[38] Die Frage bezüglich der Unterschiede zwischen Labor- und Feldforschung ist vielmehr eine Frage der externen und internen Validität und wird unter diesem Gesichtspunkt im Abschnitt 3.6 auf-gegriffen.

Bei dieser Gleichung unterstellt die Ignorability of Treatment axiomatisch, dass es eine statistische Unabhängigkeit zwischen den unabhängigen Variablen (Wi und Ti) und der abhängigen Variable (Pi) gibt (Morton und Williams 2010: 112).

Das hier formal definierte Axiom gewinnt zusätzliche Erklärungskraft, wenn ein Beispiel für die Verletzung der Ignorability of Treatment Annahme angeführt wird, d.h. eine Situation generiert wird, in welcher eine Drittvariable die Wahrscheinlichkeit ein Treatment zu erhalten beeinflusst. Man stelle sich in diesem Beispiel zwei Personen in einem Experiment vor: Person A und Person B. Person A ist es sehr wichtig, gegenüber den MitbürgerInnen als verantwortungsbewusst aufzutreten. Hierzu gehört für Person A, umweltbewusst zu leben und daher alle Einsparpotenziale für Strom im Haushalt zu nutzen. Person B hingegen ist davon überzeugt, dass die Informationen zum Strom-sparen in Privathaushalten sehr kompliziert sind und sich auch oft wider-sprechen. Den Grund hierfür sieht Person B darin, dass niemand in Politik und Wissenschaft wirklich etwas hierüber weiß und es sich daher auch nicht lohnt, sich mit solchen Dingen auseinander zu setzen. Würden beide Personen im Rahmen eines Feldexperiments die gleiche Information über Möglichkeiten der Stromeinsparung im Haushalt bekommen, würden die Einstellungen der TeilnehmerInnen am Experiment stark mit der Wahrscheinlichkeit des Einflusses vom Treatment auf das Verhalten der Personen korrelieren. Strenggenommen würde Person A aus der Information selbst schon einen Nutzen ziehen, wohingegen Person B aus dem Nicht-Erhalt der Information einen Nutzen ziehen würde. Hier wäre das Axiom für die Ignorability of Treatment verletzt; die Annahme in Formel 3.11 ließe sich nicht halten.

Während die SUTVA Anforderungen an das Treatment und die Messung des Effektes durch das Design stellt, ist die Ignorability of Treatment ein Konzept, welches nach dem ATE(W) und ATT(W) fragt - Formeln 3.7 und 3.8. Neben der SUTVA ist die Ignorability of Treatment eine Grundannahme in der experimentellen Forschung, welche nicht verletzt werden darf, wenn sich ein Kausaleffekt aus dem Experiment ableiten lassen soll. Die Frage hiernach ist an die Kontrolle von (möglichen) Drittvariablen im Experiment zurückgebunden.

3.4.3   Finanzielle Anreize

Ob finanzielle Anreize, welche an die Entscheidungen der ProbandInnen im Experiment gekoppelt sind, zu „falschen" Ergebnissen führen, oder es um-gekehrt gerade ermöglichen, zu „besseren" Ergebnissen zu gelangen, stellt einen

Widerstreit zwischen unterschiedlichen Anschauungen in den Sozial-wissenschaften dar. Die neuere Sekundärliteratur kommt zu dem Ergebnis, dass Politikwissenschaftler dem Verständnis von Ökonomen nahe steten und bei der Beantwortung ihrer Fragen an das Antwortverhalten gebundene Auszahlungen als Instrument in Experimenten einsetzen können.

Bei der Frage, ob den TeilnehmerInnen an Experimenten eine Aufwandsentschädigung für den Einsatz ihrer Zeit gezahlt werden sollte (show-up-fees), herrscht zwischen der experimentellen Psychologie und der experimentellen Ökonomie Einvernehmen (Dickson 2009: 10). Diese Form der Bezahlung von Probanden wird im Allgemeinen als unproblematisch angesehen. Anders sieht es jedoch bei einer Bezahlung aus, welche abhängig von den im Experiment getroffenen Entscheidungen vorgenommen wird. Aus der psychologischen Tradition heraus wird argumentiert, dass entscheidungsabhängige Auszahlungen in Experimenten zu einer Fehleinschätzung spezifischer Eigenschaften bei den ProbandInnen führen (Dickson 2009: 17). Die Bedenken beziehen sich auf einen möglichen Verdrängungseffekt (Crowding Out) altruistischen Verhaltens von Teilnehmer-Innen am Experiment. Aus der spieltheoretischen experimentellen Feld-forschung gibt es Beispiele welche aufzeigen, wie komplex und unlinear der Prozess der Verdrängung abläuft (Diekmann 2010b: 157f.). So wurde in einem Experiment in britischen Kindergärten untersucht, ob die Einführung einer Geldbuße für eine Verspätung die Eltern dazu motiviert, ihre Kinder pünktlich abzuholen. Entgegen der Forschungshypothese führte die Geldbuße zu einer Erhöhung der verspäteten Abholungen der Kinder. Ursache hierfür war, dass viele Eltern der Ansicht waren, nun für ihre Verspätung zu bezahlen und kein schlechtes Gewissen gegenüber den ErzieherInnen mehr haben zu müssen. Diese Verdrängung altruistischer Motivationen durch finanzielle Anreize wurde auch auf anderen Gebieten festgestellt, wie beispielsweise bei der Blutspende (Titmuss 1970).

Für Politikwissenschaftler stellt sich die Frage, ob das Selbstverständnis der Disziplin die Verwendung von entscheidungsgebundenen finanziellen Aus-zahlungen in Experimenten zulässt. Hierbei ist zunächst einmal fest-zustellen, dass zahlreiche politikwissenschaftliche Forschungsdesigns die Verwendung von finanziellen Anreizen in der oben genannten Form nicht zulassen. So macht es keinen Sinn, beispielsweise die Wahrnehmung von Wahlwerbung oder politischen Kolumnen in Tageszeitungen als richtig oder falsch einzuordnen und dementsprechend die Entscheidung der Probanden zu sanktionieren oder zu belohnen (Dickson 2009: 10). Auf der anderen Seite zeigen Studien zum politischen Wissen der Bürger, dass finanzielle Anreize die Motivation der

Probanden heben können, sich akkurat mit den Inhalten und vor allem mit den gestellten Fragen im Experiment auseinander zu setzen (Prior und Lupia 2005).

Bei der Frage, wie Politikwissenschaftler mit den unterschiedlichen Vorstellungen in den benachbarten Disziplinen umgehen sollten, kommen Morton und Williams (Morton und Williams 2010: 358f) nach der Auswertung unterschiedlicher Meta-Analysen zu dem Ergebnis, dass, falls der Gegenstand es zulässt, Politikwissenschaftler sich auf der Seite der Ökonomen verorten sollten. Anhand der Auswertung zahlreicher Experimente zeigen sie auf, dass die in der Ökonomie untersuchten Fragestellungen denen der Politikwissenschaft stark ähneln und vor allem in Bezug auf das Erkenntnisinteresse eine große Übereinstimmung besteht. Anhand von vergleichenden Studien wird hierbei jedoch auch aufgezeigt, wie falsch gesetzte finanzielle Anreize die Ergebnisse verfälschen können.

Wie hoch sollte die monetäre Vergütung von TeilnehmerInnen in Experimenten sein? Es gibt bei Experimenten zwei Formen von Auszahlungen: Zum einen die Grundvergütung (show-up fees) und zum anderen die verhaltensabhängige Auszahlung. Für letzteres ist die Formulierung von Daumenregeln kaum möglich, denn die Auszahlungen sind zum einen an die spezifische Fragestellung des Experiments, bzw. deren Umsetzung durch das Forschungsdesign gebunden. Zum anderen können gerade hier die zur Verfügung stehenden Ressourcen begrenzt sein. Eine Umsetzung im Rahmen der vorhandenen Ressourcen der/ des ForscherIn ist somit an individuelle Setzungen gebunden. In diesem Zusammenhang sei noch einmal auf die Naturexperimente hingewiesen, welche Rick Wilson nach dem Hurrikan Katrina durchführte. Wilson ließ die TeilnehmerInnen an einer Reihe von Experimenten hintereinander partizipieren, was dazu führte, dass seine Probanden im Schnitt $90 pro Stunde verdienten. Ähnliche Experimente führte Wilson auch ein paar Jahre zuvor in den ehemaligen Mitgliedsländern der Sowjetunion durch um zu testen, wie das Vertrauen von Personen in Spielen, in diesem Falle so genannte Ultimatum- und Vertrauensspiele, mit der ethnischen Zugehörigkeit der Mitspieler variiert (Bahry und Wilson 2003, 2004). Da er die gleichen Auszahlungen in den Spielen verwendete, wie bei den in den USA durchgeführten Experimenten, konnten einige der TeilnehmerInnen aus den ehemaligen Mitgliedsländern der Sowjetunion annähernd ortsübliche Monats-gehälter in den Experimenten verdienen. Bei der Simulation eines Arbeits-marktes in einem Experiment in Moskau konnten die TeilnehmerInnen sogar ein gesamtes Monatsgehalt als Auszahlung bekommen (Fehr et al. 2002). Dieses Beispiel zeigt auf, wie mit den unterschiedlichen Kontexten auch die Bezahlung der TeilnehmerInnen am Experiment variieren kann. Orientierung für die

Angemessenheit der Auszahlungen bietet hier eher die konkrete Fragestellung, bzw. die Umsetzung der Frage im Forschungsdesign.

Bei der Grundvergütung der TeilnehmerInnen (show-up fees) lässt sich hingegen ein ungefährer Rahmen abstecken. So formulieren Morton und Williams Grundregeln für den Einsatz von finanziellen Grundvergütungen in politikwissenschaftlichen Experimenten. Als Daumenregel gilt zum einen die Orientierung am Mindestlohn. Konkret bedeutet dies, dass die TeilnehmerInnen am Experiment den einfachen oder den anderthalbfachen ortsüblichen Mindestlohn erhalten sollten. Diese Daumenregel mag für den US-amerikanischen Kontext eine gute Orientierung sein, im deutschsprachigen Kontext ist dies jedoch aufgrund eines fehlenden flächendeckenden Mindestlohns mitunter schwierig. An der Universität Konstanz befindet sich das LakeLab Experimentallabor von Urs Fischbacher, in welchem auch PolitikwissenschaftlerInnen ihre Experimente durchführen.[39] Hier wird neben einer Pauschale von 3 € pro Person für die Rekrutierung – welche durch das Labor erhoben wird – eine Bezahlung der TeilnehmerInnen in Höhe von 10€ pro Stunde gefordert. Eine weitere Orientierung, welche in Vorträgen und auf Konferenzen immer wieder als Referenz auftaucht, ist die Bezahlung von studentischen Hilfskräften (SHK). Da in vielen Experimenten StudentInnen als Probanden rekrutiert werden, sollten die Auszahlungen insgesamt nicht unterhalb der Bezahlung von SHKs liegen. Diese Werte sind jedoch nur als grobe Orientierung zu sehen, denn spätestens durch die konkrete Fragestellung, welche durch das Experiment geklärt werden soll, oder durch die Arbeit im Feld werden diese Orientierungswerte an die jeweiligen Bedürfnisse angepasst.

Zusammenfassend ist festzustellen, dass die Verwendung finanzieller Anreize in Experimenten in erster Linie eine Frage des Forschungsdesigns ist. Ob die Verwendung und die Integration solcher Anreize hilfreich für die Beantwortung der Forschungsfrage ist, ist letztendlich nach der Abwägung von Alternativen durch den Forscher zu entscheiden. In der Praxis und der Sekundärliteratur der experimentellen politikwissenschaftlichen Forschung ist die Verwendung finanzieller Anreize weitestgehend unumstritten.

3.5 Randomisierung

Als Randomisierung werden in der experimentellen Literatur mitunter zwei unterschiedliche Konzepte gefasst (Garcia 2011: 41): die zufällige Ziehung aus

---

[39] Informationen unter www.lakelab.twi.uni-konstanz.de; zuletzt geprüft am 27.04.2011.

einer Gesamt- oder Zielpopulation (random selection), oder die zufällige Aufteilung der TeilnehmerInnen auf zwei Gruppen (random assignment). An dieser Stelle wird Melody Garcias Deutung von Randomisierung in Experimenten nicht gefolgt, da die zufällige Ziehung nicht als methodisches Kernelement des Experiments gesehen wird. Vielmehr ist hierin ein residualer Moment der Befragungs- und Beobachtungsmethodik zu sehen. Unter Randomisierung wird im Folgenden nur das „random assignment" verstanden und auch nur diese Form wird als Randomisierung im Experiment besprochen.[40]

Unter Randomisierung wird in der experimentellen Forschung die zufällige Zuweisung von ProbandInnen zu Kontroll- und Experimentalgruppe verstanden. Im einfachsten Fall bestimmt der/ die ExperimentatorIn durch den Wurf einer Münze, welche ProbandInnen zur Kontroll- oder Experimentalgruppe gehören. Oftmals ist dieser zufällige Auswahlprozess Teil der im Experiment verwendeten Software. So bietet bspw. z-Tree Randomisierungs- und Gruppierungs-Tools (Fischbacher 2007). Ziel des Verfahrens ist es, durch die Zufälligkeit der Zuweisung zu den Gruppen den Einfluss von Störfaktoren auf die Treatment- bzw. abhängige Variable ausschließen zu können, so dass ein direkter Zusammenhang zwischen Manipulation, Treatment und abhängiger Variable messbar ist. Randomisierung wird nach dieser Auffassung wie folgt definiert:

> Definition 2.12 (Random Assignment) Where a researcher uses a randomized mechanism to assign subjects to particular manipulations in the experiment to better measure the effects of manipulations of the DGP. (Morton und Williams 2010: 47)

Ein Zusammenhang zwischen M_i, T_i und Y_i ist messbar, wenn drei Bedingungen erfüllt sind, welche im Folgenden noch ausführlich erläutert werden (Morton und Williams 2010:142f):

1. Unabhängigkeit zwischen Experimental- und Kontrollgruppe. Die Wahrscheinlichkeit zu einer der beiden Gruppen zu gehören, darf weder mit

---

[40] Eine Kombination aus zufälliger Ziehung und zufälliger Aufteilung der TeilnehmerInnen an Experimenten mag für viele Forschungsfragen durchaus attraktiv sein. Aufgrund monetärer Restriktionen der Forschenden dürfte dies jedoch gleichzeitig nur schwer einzulösen sein. Der wichtige Aspekt an dieser Stelle ist jedoch, dass eine spezifische Vorstellung der Generalisierbarkeit von Ergebnissen aus anderen methodischen Forschungsdesigns als gleichberechtigter „Goldener Standard" (Garcia 2011) in der experimentellen Forschung reproduziert wird. Dies wird zumeist bei der Diskussion über die Validität von (experimentell erzielten) Ergebnissen deutlich und in Abschnitt 3.6.5 seperat behandelt.

anderen Faktoren korrelieren, noch darf eine Doppelzuweisung, oder ein (unkontrollierter) Informationsaustausch stattfinden.

2. Keine fehlenden Daten. Die TeilnehmerInnenzahl sollte sich während des Zeitablaufs des Experimentes nicht verringern und auch nicht in Zusammenhang mit dem Treatment, oder dem zu untersuchenden Gegenstand stehen. Diese fehlenden Daten können bspw. durch Selbst-ausleseprozesse der TeilnehmerInnen während des Verlaufs eines Experiments entstehen.

3. Mi und Ti sollten perfekte Substitute sein, d.h. die Nichtbefolgung (Noncompliance) der Anweisungen kann ausgeschlossen werden.

Ein Problem in Bezug auf die Unabhängigkeit zwischen Experimental- und Kontrollgruppe kann auftreten, wenn das Treatment oder die Manipulation zwar randomisiert wird, aber unerwünschte Faktoren darauf einwirken. Um dieses zu verdeutlichen, kann man sich ein Feldexperiment vorstellen, in welchem die Wirkung von Informationen auf den Zusammenhang zwischen Ernährungs-gewohnheiten und Zahngesundheit von Kindern überprüft werden soll. Wenn hierbei unterschiedlichen Klassen oder Schulen unterschiedliche Informationen als Treatment oder als manipulierte Variable zur Verfügung gestellt würden, hätten Eltern mit vielen Kindern eine hohe Wahrscheinlichkeit, möglicherweise zu unterschiedlichen Gruppen im Experiment zu gehören. Des Weiteren könnte davon ausgegangen werden, dass Eltern, welche in einer Umgebung mit vielen anderen Familien wohnen, sich auch mit einer höheren Wahrscheinlichkeit untereinander austauschen. D.h., die gewünschte Kontrolle im Experiment, welche durch die Randomisierung sichergestellt werden soll, ist in diesem Fall nicht gegeben.

Zweitens stellen fehlende Daten in der Analyse von empirischen Ergebnissen i.d.R. immer ein Problem dar. Bei Experimenten besteht dieses im Besonderen, wenn der Abbruch oder die Nicht-Beantwortung mit dem Untersuchungsgegenstand direkt in Verbindung steht. Wenn ein Experiment bspw. Lernerfahrungen überprüfen möchte, muss das Design so gewählt sein, dass nicht diejenigen systematisch aus dem Experiment ausscheiden oder nicht weitermachen wollen, welche in den ersten Runden relativ schlechte Ergebnisse erzielten. So kann es bei der Überprüfung von formalen Modellen passieren, dass diejenigen TeilnehmerInnen zu weiteren Experimenten kommen, welche bereits bei den ersten Experimenten relativ hohe Auszahlungen hatten, da sie erneut hohe Auszahlungen (Gewinne) erwarten. Hingegen haben ProbandInnen, welche geringe Auszahlungen erhielten, auch einen geringeren Anreiz, erneut zu kommen. Dieser Selbstselektionsprozess über den Zeitablauf darf jedoch nicht mit einem Lernprozess verwechselt werden.[41]

Für den dritten Punkt, die Nichtbefolgung (Noncompliance) im Experiment, kann man sich bspw. eine Situation vorstellen, bei welcher der/ die ProbandIn zu wissen glaubt, auf was das Experiment abzielt. Wenn die TeilnehmerInnen bei der Überprüfung eines FTAs sicher sind, dass es sich bei dem Modell um ein Gefangenendilemma handelt, werden sie ihr Verhalten dementsprechend anpassen und zwar unabhängig davon, ob in dem Experiment wirklich ein Gefangenendilemma überprüft wird. Ein anderes Beispiel für eine Nichtbefolgung im RCM ist, wenn der/ die TeilnehmerIn an einem Geschmackstest für neue Produkte teilnimmt und gleichzeitig davon überzeugt ist, dass nur seine Wahrnehmungsfähigkeit überprüft werden soll. D.h., der/ die TeilnehmerIn unterstellt, dass immer dasselbe Produkt getestet wird, nur um herauszufinden, ob er/sie es bemerkt. Unter diesen Umständen würde der/ die TeilnehmerIn versuchen, gleichlautende Antworten unabhängig vom Produkt zu geben, um dem Experimentator zu zeigen, dass er/sie den „Trick" durchschaut hat.

Horiuchi et al. (Horiuchi et al. 2007: 675) benennen drei unterschiedliche Ausprägungen der Nichtbefolgung im Experiment:

1. Personen, welche immer auf das Treatment reagieren, auch wenn sie zur Kontrollgruppe gehören (always-takers; $Ti(1) = Ti(0) = 1$).
2. Personen, welche nicht auf das Treatment reagieren, auch wenn sie zur Experimentalgruppe gehören (never-takers; $Ti(1) = Ti(0) = 0$).
3. Personen, welche genau umgekehrt reagieren, als es die Zuweisung zu Experimental- und Kontrollgruppe eigentlich vorgesehen hat (defiers; $Ti(1) = 0$ und $Ti(0) = 1$).

Ob eine der Formen der Nichtbefolgung im Experiment aufgetreten ist, kann Teil der Analyse der Ergebnisse sein und u.U. bereits zu Beginn des Experiments kontrolliert werden. So kann es sich bei der Nichtbefolgung mitunter um Unverständnis gegenüber Aufgaben im Experiment handeln, welches aus Unachtsamkeit bei der Erklärung des Experimentalablaufs herrührt. In diesem Fall kann schon während des Experiments geprüft werden, ob mögliche Verzerrungen durch Nichtbefolgung aufgetreten sind. Hierzu ist es notwendig, dass im Verlauf des Experiments ein Protokoll geführt wird, in welchem entsprechende Faktoren vermerkt werden können. Weiterhin sind die

---

[41] Das hier angeführte Beispiel wird in der Literatur auch manchmal dem Problem der Nichtbefolgung zugeordnet.

Helfer des Experiments im Vorfeld darauf zu schulen, auf Abweichungen im Ablauf des Experiments zu achten. In diesem Zuge wurde es gängige Praxis in Laborexperimenten, den TeilnehmerInnen die Anweisungen genau vorzulesen, und /oder einen kurzen Fragebogen vor Beginn des Experiments vorzulegen, in welchem der Ablauf des Experiments als Test abgefragt wird. Hierdurch kann sichergestellt werden, dass alle TeilnehmerInnen den Ablauf und ggf. auch das Treatment verstanden haben.

Gerade bei Feldexperimenten zeigt sich ein weiteres Problem bei der Randomisierung, denn diese Form des Experiments weicht oftmals von der idealtypischen Gestalt des Experimentaldesigns ab. Die zufällige Zuweisung der TeilnehmerInnen im Feld zu Experimental- und Kontrollgruppe ist nicht immer ohne weiteres möglich. Als Beispiel kann hier ein Feldexperiment in Rwanda gelten, in welchem Bildungselemente einer Radio-Soap systematisch manipuliert wurden, bzw. Gesundheitsaspekte neu eingeführt wurden (Paluck und Green 2009). Die Manipulation des Treatments geschah jedoch nicht individuell auf einzelne Personen, sondern auf Zuhörergruppen, bzw. Dorfgemeinschaften gerichtet, welche sich die Radiosendung gemeinsam anhörten. Somit ist nur die mögliche Teilnehmergruppe am Experiment bestimmbar, die Teilnahme am Experiment hängt wiederum vom selbstselektiven Auswahlverfahren der möglichen TeilnehmerInnen ab.[42] Problematisch ist hierbei, dass Verhalten und Einstellung bei der Zuhörerschaft nicht nur darüber entscheiden, ob die Personen zur Experimental- oder Kontrollgruppe gehören, sondern auch gleichzeitig die abhängigen Variablen sind, welche durch die Manipulation gemessen werden sollen. Hierdurch kann es zu einer seriellen Korrelation zwischen beobachtbaren und nicht-beobachtbaren (Dritt-) Variablen mit der Treatment-Variable kommen. Neben den Problemen der selbstselektiven Auswahl von TeilnehmerInnen am Experiment und der Nichtbeantwortung (Nonresponse) von Fragen, die immer wieder bei Befragungen oder Experimenten auftreten, tritt durch die geringere Kontrolle in Feldexperimenten das Problem der Nichtbefolgung (Noncompliance) hinzu (Gerber 2009). Die grundsätzlichen Problematiken bei

---

[42]Die Autoren der Studie bezeichnen das Problem wie folgt: „(…) the chronic problem of self-selection-listeners (…)" (Paluck und Green 2009: 628). Aber auch in Deutschland durchgeführte laborexperimentelle Untersuchungen stehen trotz einer zufälligen Versendung von Einladungen am Ende vor der Frage, welche Gruppen von Probanden auf die Einladung reagieren und ob deren Gründe für das Erscheinen nicht erklärende Variablen mit signifikantem Einfluss sein könnten (Dannenberg et al. 2009: 219). Dies stellt die externe Validität der experimentellen Ergebnisse vor große Probleme.

selbstselektiver Auswahl der TeilnehmerInnen, Nichtbeantwortung und Nichtbefolgung werden in der Literatur wie folgt beschrieben:

> „Random assignment, particularly in field experiments, is thus rarely as ideal in establishing causal inferences as the statistical theory that underlies it would suggest. Thus, both control and random assignments are methods deal with factors that can interfere with manipulations; neither is perfect, but both are extremely powerful." (Morton und Williams 2010: 48)

Zusammenfassend lässt sich sagen, dass die Zuweisung durch Zufall ein Ideal der experimentellen Forschung ist, welches gerade bei Feldexperimenten nur schwer zu erreichen ist. Somit sollte weitestgehend versucht werden, die Probleme der selbstselektiven Auswahl oder Zuweisung der TeilnehmerInnen zu den Gruppen selbst zu minimieren, um mögliche serielle Korrelationen erklärender Variablen mit der Treatment- Variable zu vermeiden. Des Weiteren zielt Randomisierung auf die Vermeidung der oben beschriebenen Probleme, die entstehen können, wenn keine Unabhängigkeit zwischen Kontroll- und Experimentalgruppe vorliegt, Daten fehlen, oder die s.g. Nichtbeantwortung (Nonresponse) vorliegt.

3.6   Validität

Validität bezeichnet im Kontext der experimentellen Forschung den Grad der Wahrheit über die untersuchte Kausalbeziehung. Hierbei wird zwischen interner und externer Validität unterschieden. Die interne Validität fragt, wie sich die Resultate einer Untersuchung auf die „Wahrheit" in eine untersuchten Gegenstandes in einer Grundgesamtheit beziehen lassen.[43] Die externe Validität fragt hingegen, ob die gefundenen Ergebnisse sich auf eine andere Grundgesamtheit und eine andere Situation übertragen lassen. Beide Konzepte sind von der Validität von Messinstrumenten abzugrenzen; hierbei handelt es

---

[43] Morton und Williams formulieren zutreffend, dass ein nahezu universelles Verständnis innerhalb der Politikwissenschaft über den Begriff der Validität herrscht: "(...)political scientists generally use internal vaiility to refer how valid results are within a target population and external validity to refer how valid results are for observations not part of the target population." (Morton und Williams 2010: 254) Die Autoren thematisieren leider nicht das Problem, dass in diesem Satz das Definiendum als Element des Definiens genutzt wird. Dieses mag dem Verständnis von Validität in der Diziplin entsprechen, ist jedoch tautologisch. Daher birgt der Satz keine Aussage in Bezug auf die Validität (auf die Unterscheidung von Internen und Externen schon), da er letztendlich besagt: valide ist, was valide ist. Diese Feststellung soll die Schwierigkeiten beim Thema der Validität illustrieren.

sich um ein anderes Konzept (Diekmann 2010a: 344). Doch wie soll sich dem Begriff der Validität genähert werden? Zunächst einmal wird das Grundkonzept der Validität besprochen und was hierunter zu verstehen ist. Damit verbundene Begrifflichkeiten und Kategorien werden in einer Überblicksdarstellung gesammelt und systematisch aufbereitet. Hiernach werden die Begriffe der internen und der externen Validität ausführlich dargestellt. Dies geschieht durch eine Synthese der Ansätze von Shadish, Cook und Campbell, sowie von Morton und Williams. Im Anschluss werden zwei weitere Kategorien besprochen, welche mit dem Konzept der externen Validität oftmals in Verbindung gebracht, jedoch an dieser Stelle abgegrenzt werden. Dies sind die Konzepte der Umgebung und der Generalisierbarkeit, welche in Bezug auf die externe Validität einer genaueren Erläuterung bedürfen.

3.6.1 Grundkonzeption der Validität

Das Ziel experimenteller Untersuchungen ist der Nachweis oder die Überprüfung von (unterstellten) Kausalbeziehungen. Ob dieses möglich ist, richtet sich auch danach, wie gut der Einfluss der unabhängigen auf die abhängige Variable gemessen werden kann; d.h., inwieweit die Wirkung von Drittvariablen ausgeschlossen werden kann und der untersuchte Effekt auch für eine größere Gruppe aus der Zielpopulation gilt. Shadish, Cook und Campbell definieren den Begriff der Validität wie folgt:

> „The truth of, correctness of, or degree of support for an inference."
> (Shadish et al 2002: 513)

In Anlehnung hieran wird Validität von Morton und Williams definiert als:

> „The approximate truth of the inference or knowledge claim."
> (Morton und Williams 2010: 254)

Die Validität stellt somit die Frage danach, was uns Daten aus der Untersuchung verraten und ob sie „wahr" sind. Wie bereits eingangs kurz festgestellt, wird in den Sozialwissenschaften zwischen interner und externer Validität unterschieden. Die interne Validität fokussiert hierbei, ob ein Resultat innerhalb einer untersuchten Gruppe vorliegt, wohingegen bei der externen Validität nach der Übertragbarkeit von Ergebnissen, auch auf andere Grundgesamtheiten, gefragt wird. Interne und externe Validität stehen bei Experimenten in einem Trade-of-Verhältnis (Behnke et al. 2006: 58f). Während bei Laborexperimenten die interne Validität durch die Ausübung von Kontrolle in der Regel sehr hoch ist, wird bei Feldexperimenten die externe Validität auf Kosten der internen Validität erhöht. Die Frage des für den Forschungsgegenstand geeigneten Designs ist somit nicht nur eine Frage des Forschungsgegenstandes selbst, sondern auch eine Frage der Abwägung des Forschers zwischen diesen beiden Formen der Validität, bzw. die Abwägung bei der Vermeidung spezifischer Probleme. Experimentell forschende Politikwissenschaftler fordern zumeist ein Höchstmaß an interner Validität für Experimente. Hierauf liegt auch in der Literatur und der praktischen Arbeit ein Schwerpunkt.

Donald T. Campbell (1957) brachte die Unterscheidung zwischen interner und externer Validität in die Sozialwissenschaften ein. Diese Unterscheidung wird bis heute von Politikwissenschaftlern angewendet (Morton und Williams 2010: 253f). Die simple binäre Teilung ist in der Praxis der experimentellen Politikwissenschaft jedoch problematisch. Zum einen ist diese Trennung unterkomplex und zum anderen erfasst die Typenbildung durch den Versuch der analytischen Trennung nicht mehr die Verschränkung innerhalb der Kategorie der Validität. Cook und Campbell erweitern 1979 daher den Typ der internen Validität um eine weitere Unterteilung in statistische, kausale und Konstruktions- Validität.[44] Morton und Williams (2010: 254) übernehmen diese Begrifflichkeiten für die interne Validität; für die Überprüfung externer Validität ergänzen sie diese Aufteilung durch Replikation, Robustheit und Meta-Analysen. Zudem betonen die Autoren die Notwendigkeit, das Konzept der externen Validität von den Begriffen der Generalisierbarkeit und der Umgebungs- oder Umwelt-Validität abzugrenzen. Im Folgenden sind diese Überlegungen in einer Graphik zum Überblick zusammengestellt, bevor die hier dargestellten Aspekte im Detail besprochen werden.

---

[44] Die unterschiedlichen Stufen der Entwicklung des Validitätsbegriffs und die hiermit verbundenen, sich oftmals widersprechenden Kriterien zur Bestimmung interner und externer Validität zeichnet Hammersley (1991: 282f) in einem Artikel nach.

Abbildung 2 Validität

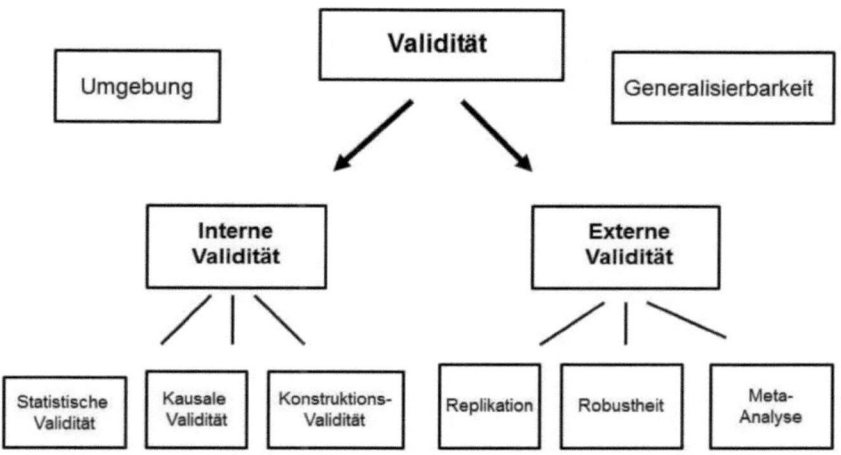

Shadish, Cook und Campbell verweisen auf unterschiedliche Probleme der Validität, die in der Forschung auftreten können (Shadish et al. 2002: 53ff). Diese sollen hier kurz aufgeführt werden. Im Wesentlichen sind dies Probleme, welche gerade die interne Validität von experimentellen Untersuchungen in Frage stellen können. Es sei hierbei darauf hingewiesen, dass alle unter Punkt 3.3.3 genannten Designs mit Randomisierung sämtliche Störfaktoren für die interne Validität ausschalten können.

Tabelle 2 Problemstellungen der (interne) Validität

Problem	Erleuterung
Ambigous temporal precedence	fehlende Sicherheit darüber, was unabhängige (Ursache) und was abhängige (Wirkung) Variable ist
Selection bias (verzerrte Auswahl)	systematische Unterschiede zwischen Experimental- und Kontrollgruppe
History (zwischenzeitliches Geschehen)	externe Ereignisse zwischen zwei Messungen können zur Veränderung der abhängigen Variable führen
Maturation (Reifungsprozesse)	Veränderung der abhängigen Variable durch psychologische Reifung oder Lerneffekte
Regression (Regressionseffekte)	extreme Werte im Pretest können bei späterem Posttest zu einer sogenannten „Tendenz zur Mitte" führen
Attrition (Verzerrung durch Ausfälle)	natürliche oder systematische Ausfälle von Probanden (z.B. durch Umzug)
Testing (u.a. sozial erwünschtes Antwortverhalten)	Probanden ändern ihr Verhalten, wenn sie sich bewusst sind, an einem Experiment teilzunehmen
Instrumentation (Veränderung der Messinstrumente)	Beeinflussung der Messwerte durch geänderte Messinstrumente
Additive and interactive effects of threats (Interaktionseffekt)	Interaktion zwischen den Störfaktoren

3.6.2 Interne Validität

Externe Validität untersucht, wie eingangs in diesem Ausschnitt gesagt, ob ein zu untersuchender, kausaler Sachverhalt innerhalb der untersuchten Gruppe vorliegt, bzw. ob dieser „wahr" ist.

"Definition 7.2 (Internal Validity): The approximate truth of the inference or knowledge claim within a target population studied." (Morton und Williams 2010: 255)

Bei der internen Validität stellt sich die Frage, ob der beobachteten Korrelation zwischen abhängiger und unabhängiger Variablen ein kausaler Zusammenhang zu Grunde liegt oder nicht. Die interne Validität ist in statistische-, kausale- und Konstruktions- Validität zu unterteilen. Für Experimente sind Fragen der kausalen- und Konstruktions- Validität von besonderer Bedeutung; sie schließen Fragen des verwendeten Forschungsdesigns mit ein.

Statistische Validität

Bei der statistischen Validität wird die Frage danach gestellt, ob ein signifikanter Zusammenhang zwischen dem Treatment und der abhängigen Variable besteht und ob dieser aussagekräftig ist; formal ausgedrückt, ob es zwischen T_i und Y_i einen signifikanten und beträchtlichen Zusammenhang gibt (Morton und Williams 2010: 256). Gerade durch die kleinen Fallzahlen, bzw. die relativ niedrige Anzahl der TeilnehmerInnen an Experimenten können die gängigen politikwissenschaftlichen Analyseverfahren schnell zu fehlerhaften Ergebnissen führen. So wird nicht selten auch bei einer binären Ausprägung der abhängigen Variable die OLS Regression zur Analyse eingesetzt, bspw., wenn in einem Experiment nach der Zustimmung zu den Demokraten oder Republikanern gefragt wird. Dieses Beispiel ist recht augenscheinlich, aber mitunter ein wirkliches Problem. Eine zentrale Bedeutung kommt dem Powertest bei experimentellen Untersuchungen zu. Die Frage, ob die Ergebnisse aussagekräftig sind, ist bei kleinen Fallzahlen sehr wichtig für die Beurteilung der statistischen Validität. Zuletzt sei auch darauf hingewiesen, dass durch die kleinen Fallzahlen bspw. die Schätzung der Fehlerterme schwierig werden kann.

Kausale Validität

Bei der kausalen Validität wird untersucht, ob der Zusammenhang zwischen abhängiger und der zu untersuchenden unabhängigen Variable, also dem Treatment einen Kausalzusammenhang darstellt.[45] Somit betrifft die kausale Validität die Frage, ob ein Zusammenhang, welcher von einer/einem ForscherIn untersucht wird, wirklich ein kausaler Zusammenhang ist (Morton und Williams 2010: 259). Bei der experimentellen Forschung ist die Frage nach dem Kausal-zusammenhang zumeist die zentrale Forschungsfrage. Kausale Validität wird daher oftmals mit der internen Validität gleichgesetzt.

---

[45] In der Ökonometrie wird anstelle von kausaler Validität zumeist der Begriff der „Identification" verwendet (Manski 2003).

Begrenzt wird die Möglichkeit kausale Validität in einem Experiment zu erhalten zumeist durch begrenzte Möglichkeiten des Eingriffs in den Datengenerierungsprozess. Wenn beispielsweise die Auswirkungen von Informationen auf das Wahlverhalten der wahlberechtigten Bürger untersucht werden sollen, lassen sich diese optimalerweise durch eine zufällige Aufteilung einer Gruppe von Probanden in Experimental- und Kontrollgruppe erzielen (vgl. Punkt 2.4.4.2). Der Experimentalgruppe wird dann die Information gegeben und der Kontrollgruppe nicht; sodann wird der Unterschied zwischen den beiden Gruppen gemessen. Soll jedoch die Auswirkung von Bildung auf das Wahlverhalten gemessen werden, stellt dies den Experimentator vor größere Probleme, denn Bildung lässt sich nicht zufällig auf die Probanden im Experiment verteilen. Zur Beantwortung dieser Frage muss das Forschungsdesign anders formuliert werden und der Zusammenhang zwischen T_i und Y_i ist vielleicht nur indirekt messbar. Hierbei stellt sich dann die Frage nach der kausalen Validität. Mit anderen Worten lässt sich sagen, dass fast alle bisher in der Arbeit besprochenen theoretischen und methodischen Über-legungen der Frage nach der Abbildbarkeit, oder der Verbesserung der kausalen Validität in experimentellen Untersuchungen gewidmet waren.

Konstruktionsvalidität

Konstruktionsvalidität ist wichtig, wenn durch das Experiment eine Theorie getestet werden soll, bzw. Teile einer Theorie. Ein geradezu klassisches Beispiel hierfür ist das Testen von formalen Modellen in Laborexperimenten. Die Konstruktionsvalidität betrifft die Möglichkeiten des deduktiven Schließens aus den Daten für die zu untersuchende Theorie. Hierbei ist der Kontext des Experiments zumeist komplexer, als es der Versuch abbilden kann (Shadish et al. 2002: 20f.). Untersucht wird im Experiment jedoch kaum ein gesamtes theoretisches Konstrukt, sondern vielmehr ein oder einige wenige spezifische Elemente aus einer Theorie. Konstruktvalidität stellt in diesem Kontext die Frage nach dem Zusammenhang zwischen den experimentell erhobenen Daten und deren Bedeutung für die Theorie, bzw. für das zugrundeliegende Konstrukt(Morton und Williams 2010: 260). Somit wird nicht nur auf den Zusammenhang zwischen Treatment und abhängiger Variable geschaut, sondern auch, ob die empirische Untersuchung den kausalen Zusammenhang der Theorie oder des Modelles abbildet.

104

3.6.3 Externe Validität

Unter externer Validität werden mitunter drei unterschiedliche Konzepte verstanden: die Verallgemeinerung der untersuchten Kausalbeziehung auf eine größere Population als die im Experiment untersuchte Grundgesamtheit (Generalisierbarkeit), die Übertragung der Befunde auf eine andere Grundgesamtheit (Extrapolation) und zuletzt eine Kombination aus den beiden Konzepten der vertikalen und horizontalen Verallgemeinerung (Lucas 2003: 237). Morton und Williams grenzen den Begriff der externen Validität stärker ein und geben benachbarte Konzeptionen ab. Sie beziehen sich hierbei auf das zweite oben genannte Konzept der externen Validität (Morton und Williams 2010: 254). Dieser Leseart der externen Validität soll hier gefolgt werden und die daraus gezogenen Implikationen nachvollzogen werden: Externe Validität stellt nach der Interpretation von Morton und Williams die Frage, ob sich die Ergebnisse der Untersuchung aus jeweils spezifischen Kontexten des einzelnen Experiments hinaus über die jeweils untersuchte Gruppe auf andere Grundgesamtheiten (Extrapolation) übertragen lassen. Der Nachweis hierüber, d.h. über die externe Validität, ist nur über die Empirie möglich; also über die Durchführung weiterer Experimente.

"Definition 7.3 (External Validity): The approximate truth of the inference or knowledge claim for observations beyond the target population studied." (Morton und Williams 2010: 255)

Um dem Konzept der externen Validität näher zu kommen, müssen zwei benachbarte Konzepte abgegrenzt werden, die oftmals mit externer Validität in Verbindung gebracht werden. Dieses sind die Konzepte der Umgebung und der Generalisierbarkeit von experimentellen Ergebnissen. Letzterer Punkt steht im engen Zusammenhang mit der Idee der Zufallsziehung bei Experimenten; diese Vorstellung wurde bereits in Abschnitt 3.5 kurz problematisiert und bedarf an dieser Stelle einer ausführlicheren Behandlung. Es soll jedoch darauf verwiesen sein, dass diese beiden Konzepte in der experimentellen Literatur oftmals als eine Möglichkeit der Erhöhung externer Validität angeführt werden. So benennen die Forscher Clinton und Lapinski in ihrem Experiment zum Wählerverhalten zwei Maßnahmen, mit welchen sie versuchen die externe Validität zu erhöhen (Clinton und Lapinski 2004): Die Erhebung einer repräsentativen Stichprobe der US-Bevölkerung und die Schaffung möglichst realer Wahlkampfbedingungen. Beide Maßnahmen würden nach der hier geteilten Leseart nicht zur Erhöhung der externen Validität beitragen.

Morton und Williams stellen ebenfalls heraus, dass die meisten PolitikwissenschaftlerInnen zwar ein Konzept von externer Validität besitzen, dieses jedoch falsch ist, bzw. falsch angewendet wird. Unter externer Validität werden im Folgenden die Replikation, der Test auf Robustheit und die Meta-Analyse besprochen.

Replikation

Bei der Replikation lässt sich zwischen der wissenschaftlichen und der statistischen Replikation unterscheiden. Bei der statistischen Replikation werden entweder neue Experimentalgruppen aus der gleichen Grundgesamtheit gezogen, oder andere statistische Methoden zur Auswertung herangezogen (Morton und Williams 2010: 257 und 266). Die wissenschaftliche Replikation berücksichtigt Ergebnisse anderer Forschungen, oder es wird eine neue Gruppe aus einer neuen Grundgesamtheit experimentell überprüft (Diekmann 2010a: 46). In beiden Fällen wird an dem gleichen theoretischen Rahmen festgehalten, unter welchem das Experiment durchgeführt wurde.

Gerade im Feldexperiment stellt sich die Frage jedoch noch einmal in einer etwas komplizierteren Form, da der Effekt des Treatments hier mit weniger Kontrolle gemessen wird. Eine mögliche Lösung für dieses Problem zeigen Gerber, Green und Green in ihrer Forschung auf:

> „Accordingly, Gerber, Green, and Green (2000) report the results of seven fallow-up experiments examining the effects of partisan mobilization in off-year legislative and mayoral elections in various states, and follow-up studies involving millions of registered voters were conducted during the 2000 campaign." (Green und Gerber 2002: 814)

Dies ist ein gutes Beispiel dafür, wie die Replikation von Experimenten genutzt werden kann, um die externe Validität zu erhöhen. Dieses Beispiel sticht zudem dadurch hervor, dass die Probleme eines möglichen Kontrollverlustes im Feld durch die Wahl einer entsprechend großen Anzahl von TeilnehmerInnen am Experiment kompensiert werden.

Robustheit

Die Robustheit der experimentellen Ergebnisse kann durch sogenannte Stresstests überprüft werden. Hierbei werden die Parameter der zu überprüfenden Annahme gezielt verändert. So kann durch Manipulationen der Treatment-Variablen überprüft werden, welche Teilaspekte des Treatments für das gemessene Ergebnis ausschlaggebend sind. Ein anderer Weg der

Überprüfung besteht in einer (stufenweisen) Reduktion des Treatments. Soll beispielsweise der Zusammenhang zwischen Informationen und einem Wahlentscheid gemessen werden, können die vorhandenen Informationen in der Experimentalgruppe schrittweise reduziert und die Auswirkungen auf das Ergebnis gemessen werden (Morton und Williams 2010: 268f).

Meta-Analyse

Die Meta-Analyse lässt sich in vier (Vor-)Stufen unterteilen. Zum einen geht es um eine Übersicht existierender Literatur um die Forschungsfrage zu spezifizieren (Narrative Review). Dieser Prozess geht in der Regel bereits jeder wissenschaftlichen Untersuchung voraus und das Ergebnis wird zumeist am Beginn der Studie vorgestellt. Bei der systematischen Zusammenfassung (Systematic Review) von bereits bestehenden Forschungsergebnissen wird zwischen quantitativen und qualitativen Ergebnissen unterschieden. Bei der Meta-Analyse werden die Ergebnisse der quantitativen Untersuchungen systematisch zusammengeführt und diese Ergebnisse ebenfalls quantitativ aufbereitet. Bei einem Zugriff auf das zugrundeliegende Datenmaterial der in die Meta-Analyse einbezogenen Studien ist es u.U. möglich, die Daten sinnvoll zusammen zu führen und erneut in einem Pool auszuwerten (Pooled Analysis). Da dieser letzte Schritt oftmals nicht ohne weiteres möglich ist, bestehen die meisten Meta-Analysen aus einer statistischen Aufbereitung der reinen Ergebnisse bereits existierender Studien. Hierdurch kann nicht nur ein guter Überblick über das Forschungsfeld und ggf. über Forschungslücken gegeben werden, sondern es können auch einzelne/ eigene Studien gut auf ihre externe Validität hin überprüft werden.

Aber wie gehen ForscherInnen bei einer Meta-Analyse genau vor? Lau, Siegelman und Rovner untersuchen zum Beispiel anhand einer Meta-Analyse die Auswirkungen von politischen Negativ- Kampagnen. Ihre Meta-Analyse baut auf einem älteren Modell/ Vorgehen auf und erweitert die dort angewendete Methodik (Lau et al. 1999). Für die Meta-Analyse schlagen die Autoren vier Schritte vor (Lau et al. 2007: 1176f.). Zuerst werden die relevanten Felder identifiziert, in denen nach Literatur und Daten geforscht werden soll. Danach werden alle Daten zusammengetragen. In einem dritten Schritt werden die (quantitativen) Kriterien des Messverfahrens durch die Forscher festgelegt, anhand derer die Daten systematisiert und ausgewertet werden. Im letzten Schritt werden die Daten anhand der festgelegten Kriterien zusammengeführt und gegebenenfalls neu statistisch ausgewertet.

Die hier aufgeführten sechs Kategorien der Validität, welche sich entweder unter die interne oder die externe Validität ordnen lasen, grenzen sich - wie bereits oben gesagt – in der hier dargelegten Vorstellung von den Konzepten der Umwelt- oder der ökologischen Validität ab. Worin genau die Unterschiede in der hier vorgestellten Aufteilung liegen, soll anhand der nächsten beiden Unterabschnitte beleuchtet werden.

3.6.4 Umgebung

Unter der Umgebungs- und Umweltvalidität, oder auch ökologischer Validität wird die Übereinstimmung mit der Forschungsumwelt und der Zielumwelt verstanden. So kann sich beispielsweise bei der Untersuchung von Wahlverhalten für die/den ForscherIn die Frage stellen, ob er für seine Untersuchung eine möglichst realitätsnahe Umgebung schaffen möchte, d.h. zum Beispiel, dass Wahlkabinen und Wahlurnen im Labor aufgestellt werden können; oder ob ein Feldexperiment durchgeführt werden soll, in welchen die Datenerhebung gleich an einen Ort verlagert wird, an welchem Wahlen real durchgeführt werden. Die hier beispielhaft aufgeführten Überlegungen betreffen jedoch nicht unbedingt die Frage nach der Validität eines Experiments. Es erscheint evident, dass ProbandInnen, welche in einem Labor eine Wahlwerbung gezeigt bekommen, diese dort anders wahrnehmen als in ihrem Wohnzimmer, denn sie wissen, dass sie unter Kontrolle stehen und zu dem Gesehenen später vielleicht auch befragt werden (Green und Gerber 2002: 818). Es ist daher bei der Entwicklung des Forschungsdesigns danach zu fragen, ob die Umgebung eine für die Beantwortung der Forschungsfrage relevante Größe ist, oder ob es reicht, sie für Kontroll- und Experimentalgruppe gleichermaßen „künstlich" zu gestalten. Der Rückschluss, dass eine realitätsnahe Gestaltung der experimentellen Umgebung für die Entstehung von Forschungsergebnissen stets besser geeignet ist - oder gar die externe Validität erhöhen würde - ist nicht möglich. Die Frage, welche jedoch in Verbindung mit der Umweltvalidität gestellt werden sollte, ist die, ob die Umgebung ein Störfaktor im Design sein könnte, denn würde ein Experiment nur aus einer Experimentalgruppe bestehen, welche eine spezifische Information in einer Laborumgebung erhält und aus einer Kontrollgruppe, welche das Treatment nicht bekommt, wäre dies ein fragwürdiges Design. Hier könnte zwischen der Einwirkung der Umgebung und dem Treatment selbst nicht mehr unterschieden werden, bzw. die Umgebung würde zu einem Treatment. Bereits bei der Erstellung des Designs wäre in diesem Fall ersichtlich, dass es besser wäre, die Information auf einen spezifischen zu untersuchenden Gegenstand hin zu manipulieren und allein die entstehenden unterschiedlichen Treatments miteinander zu vergleichen. Aus den Unterschieden der Reaktionen der TeilnehmerInnen am Experiment ließe sich dann auch eine kausale Aussage bezüglich der Wirkung der Manipulation im Experiment treffen, und weiterhin der Effekt des Treatments bestimmen.

Ein weiterer Kritikpunkt, welcher an dem dichotomen Verständnis von Künstlichkeit und Realität der wissenschaftlichen Forschung ansetzt und sich in unterschiedlichen Spielarten in der Frage nach der akkuraten Umsetzung von Experimenten und deren Umgebung spiegelt, betrifft das Verhältnis von Theorie und Empirie. So ist bei der empirischen Überprüfung mancher Theorien für Außenstehende nicht immer klar, welchen direkten Nutzen dies für die wissenschaftliche Erkenntnis haben kann, wenn die Überprüfung in einer künstlichen Umgebung durchgeführt wird. Es geht in der Empirie jedoch stets um die Umsetzung von Theorie und um die Gestaltung eines Forschungsdesigns mit dem Ziel der bestmöglichen Evaluation der Theorie, oder wie es im Fall von Experimenten gängige Praxis ist – der detaillierten Prüfung einzelner Elemente von Theorie.

Das nachfolgende Zitat fasst die hier ausformulierten Argumentationslinien zusammen:

"It is important to remember that the goal of the experimentalist was not to design a world that was like real world legislatures. The goal was to design a world that looked like the theory and then see if indeed real individuals, placed in the real world, behaved as predicted."(Morton 2005: 4–6)

Ähnlich argumentieren Morton und Williams (2010: 308), wenn sie die Bewertung von Feld- und Laborexperimenten in der Politikwissenschaft gegenüberstellen. Das Feldexperiment wird hiernach aufgrund der höheren externen Validität bevorzugt, was umgekehrt zur Unterschätzung des Laborexperimentes führen kann. Hierbei liegt die gleiche weitverbreitete Einschätzung innerhalb der Disziplin zugrunde, wie sie eingangs zu diesem Teil schon in den Grundüberlegungen im Kontrast zur Windtunnel-Metapher formuliert wurde. Die hier vertretene Argumentationslinie ist somit ein Plädoyer für die Geltung von Vorstellungen bezüglich Wissenschaftlichkeit, die in den Naturwissenschaften oder den technischen Fächer anerkannt sind und auch für die experimentelle Politikwissenschaft anwendbar seien können. Es geht somit nicht um die Schaffung einer realitätsnahen Umgebung zur Prüfung von Theorien, sondern um die Schaffung einer Umgebung, in welcher sich Theorien mit Hilfe realen Personen prüfen lassen.

Zusammenfasend lässt sich sagen, dass die Umwelt oder Umgebung ein Treatment oder eine Drittvariable im Forschungsdesign sein kann. Bei vorexperimentellen Untersuchungen und quasi-experimentellen Designs kann dies zu einem erheblichen Problem werden. Bei experimentellen Designs, wie sie im Rahmen dieser Arbeit vorgeschlagen werden, ist die Umgebung eine Drittvariable, welche durch methodische Vorkehrungen stabil gehalten werden kann, d.h. ohne messbare Einwirkung auf den Effekt des Treatments bleibt. Der Gedanke, dass ein (sozial-)wissenschaftliches Ergebnis durch eine realitätsnahe Umgebung immer besser wird, kann an dieser Stelle zurückgewiesen werden. Dies ist nur der Fall, wenn die Umgebung für den zu messenden Effekt des Treatments eine direkte Bedeutung hat. In vielen Situationen kann es aber auch sehr hilfreich sein, diesen Einfluss im Experiment ganz auszublenden und durch Kontrolle die interne Validität des Experiments zu erhöhen.

3.6.5 Generalisierbarkeit

"The Problem of limited generalizability, long the bane of experimental design, is manifested at multiple levels: the realism of the experimental setting, the representativeness of participant pool, and the discrepancy between experimental control and self-selected exposure (…)" (Iyengar 2009a: 19)

Die Frage nach der Generalisierbarkeit experimenteller Ergebnisse ist eine der häufigsten Angriffspunkte von Seiten der beobachtenden, aber vor allem von Seiten der befragenden Forschung. Hierbei sind die Probleme der „Künstlichkeit" von Laborumgebungen, der Selbstauswahl der TeilnehmerInnen am Experiment und dem hiermit verbundenen Problem des Verlustes an Kontrolle Kernpunkte der Kritik. Diese beiden Punkte sind bereits in dieser Arbeit diskutiert worden. Die Frage, welche in Zusammenhang mit der Generalisierbarkeit experimenteller Ergebnisse gestellt wird, betrifft jedoch vor allem die Repräsentativität der Forschungsergebnisse. Im Folgenden soll daher der Unterschied zwischen Generalisierbarkeit und Repräsentativität herausgearbeitet werden und die Bedeutung der beiden Konzepte in Bezug auf die experimentelle Forschung erläutert werden.

Bei der Generalisierbarkeit geht es darum zu klären, ob die Ergebnisse, welche sich durch die (bestimmte) Auswahl von Fällen ergeben, verallgemeinert werden dürfen und in welcher Form dies geschehen könnte. Wie bereits eingangs im Abschnitt zur externen Validität dargelegt, wird hier ein Konzept der externen Validität als Extrapolation der Ergebnisse vertreten. An dieser Stelle soll ergänzend zu dieser Festlegung herausgestellt werden, dass der Frage nach der Generalisierbarkeit häufig als Frage nach der Validität von Ergebnissen, ein Missverständnis zugrunde liegt. Denn die Frage nach der Generalisierbarkeit bezieht sich oftmals auf die interne Validität – in der Form, wie sie oben dargestellt wurde- genauer gesagt auf die Konstruktionsvalidität des Experiments. Trotzdem wird das Konzept der Generalisierbarkeit oftmals unter dem Obertitel der externen Validität behandelt. Dass dieses bei der experimentellen Methode im Besonderen jedoch nicht zutrifft, ist eine Quelle der Fehlbewertung experimenteller Ergebnisse. Diese Fehlerquelle könnte auf das sogenannte „law of the instrument" (Kinder und Palfrey 1993: 4) zurückgeführt werden, welches besagt, dass auch ein Wissenschaftler immer das Instrument einsetzt, mit welchem er sich am besten auskennt und mit dessen Umgang er sich selbst am sichersten fühlt. Übertragen auf die Anwendung des Kriteriums der Generalisierbarkeit für die Bewertung von Ergebnissen bedeutet dieses, dass das gleiche Bewertungsinstrument für unterschiedliche Forschungsmethoden angewendet wird. Wenn Politikwissenschaftler dann die Frage nach der Generalisierbarkeit experimenteller Ergebnisse als ein Problem der externen Validität betrachten, liegt bereits in der Form der Formulierung ein Missverständnis vor. Ein weiteres häufiges Missverständnis, welches ebenfalls von Seiten der befragenden Forschung kommt, beruht auf einer fast synonymen Verwendung der Konzepte von Repräsentativität und Generalisierbarkeit (Blanton und Jaccard 2008). Die beiden Konzepte sind jedoch sehr unterschiedlich und in Bezug auf die experimentelle Forschung voneinander zu trennen. Grundsätzlich ist es nicht das Ziel experimenteller Forschung, eine repräsentative Grundgesamtheit der Bevölkerung zu untersuchen, um generalisierbare Aussagen zu erhalten. Oftmals werden in Experimenten auch Personen untersucht, die von der Grundgesamtheit der Bevölkerung durch spezifische Eigenschaften abweichen, wie z.B. Wechselwähler, oder Personen, welche keine Zeitungen beziehen (Gerber et al. 2009). Die Wirkung von Meldungen der Medien über politische Ereignisse wird dann auch nur für die spezielle Gruppe gemessen. Zudem geschieht dieses, wie bereits ausgeführt, durch die zufällige Aufteilung auf Experimental- und Kontrollgruppe, durch welche versucht wird, einen signifikanten und aussagekräftigen Effekt zwischen den Gruppen zu messen. Dass sich beide Gruppen in Bezug auf spezifische Eigenschaften von der Grundgesamtheit der Bevölkerung unterscheiden, stellt hierbei zunächst einmal kein Problem dar, da ja nur der Unterschied zwischen den Gruppen gemessen wird, und nicht der Bezug zur Grundgesamtheit unterstellt wird. Hierdurch ergeben sich bei der experimentellen Forschung die Probleme zunächst gar nicht, welche bei der befragenden Forschung durch die Forderung nach Repräsentativität des Samples gelöst werden sollen. Kurz gesagt spiegelt sich hierin der Unterschied zwischen zufälliger Auswahl und zufälliger Zuweisung der TeilnehmerInnen in der Untersuchung (Blanton und Jaccard 2008: 100), wobei ersteres implizit und missverständlich auch als Ziel experimenteller Untersuchungen unterstellt wird (Imai et al. 2008: 499).

Was bleibt, ist jedoch die Frage nach der Generalisierbarkeit. Denn wenn eine spezielle Zielgruppe oder Grundgesamtheit ausgesucht wird, sind die Ergebnisse des Experiments auch nur auf diese Gruppe zu verallgemeinern. Daher ist es wichtig, dass der Forscher Informationen über das Auswahlverfahren des ProbandInnen-Pools nachhält und ggf. hieraus resultierende Probleme diskutiert. Dieses ist die aus der Medizin übernommene Praxis,[46] Möglichkeiten der Generalisierbarkeit beschreibend darzulegen. In Anlehnung an die Medizin benennt die Sozialpsychologie vier Punkte, die weiterhin berücksichtigt werden müssen (Blanton und Jaccard 2008: 101). Erstens müssen die Charakteristika der TeilnehmerInnen am Experiment dargelegt werden. Zweitens müssen demgegenüber auch die Charakteristiken einer größeren Personengruppe berücksichtigt werden, auf welche die Ergebnisse aus der TeilnehmerInnengruppe generalisiert werden sollen. Drittens müssen relevante Unterschiede herausgearbeitet werden. Viertens müssen mögliche Quellen von Verzerrungen aufgezeigt werden, welche die Generalisierbarkeit der Befunde einschränken können.

Zuletzt kann durch Variationen des Settings oder des Pools die Robustheit der Ergebnisse und somit auch die Möglichkeit der Generalisierbarkeit erhöht werden. Die Ergebnisse von Laborexperimenten beziehen sich jedoch auf die TeilnehmerInnen am Experiment und diejenigen von Feldexperimenten auf eine spezifische Region. Es ist daher bei Experimenten wichtig, dass sie zu unterschiedlichen Zeiten an unterschiedlichen Orten wiederholt werden, um allgemeingültige Aussagen ableiten zu können (Green und Gerber 2002: 814). Somit ist die Replikation, welche im Folgenden noch genauer behandelt wird, auch eine Lösung für das Problem der Generalisierbarkeit von experimentellen Ergebnissen. Ein weiterer Lösungsansatz ist die Diversifikation von ProbandInnen-Pools. Hierbei wird darauf geachtet, dass die TeilnehmerInnen, welche zur Randomisierung im Experiment aus dem Pool gezogen werden, gerade nicht besonders homogen in Bezug auf spezifische Eigenschaften (wie z.B. die Bildungsbiographie bei StudentInnen) sind, sondern vielmehr, dass sie der durchschnittlichen Bevölkerung entsprechen. Abhängig von der jeweiligen Fragestellung der experimentellen Untersuchung lassen sich hierdurch Ergebnisse besser generalisieren.

---

[46] Vgl. hierzu auch Punkt 3.8.

3.7 Ethik

Ethische Aspekte experimenteller Forschung sind stark durch normative Einstellungen und historische Erfahrungen geprägt, denn Experimentieren in den Sozialwissenschaften bedeutet in der Regel ein Experimentieren mit Menschen. So lange ProbandInnen nach ihren Routinen im Alltag befragt werden, oder (lediglich) hierbei beobachtet werden, stellt sich die Frage nach den Grenzen des zulässigen Handelns des Forschers in einer ganz anderen Form, als im Falle eines Experiments, bei welchem die Umgebung erst durch den Eingriff in den Datengenerierungsprozess entsteht. Wie mit möglichen Gefahren für die ProbandInnen, oder Betrug und Täuschung durch den Experimentator umzugehen ist, sind Kernfragen dieses Abschnittes.

Zunächst einmal werden geltende Regelungen für die experimentelle politikwissenschaftliche Forschung dargelegt. Ein zentraler Punkt ist hierbei der Umgang mit den TeilnehmerInnen am Experiment, insbesondere, wenn die Täuschungen der TeilnehmerInnen im Versuchsaufbau vorgesehen sind. Hierauf wird im zweiten Abschnitt gesondert eingegangen um darauf aufbauend allgemeine Normen der Forschungspraxis darzustellen. Drittens wird der Umgang mit studentischen ProbandInnen kurz thematisiert, da viele Experimente an Universitäten auf studentische TeilnehmerInnen zurückgreifen. Abschließend wird unter Punkt 3.8 ein Vorschlag zur Darstellung experimenteller Forschungsergebnisse für die Politikwissenschaft erörtert, welcher auf einer Adaption eines einheitlichen Schemas zur Darstellung von Forschungsergebnissen aus der Medizin beruht. Dieser Punkt lässt sich nach Karl Popper auch unter den Aspekt der Ethik fassen, denn in der einheitlichen und nachvollziehbaren Darstellung wissenschaftlicher Ergebnisse liegt nach Popper einer der zentralen ethischen Momente der wissenschaftlichen Forschung. Im Kontext dieser Arbeit wird hierin jedoch eher das Bindeglied zwischen dem methodischen und dem empirischen Teil gesehen, weshalb der letzte Abschnitt des Methodenteils die Funktion der Brückenbildung übernimmt.

3.7.1 Geltende Regelungen

Die geltenden Richtlinien für die Einhaltung ethischer Grundüberzeugungen bei politikwissenschaftlichen Experimenten sind sehr übersichtlich. 1967 wurde von der American Political Science Association der erste "Guide to Professional Ethics in Political Science" herausgegeben. In der aktualisierten Fassung von

2008 werden auf Seite 38 auch Experimente thematisiert. Die beiden relevanten Absätze sind die folgenden:

"The methodology of political science includes procedures which involve human subjects: surveys and interviews, observation of public behavior, experiments, physiological testing, and examination of documents. Possible risk to human subjects is something that political scientists should take into account. Under certain conditions, political scientists are also legally required to assess the risks to human subjects.

A common Federal Policy for the Protection of Human Subjects became effective on August 19, 1991, adopted by 15 major federal departments and agencies including the National Science Foundation (45 CFR Part 690) and the Department of Health and Human Services (45 CFR Part 46). The Policy has been promulgated concurrently by regulation in each department and agency. While the federal policy applies only to research subject to regulation by the federal departments and agencies involved, universities can be expected to extend the policy to all research involving human subjects." zit. n. (Morton und Williams 2010: 404)

An Hochschulen sind daher Ethikkommissionen mit der Begutachtung von Forschungsskizzen zu Experimenten betraut. An diese Einrichtungen können sich (in der Regel) auch PolitikwissenschaftlerInnen wenden. Zudem haben sich gewisse inoffizielle Standards herausgebildet, wie nachfolgend der Umgang mit Studierenden in Experimenten verdeutlicht. Aus der Medizin und Psychologie lassen sich auch einige Punkte zu geltenden Normen für die experimentelle Forschung übertragen. Gleichzeitig stellt die Übertragung solcher Normen aus anderen Disziplinen oftmals auch ein Problem dar und kann daher nur als vorübergehende Notlösung gesehen werden. Daher ist der Schlussfolgerung von Morton und Williams zuzustimmen, dass eine proaktive Erarbeitung eines Normenkatalogs für die experimentelle Politikwissenschaft von den Forschern in den kommenden Jahren in Angriff genommen werden muss (Morton und Williams 2010: 406). Dieses sollte zudem geschehen, bevor äußere Zwänge spürbar werden, beispielsweise in Form von Berichten in den Medien über ethisch fragwürdige Experimente.

3.7.2 Täuschung und Normen

Die Täuschung von ProbandInnen ist eine der am meisten diskutierten Fragen der Ethik von Experimenten. Vorweg muss gesagt werden, dass dieses Problem eher eine Frage psychologischer Experimente ist und die Politikwissenschaft in weiten Teilen gar nicht betrifft. Hierin ähnelt die Politikwissenschaft stark der Ökonomie, denn beide Disziplinen sind in ihrer Forschung i.d.R. nicht auf die

Täuschung von ProbandInnen angewiesen. Das Thema der Täuschung nimmt jedoch in der experimentellen Sozialwissenschaft eine zentrale Stellung ein, da es lange Zeit keine klaren ethischen Forschungsrichtlinien gab. Nicht zuletzt durch die emotionalen Belastungen, welchen ProbandInnen in den Experimenten von Milgram zum *Gehorsam gegenüber Autorität* ausgesetzt waren (Milgram und Fleissner 2009), wurde eine Diskussion in der Psychologie angestoßen, welche zur Schaffung einheitlicher Normen und Richtlinien geführt hat. Experimente wie dasjenige von Milgram wären daher heute nicht mehr möglich, denn sie lassen sich nicht mehr durch die Formel „Der Nutzen des Experiments muss größer sein als der angerichtete Schaden" begründen. Diese schlichte Formel wird dennoch hin und wieder von PolitikwissenschaftlerInnen angeführt. So einfach dieses Konzept jedoch erscheinen mag, so schwierig ist die Anwendung im konkreten Fall. Daher haben viele Krankenhäuser, Hochschulen und Forschungsinstitute Ethikkommissionen, welche die Vorhaben der ForscherInnen prüfen. PolitikwissenschaftlerInnen sind in ihrer Forschung jedoch zumeist auf ihre persönlichen Einschätzungen angewiesen. Diese können sich an den geltenden Gepflogenheiten der freiwilligen Zustimmung der ProbandInnen zum Experiment, den Aufklärungs- und Abschlussgesprächen, sowie den eingangs bereits angesprochenen Problemen der Kosten-Nutzen Abwägung und der vorsätzlichen Täuschung orientieren (Gerrig und Zimbardo 2008: 44f).

Vor Beginn eines Experiments sollte ein *Aufklärungsgespräch* mit den TeilnehmerInnen stattfinden. Hierin wird über den Verlauf des Experiments und die hiermit verbundenen Erwartungen und Risiken aufgeklärt. Ebenfalls findet eine Aufklärung darüber statt, wie die Sicherung der Privatsphäre gewährleistet wird. Zum Abschluss des Gesprächs wird eine Erklärung unterschrieben, in welcher die ProbandIn der wissenschaftlichen Verwertung der erhobenen Daten zustimmt und erklärt, dass er/ sie über das Experiment aufgeklärt wurde. Wichtig ist, dass die ProbandInnen der Teilnahme am Experiment *freiwillig* zustimmen. Auch kann das Experiment von Seite der ProbandInnen jederzeit abgebrochen werden, ohne eine Angabe von Gründen und ohne negative Konsequenzen erwarten zu müssen. Ebenfalls sollte bei der Durchführung immer eine verantwortliche Person bereitstehen, an welche sich die TeilnehmerInnen bei Beschwerden wenden können. Im Anschluss an das Experiment wird dann ein *Abschlussgespräch* geführt. Die Grundüberlegung hierbei ist, dass ein Experiment einen Informationsaustausch zwischen ForscherIn und ProbandIn darstellt, der auf Gegenseitigkeit beruht. Dieser Austausch sollte nicht nur einseitig die Untersuchung behandeln um später in einer Publikation oder Pressemitteilung zu enden. Zum einen ist es wichtig, dass der/ die ForscherIn den ProbandInnen so viele Informationen wie möglich gibt, zum anderen ist das Gespräch hiermit aber auch ein Prüfstein für das Funktionieren des Experiments, sowie die Rückversicherung, dass die ProbandInnen keinerlei Schaden genommen haben. In dem Gespräch sollte dem/ der ProbandIn zudem die Möglichkeit gegeben werden, die freiwillige Zustimmung zur Verwendung von Daten zurück zu ziehen.

Sollten die ProbandInnen im Experiment *getäuscht* worden sein, muss dieses nach Ende des Experiments offen gelegt werden. Bei der Verwendung von Täuschung im Experiment gelten zudem folgende drei Maßgaben:

1. Der „wissenschaftliche Wert"[47] der Untersuchung ist hinreichend, um eine Täuschung im Experiment zu rechtfertigen.
2. Es gibt kein anderes Verfahren (ohne Täuschung), welches die Erhebung der Daten ermöglicht. Die Nachweispflicht liegt hier bei dem/der ForscherIn.
3. Nach der Offenlegung der Täuschung können die ProbandInnen die Offenlegung und Verwendung ihrer Daten untersagen.

Sollte eine *Risiko- Nutzen Abschätzung* vor Beginn des Experiments notwendig sein, muss im Verlauf des Experiments sichergestellt sein, dass jegliche Form eines Risikos so gering wie möglich gehalten wird. Zudem sollten alle notwendigen Vorsichtsmaßnahmen getroffen, und die TeilnehmerInnen ausreichend aufgeklärt werden. Sollte eine/ ein PolitikwissenschaftlerIn bei der Planung eines Experiments auf eine solche Frage nach möglichen Risiken für die ProbandInnen stoßen, dann sollte zudem eine Ethikkommission eingeschaltet werden.

3.7.3   Studierende in Experimenten

Wenn Studierende an Experimenten teilnehmen, ist es bei manchen Forschern nicht unüblich, ihren Studierenden für die Teilnahme an Experimenten Studienleistungen anzuerkennen (Blanton und Jaccard 2008: 99). Wissenschaftler berichten, dass die Vergabe von zusätzlichen Leistungspunkten für die Teilnahme an Experimenten anstelle finanzieller Anreize eine fast schon alltägliche Praxis darstellt (Stodder 1998: 135). Diese Praxis ist in doppelter

---

[47] Der Ausdruck ist deshalb in Anführungszeichen gesetzt, weil sich dieses Kriterium objektiven Bestimmungsmöglichkeiten entzieht.

Hinsicht problematisch. Zum einen wird ein Abhängigkeitsverhältnis dafür genutzt, um ProbandInnen für eine Teilnahme zu motivieren und zum anderen wird die Forschung eines Dozenten mit den Studienleistungen seiner Studenten verknüpft. Diese beiden Faktoren sollten jedoch aus ethischer Perspektive voneinander abgekoppelt bleiben, weshalb auch viele Forscher die Teilnahme ihrer Studierenden an ihren Experimenten grundsätzlich ablehnen und keine Daten auswerten, bei welchen die Studierenden die Rolle der ProbandInnen eingenommen haben (Morton und Williams 2010: 20).

3.8 Die Darstellung von experimentellen Ergebnissen

Die Besprechung und Darstellung von wissenschaftlichen Ergebnissen bildet an dieser Stelle die Brücke zwischen dem Methodischen und den empirischen Teilen dieser Arbeit. Eine ausführliche Darstellung der Forschung sollte eigentlich selbstverständlich sein. Wissenschaftstheoretikern wie Karl Popper ist jedoch darin rechtzugeben, dass die Ergebnisse der Forschung sowohl für WissenschaftlerInnen, als auch für Nicht-WissenschaftlerInnen intersubjektiv nachvollziehbar und verständlich sein sollten. Dies geschieht in der Praxis jedoch nicht immer und kann gerade bei der Darstellung von experimentellen Forschungsergebnissen in der Politikwissenschaft (wie es eine der Argumentationen dieser Arbeit ist) zu erheblichen Missverständnissen führen. Daher ist es gerade hier wichtig, die Darstellung von Ergebnissen der Forschung zu besprechen. Die Option der Überprüfung, welche im Idealfall durch jede/n Interessierte/n vorgenommen werden können sollte, ist für Popper eine der zentralen Verantwortungen bei der Darstellung wissenschaftlicher Ergebnisse.

> „Ganz analog muß jeder empirisch-wissenschaftliche Satz durch Angabe der Versuchsanordnung u. dgl. in einer Form vorgelegt werden, daß jeder, der die Technik des betreffenden Gebietes beherrscht, imstande ist, ihn nachzuprüfen." (Popper 2005: 75)

Wie die Erfahrung aus anderen Disziplinen, wie beispielsweise aus der experimentellen medizinischen Forschung, jedoch zeigt, gibt es unterschiedliche Standards zur Darstellung dieser Ergebnisse (Boutron et al. 2010: 113). Im Bereich der Medizin und des Gesundheitswesens wurde daher eine standardisierte Tabelle eingeführt, die „Consolidated Standards of Reporting Trials" (CONSORT).[48] Diese Checkliste umfasst 22 Items und wurde 2010 für

---

[48] Aktuelle Informationen zu diesem Standard können auf der Projektseite unter http://www.consort-statement.org/ abgerufen werden (zuletzt geprüft: 05.10.2010).

politikwissenschaftliche (Feld-) Experimente angepasst (Boutron et al. 2010: 126–129). Im Folgenden wird die Checkliste mit den einzelnen Items dargestellt, um hiernach kurz die einzelnen Abschnitte der Liste zu erörtern. Der hier vorgeschlagenen Aufbereitung experimenteller Forschungsergebnisse folgt auch der empirische Teil dieser Arbeit weitestgehend.

Tabelle 3 CONSORT Statements

Thema	Nr.	CONSORT Item und Ergänzung für Politikwissenschaftler
Titel & Abstract	1	Wie wurden die TeilnehmerInnen ausgesucht und randomisiert
Einführung & Hintergrund	2	Wissenschaftlicher Hintergrund und Erklärung der Erwägungen
Methode:		
TeilnehmerInnen	3	Kriterien für die Auswahl des TeilnehmerInnen, Auswahl des Settings (Feld, Labor etc.), Kriterien für Mitarbeiter und ggf. zusätzliche HelferInnen
Eingriff in den DGP	4	Ausführliche Beschreibung des experimentellen Eingriffs in den DGP; Einführung des Treatments
	4.A	Beschreibung der Manipulationen des Treatments
	4.B	Standardsierung von Treatment und ggf. Manipulation
	4.C	Details zur Befolgung des Protokolls im Experiment
Gegenstand	5	Gegenstand und Hypothesen
Outcome	6	Definition der Outcome Messung und ggf. Methoden, welche zur Verbesserung der Messung oder Messbarkeit eingeführt wurden
TeilnehmerInnen-zahl	7	Festlegung über die notwendige Größe des Samples

Randomisierung:		
Ablauf	8	Methode zur Randomisierung der TeilnehmerInnen
Geheimhaltung	9	Methode zur Geheimhaltung der Verteilung/ Einführung des Treatments
Implementierung	10	Wer hat die Verteilung der TeilnehmerInnen generiert, die TeilnehmerInnen eingeschrieben und aufgeteilt
Anonymisierung	11.A	War für die TeilnehmerInnen und für die ForscherInnen die Aufteilung auf die Gruppen ersichtlich
	11.B	Bei Anonymisierung eine genaue Beschreibung des Vorgehens
Statistische Methoden	12	Statistische Methoden, um das Outcome der beiden Gruppen miteinander zu vergleichen
Resultate		
Durchlauf	13	(Graphische) Darstellung des Durchlaufs der TeilnehmerInnen im Experiment
Implementierung des Treatments	Neu	Details zum Treatment und dessen Einführung
Zuteilung	14	Daten für die Festlegung von Phasen des Experiments und deren Abläufe
Baseline	15	Baseline Daten und demographische Eigenschaften – nach Gruppen
Anzahl der TeilnehmerInnen	16	Anzahl der TeilnehmerInnen in ganzen Zahlen – nicht in Prozent
Beurteilung	17	Einzelne Outcomes; zusammenfassende Resultate für jede Gruppe und die Effektgröße
Ergänzende Analysen	18	Darlegung weiterführender Analysen
Unerwartete Ereignisse	19	Unerwartete Nebeneffekte in jeder Treatment-Gruppe

Diskussion:		
Interpretation	20	Interpretation der Ergebnisse - unter Berücksichtigung der Hypothesen und der im Experiment (möglicherweise) aufgetretenen Verzerrungen
Generalisierbarkeit	21	Abschätzung der Generalisierbarkeit der Ergebnisse auf die Zielgruppe bezogen
Allgemeine Aussagen	22	Generelle Interpretation der Ergebnisse

Die CONSORT Statements Table hebt neben der Gliederungs- und Checklistenfunktion für ForscherInnen drei spezifische Elemente der experimentellen Forschung besonders hervor: Diese sind die Anonymisierung (Blinding), die Randomisierung und die Nichtbefolgung.

1. Die Anonymisierung in Experimenten ist sowohl bei der/dem ForscherIn, als auch bei den HelferInnen und den TeilnehmerInnen hilfreich. Wenn die/ der ForscherIn nicht weiß, welche Ergebnisse von welcher Gruppe im Experiment stammen, kann die Interpretation der Daten nicht durch die Erwartungen des/ der ForscherIn beeinflusst werden. Denn die Interpretation der Daten kann bewusst oder unbewusst durch das Forschungsinteresse beeinflusst werden, durch welches das Experiment angeleitet wurde. Gleiches gilt für die HelferInnen und TeilnehmerInnen werden des Datenerhebungsprozesses. Hierbei kann es zu „therapist" effects kommen, welche außerhalb der medizinischen Literatur oft als experimental effects bezeichnet werden (Morton und Williams 2010: 312f).[49] D.h. wenn gewisse Erwartungen an die TeilnehmerInnen gestellt werden, können diese auch (unterbewusst) kommuniziert und aufgenommen werden. Dies kann durch Doppel-Blind-Aufbauten des Experiments verhindert werden; in der Forschungspraxis ist diese Form der Anonymisierung jedoch nicht immer ohne weiteres umgesetzt worden.

2. Randomisierung ist nicht nur im Rahmen dieser Arbeit eines der zentralen Elemente experimenteller Forschung, sondern wird auch durch die CONSORT Statements Tabelle gesondert hervorgehoben. Aus der

---

[49] In der populärwissenschaftlichen Psychologie auch oftmals als Schlauer-Hans-Effekt bezeichnet; benannt nach einem Pferd, welches gelernt hatte, den unterbewussten Zeichen seines Besitzers zu folgen. Hierdurch entstand für Beobachter und den Besitzer selbst der Eindruck, dass das Pferd Hans gelernt hätte zu rechnen (Watzlawick 2005: 41ff).

Erfahrung mit medizinischen Experimenten ist den Autoren der Tabelle bewusst, dass unzureichende Randomisierung zu einer Überschätzung des experimentellen Effektes von bis zu 40 Prozent führen kann (Boutron et al. 2010: 116). Die Möglichkeit einer sich hieraus ergebenden Fehleinschätzung soll durch die exakte Angabe und Beschreibung des Verfahrens verringert werden und es ermöglichen, Daten aus unterschiedlichen Experimenten besser miteinander in Bezug zu setzen.

3. Die Nichtbefolgung in experimentellen Untersuchungen ist im Rahmen dieser Arbeit ebenfalls ausführlich besprochen worden. Die Macher der CONSORT Statements Tabelle schlagen hierbei vor, ein genaues Protokoll über den Verlauf des Experiments zu erstellen und dieses für den Leser in Form einer graphischen Darstellung aufzubereiten (Boutron et al. 2010: 123). Der Consort Flow Chart kann den Leser so auf komprimierte Weise darüber informieren, an welcher Stelle im Experiment ProbandInnen ausgestiegen, oder den Anweisungen nicht mehr gefolgt sind. Graphisch würde hierbei der s.g. Durchlauf im Experiment abgebildet und an jedem Punkt darüber informieren, wie viele Personen in der jeweiligen Gruppe dem Experiment nicht mehr gefolgt sind.

3.9 Zusammenfassung

Ziel des Kapitels war es, die methodischen und technischen Grundlagen für die intersubjektive Nachprüfbarkeit der Folgerungen im empirischen Teil darzulegen (Popper 2005: 75). Hierbei erfolgte eine Beschränkung auf relevante Aspekte der empirischen Forschung, sowie auf die Zusammenfassung der gegenwärtigen Diskussionen zum Thema. Die hier vorgelegte Synthese ist sowohl methodische Vorbereitung des nachfolgenden empirischen Teils, als auch Bindeglied zwischen Theorie und Empirie. Der zentrale Punkt des empirischen Teils ist die Abgrenzung der experimentellen Forschungslogik von der befragenden und beobachtenden Forschung in der Politikwissenschaft. Durch eine genaue Darlegung des methodischen Vorgehens und der hiermit verbundenen Standards soll sowohl das Verständnis von Experimenten als Methode ermöglicht werden, als auch möglichen Missverständnissen bezüglich des Vorgehens im empirischen Teil vorgebeugt werden.

Durch die Grundüberlegungen zu Experimenten wurden die unterschiedlichen Zielsetzungen von Forschung in der Politikwissenschaft diskutiert. Hierdurch wurden Ansatzpunkte für die Forschung deutlich, sowie die unterschiedlichen Anwendungsmöglichkeiten der experimentellen Methode. Mit dem RCM und dem FTA wurden nach der Erläuterung der Formalisierung von Kausalbeziehungen zwei Logiken der Untersuchung von experimentellen Designs dargelegt. Im Zentrum des Methodenteils dieser Arbeit standen das experimentelle Forschungsdesign, die Kontrolle im Experiment und die Randomisierung der TeilnehmerInnen. Festzuhalten bleibt hierbei, dass diese drei Punkte die zentralen technischen Momente der experimentellen Forschung darstellen. Mit der SUTVA (stable unit treatment value assumption) und der Ignorability of Treatment wurden in diesem Kontext ebenfalls Kriterien für die Güte von Design, Treatment und Wirkung bei den TeilnehmerInnen am Experiment erläutert. Für den Begriff der Validität wurde die bestehende Literatur im Bereich der experimentellen Methodik zusammengefasst und sechs Kriterien zu deren Überprüfung herausgearbeitet. Probleme, welche die interne Validität von Ergebnissen betreffen, können durch die Wahl eines der Forschungsfrage angemessenen Forschungsdesigns in Verbindung mit Randomisierung ausgeschaltet werden. In der internen Validität sehen daher auch viele ForscherInnen die Stärke des experimentellen Forschungsdesigns. Bei der externen Validität wurde herausgestellt, dass diese nur durch empirische Untersuchungen (weitere Experimente) nachweisbar ist; die beiden Konzepte der Umweltvalidität und der Generalisierbarkeit wurden auf ihre Verbindung mit der externen Validität hin diskutiert. Bei der Frage nach der Ethik experimentellen Forschens in der Politikwissenschaft konnte im Hinblick auf die geltenden Regelungen ein weitreichendes Fehlen von geltenden Maßgaben in der experimentellen Politikwissenschaft festgestellt werden. Hierin liegt eine zentrale Aufgabe für die Zukunft. Des Weiteren wurden die Probleme der Täuschung im Experiment und die Rekrutierung von StudentInnen als TeilnehmerInnen erörtert. Hier wurden geltende Standards der experimentellen Psychologie und Verfahrensweisen der experimentellen Politikwissenschaft in den USA zur Klärung herangezogen. Zuletzt bildet die Adaption der CONSORT Statements für politikwissenschaftliche Experimente das Bindeglied zwischen dem methodischen und dem empirischen Teil der Arbeit.

Zusammenfassend hat der methodische Teil die technischen Aspekte der experimentell forschenden Politikwissenschaft auf dem Stand der bestehenden Literatur resümiert und in Bezug auf das in dieser Arbeit formulierte Erkenntnisinteresse synthetisiert. Die Abgrenzung der experimentellen Methodik zu Techniken der beobachtenden und befragenden Forschung ist herausgearbeitet worden. Dabei konnte festgehalten werden, dass Kontrolle, Randomisierung und Design von Experimenten die entscheidenden Kriterien für die Güte experimenteller Forschungen darstellen. Auf diese Kriterien ist daher in der Vorbereitung von Experimenten besonderes Augenmerk zu richten. Nicht zuletzt wurde das Verständnis von experimenteller Forschung als eine Art Windtunnel in unterschiedlichen Facetten herausgearbeitet. So mag die Kritik, dass in einem Experiment nicht ohne weiteres komplexe sozialwissenschaftliche Theorien abbildbar sind, zunächst zutreffen. Jedoch gerade die Möglichkeit, einzelne Aspekte von Theorien im Experiment zu überprüfen, lässt die Methode als eine geeignete komplementäre Ergänzung zu anderen Vorgehensweisen hervortreten. Gerade der Umstand, dass Experimente bisher eher selten in der Politikwissenschaft angewendet wurden, lässt diese Möglichkeit umso attraktiver erscheinen.

4 Das Stromspar Experiment

Energieverbrauch und Energiesicherheit sind in den letzten Jahren zentrale Themen der umweltpolitischen Debatte. Hierbei stand lange die Abhängigkeit der Europäischen Union von russischen Gaslieferungen im Vordergrund der öffentlichen Diskussion. Nicht zuletzt durch die Geschehnisse in Japan im März 2011 wird die Frage der Energiesicherheit aus einer neuen Perspektive gestellt. Die Frage der atomaren Energieerzeugung ist zwar schon seit Beginn der Verwendung dieser Technologie in der öffentlichen Debatte präsent; zuletzt war dies der Fall in der Diskussion um die Endlagerung atomarer Brennstäbe; aber die Dringlichkeit der hiermit verbundenen Fragen ist neu. Erstmals in der Geschichte schafft es ein hoch entwickeltes Industrieland nicht, die Gefahren der atomaren Energie zu bannen. Dies stellt auch andere Industrieländer vor Probleme. Denn in dem Vierteljahrhundert, welches seit der Katastrophe von Tschernobyl vergangen ist, wurde stets die schlechte technische Ausstattung und die geringe Qualifikation der Mitarbeiter im ukrainischen Kraftwerk als Ursache des GAUs hervorgehoben. Beides kann für die Vorfälle in Japan nicht gelten und doch ist das Problem und die Gefahr nicht unter Kontrolle zu bringen. Dies wirft auch für Deutschland unterschiedliche Fragen auf, denen sich Politiker aller Parteien nicht entziehen können. Die politische Debatte um das Thema der Stromversorgung, als ein zentraler Aspekt der Energieversorgung in dessen engeren Sinne, lässt sich holzschnittartig in drei Diskussionsrichtungen unterteilen: Die Frage nach der Erzeugung von Strom, bei welcher erneuerbare Energien, fossile Brennträger und atomare Kraft jeweils mit unterschiedlichen Problemen behaftet sind. Zweitens gibt es immer eine Diskussion um eine effizientere Erzeugung und Nutzung von Strom und zuletzt ist die Frage nach der Nutzung von Strom beim Endverbraucher zu nennen. Die ersten beiden Diskussionsrichtungen sind häufig diskutiert, da sie den Mythos der Moderne wiederspiegeln, Probleme der Technik durch Technik selbst überwinden zu können (Horkheimer und Adorno 1988, c1969). Dieser Mythos spiegelt sich sowohl im Effizienzgedanken wieder, als auch in der Vorstellung die Erzeugungsweise ändern zu können. Der dritte Diskussionskomplex ist weitaus unpopulärer, da er auch solche Themenfelder schneidet, wie den Verzicht der KonsumentInnen auf Dienstleistungen oder gefühlten Komfort. So wäre z.B. zu fragen, ob der effizienteste Wäschetrockner im Sommer nicht vieleicht die Wäscheleine sein könnte. Das Handeln und die eigene Bewertung von Handlungen durch die KonsumentInnen ist jedoch eine zentrale politische Frage, denn Privathaushalte in Deutschland verbrauchen in den letzten Jahren stetig mehr Strom. Hierfür werden in der Fachliteratur unterschiedliche Gründe genannt, wie etwa die steigende Anzahl von Single-haushalten, oder auch die steigende Geräteausstattung in den Haushalten selbst (Duscha et al. 2006: 39f; Guski et al. 1996; Hübner et al. 1993). Zudem zeigen Studien über den Stromverbrauch privater Haushalte auf, dass erhebliche Sparpotenziale von den privaten Haushalten nicht genutzt werden (Bürger 2009). Diese Feststellungen lassen die Frage nach der Effizienz bei der Nutzung von Strom eher in den Hintergrund - und die Fragen nach Handlungen und Verhalten der KonsumentInnen hingegen in den Vordergrund treten. Dieser Fragenkomplex ist Gegenstand des empirischen Teils dieser Arbeit. Zum einen sollen darin inhaltliche Forschungslücken geschlossen werden. So besteht bei der wissenschaftlichen Untersuchung von Barrieren und Hemmnissen zur Umsetzung von Einsparpotenzialen eine Forschungslücke bezüglich der Preissensitivität von Privathaushalten bei Strom und Strom sparenden Haushaltsgeräten (Duscha und Dünnhoff 2007; Tews 2009). Zweitens spiegelt diese inhaltliche Forschungslücke auch ein methodisches Problem wieder, denn bei Fragen bezüglich des umweltrelevanten Verhaltens von Personen geben sich ProbandInnen in Umfragen oftmals viel ökologischer und umweltbewusster, als sie in der Realität wirklich handeln (Menges et al.). Hierdurch entsteht eine Verzerrung zwischen bekundetem Verhalten in Befragungen einerseits und Beobachtungen des realen Konsumverhaltens von VerbraucherInnen auf der anderen Seite (Goett et al. 2000; Dannenberg et al. 2009). Die Verhinderung diese Verzerrung zwischen bekundetem und reellem Umweltverhalten in ökonomischen Experimenten wurde in der Vergangenheit durch den Einsatz finanzieller Anreize versucht. Bei einem Experiment zur Zahlungsbereitschaft für Ökostrom (Menges et al.), wurde zwar eine Experimentalgruppe erhoben, in welcher die Fragen zum bekundeten Verhalten mit finanziellen Anreizen verknüpft waren, aber es wurde keine Kontrollgruppe im Sinne eines Experiments erhoben. Dies bedeutet, dass die Autoren zwar in ihrem Fazit einen Unterschied zu anderen Forschungsergebnissen belegen können, aber durch die Wahl eines eigentlich vor-experimentellen Designs keine Kontrolle über mögliche Drittvariablen hatten. Dieses Beispiel zeigt die Lücke auf, welche Morton und Williams als eine der dringlichsten Zukunftsfragen der experimentellen Forschung beschreiben: Die Verortung der Politikwissenschaft zwischen Ökonomie und Psychologie bei der Frage der Verwendung finanzieller Anreize in experimentellen Settings (Morton und Williams 2010: 526). Die Schließung dieser Lücke ist bedeutsam, um empirische Ergebnisse (zur Nachhaltigkeitsforschung) überhaupt bewerten zu können. Genau diese Frage steht im Zentrum des hier vorliegenden empirischen Teils der Arbeit.

Um einen Beitrag zur Schließung der hier aufgezeigten methodischen und empirischen Forschungslücke bieten zu können, ist die Beantwortung von zwei weiteren Fragen zentral: Zum einen ist dies die Frage nach dem verwendeten Mechanismus der Randomisierung und die Bedeutung unterschiedlicher Settings, bzw. Lokalitäten, sowie die Ziehung der Personen für das Experiment. Der ersten Frage wird sich durch einen systematischen Vergleich möglicher Drittvariablen genähert, bevor die Kernfrage des empirischen Teils erörtert wird: die Verwendung finanzieller Anreize in politikwissenschaftlichen Experimenten. In Bezug auf die Dritte hier vorgestellte Frage, werden die drei experimentellen Gruppen miteinander verglichen. Die hier aufgezeigten Ebenen, auf welchen sich die Fragen bewegen, werden durch die Formulierung erkenntnisleitender Hypothesen zugespitzt und unter den Punkten der Randomisierung, sowie in den Ergebnissen besprochen.

Wie gliedert sich nun der empirische Teil dieser Arbeit und welche Inhalte und Hypothesen werden in welchem Abschnitt besprochen? Der detaillierten Besprechung des Experiments ist ein kurzer Überblick zur verwendeten Methodik vorangestellt. Da das hier zu behandelnde Experiment eine gewisse Komplexität in seinem Design aufweist und diese durch die Idee der Sekundaranalyse des Datensatzes erhöht wird, soll der ausführlichen Darlegung des Experiments ein erster grober Holzschnitt dessen vorangestellt werden. Denn letztendlich liegen zwei unterschiedliche Logiken für das Stromspar Experiment über den Umgang mit dem Design vor: Zum einen eine befragende Logik und zum anderen die experimentelle Logik der hier vorgestellten Analyse. Der empirische Teil gliedert sich weiterhin entlang der drei zu untersuchenden Fragestellungen in der oben dargelegten Form, sowie der im letzten Teil der Arbeit erörterten CONSORT Tabelle. Da sich die CONSORT Tabelle stärker auf die Darstellung von Forschungsergebnissen in Fachzeitschriften bezieht, wird die nachfolgende Darstellung leicht hiervon abweichen. So werden die Punkte 13 bis 16 bereits in den Bereich der Methoden vorgezogen. Der Abschnitt über die Methode wird gemessen an der Randomisierung recht ausführlich behandelt. Denn die Randomisierung bei dem gewählten Lab in the Field Aufbau ist eher eine Frage für die Bewertung der Ergebnisse der Untersuchung als Teil des Designs. Bei der Untersuchung des verwendeten Mechanismus der Randomisierung muss geklärt werden, ob die angestrebte Randomisierung im Feld überhaut zu zwei Vergleichbaren Gruppen geführt hat. Im Resultat werden neben den inhaltlichen Ergebnissen des Experiments auch die zentralen methodischen Fragestellungen aufgegriffen, welche im letzten Teil der Arbeit entwickelt wurden und nun durch zusätzliche Auswertungen des Datenmaterials der Experimente diskutiert werden. Die Diskussion der Ergebnisse wird neben den Erfahrungen aus dem Experiment und den Interpretationen der Ergebnisse auch die Reflektion des theoretischen- und methodischen Teils umfassen und die hier dargelegte Empirie auf ihren zugrundeliegenden Rahmen zurückbeziehen.

Ein Teil der Ergebnisse des hier vorgestellten Experiments wurde bereits im Rahmen eines Forschungsprojektes vorgestellt (Hamenstädt 2009). Durch den in dieser Arbeit nun vorangestellten Theorie- und Methodenteil wurden jedoch neue Fragen aufgeworfen, welche sich durch die bisherige Aufbereitung der Daten nicht beantworten ließen. Dies war der Tatsache geschuldet, dass die Fragen im Kontext des Forschungsprojektes vollkommen anderer Natur waren, als diejenigen, welche in dieser Arbeit behandelt werden. So wurden bspw. in der ursprünglichen Analyse die unterschiedlichen Experimentalgruppen nicht miteinander verglichen, sondern zusammengezogen. Dieses Verfahren entspricht zwar im Sinne einer befragenden Logik dem Anliegen einer Steigerung der Repräsentativität, aus einer experimentellen Logik umgeht sie jedoch gerade eine interessante Frage des Forschungsdesigns: Welche Auswirkung hat das Setting des Experiments auf die Auswahl der TeilnehmerInnen und worin unterscheiden sich die Ergebnisse zwischen den Gruppen? Der hier vorgestellte empirische Teil stellt somit im weitesten Sinne eine Sekundaranalyse des durch den Autor erhobenen empirischen Materials dar. Neue Fragen werden durch eine erneute Auswertung des empirischen Materials unter Anwendung weiterführender Methoden geklärt.

4.1 Methode

Die detaillierte Darstellung der Methode im Experiment erfolgt in drei Schritten: Zuerst wird die Auswahl des Settings und die Abfolge der Erhebungen dargelegt. Hierbei wird auch die Festlegung über TeilnehmerInnen-zahlen in den einzelnen Gruppen besprochen, sowie die definierten Kriterien zur Auswahl der TeilnehmerInnen. Im Anschluss wird das experimentelle Design vorgestellt. Dies umfasst die Auswahl der Geräte für das Experiment, die

Darstellung des Experimentalverlaufs und der ergänzenden Befragung im Experiment. Zuletzt werden die Hypothesen der Untersuchung vorgestellt.

4.1.1 Annäherung an die Methode

Das hier vorzustellende Experiment folgt im Prinzip zwei Logiken: Die erste Logik ist die, aus einer befragenden Perspektive heraus vereinzelte Elemente eine experimentellen Designs zur Verbesserung der Befragungsergebnisse in das Design zu integrieren. Diese Logik war der ursprüngliche Antrieb, nach welchen das Stromspar Experiment entwickelt wurde (ausführlich bei Hamenstädt 2009). Die zweite Logik beruht auf den Erkenntnissen aus dem die aus dem Theorie- und vor allem aus dem Methodenteil dieser Arbeit. Entlang dieser Logik lässt sich ein neues Erkenntnisinteresse formulieren, mit welchem an das erhobene Datenmaterial herangetreten werden kann. Dieser zweiten Logik wird im empirischen Teil der Arbeit gefolgt. Hieraus entstehen wiederum zwei Probleme: erstens war das ursprüngliche Forschungsdesign bereits recht komplex, da es eine Kombination aus Designelementen der befragenden und der experimentellen Forschung war. Die Verhinderung von sozialer Erwünschtheit im Antwortverhalten wurde zum einen durch die Integration finanzieller Anreize versucht, zum anderen müsste den TeilnehmerInnen aber auch bis zu einem gewissen Grad die Intention des Experiments verschleiert werden. Diese Probleme stellten insofern Herausforderungen an das Forschungsdesign, als dass dieses wiederum sehr komplex erscheint. Der Schritt, welcher in dieser Arbeit gemacht wird ist, an dieses Forschungsdesign mit neuen Fragen und einer veränderten methodischen Perspektive heranzutreten. Hierfür muss u.a. geklärt sein, welche Elemente aus dem ursprünglichen Design sich in die hier entwickelte Logik der experimentellen Forschung integrieren lassen und wie einzelne Bausteine der ursprünglichen Untersuchung sich auch über die eigentliche Intention hinaus im Forschungsdesign nutzen lassen. Die hier vorgestellte Untersuchung besitzt somit eine große Autonomie gegenüber der ursprünglichen Untersuchung und unterscheidet sich im Erkenntnisinteresse erheblich von derselben.

Im Folgenden soll kurz umrissen werden, was die Schnittmenge zwischen dem alten und dem neuen Erkenntnisinteresse der Untersuchung ist und vor allem ein erster Eindruck von dem durchgeführten Experiment selbst geschaffen werden. Zudem soll ein erster Ausblick auf zusätzliche Untersuchungen und Analysen gegeben werden. Die im Folgenden genannten Punkte werden dann im Verlauf dieses Teils der Arbeit detailliert erläutert.

Um den Zusammenhang zwischen der Höhe des Strompreises und der Zahlungsbereitschaft für Strom sparende Haushaltsgeräte näher untersuchen zu können wurden 2008 vier Erhebungen in drei deutschen Städten (Münster, Essen und Magdeburg) durchgeführt. Ein Lab in the field Aufbau bei der Datenerhebung sollte eine bestmögliche Durchmischung des Pools an ProbandInnen sicherstellen. Um die soziale Erwünschtheit des Antwortverhaltens zu vermeiden, wurden bei drei der vier Erhebungen finanzielle Anreize in das Forschungsdesign integriert. Dies bedeutet, dass die ProbandInnen mit einem Budget ausgestattet wurden, von welchem sie einen Anteil durch Würfeln am Ende der Untersuchung real gewinnen konnten. Für die Kontrollgruppe gab es diese Möglichkeit nicht. Um die Wirkung finanzieller Anreize auf Entscheidungen mit einem umweltpolitischen Bezug zu untersuchen, eignet sich eine Analyse der mit dieser Forschungsmethode erhobenen Daten daher besonders. Im Experiment wurden zufällig gezogene Kühl- und TV-Geräte einander gegenüber gestellt. Die Geräte unterschieden sich nur in Kaufpreis und Stromverbrauch. Nachdem die ProbandInnen eine erste Kaufentscheidung für eines der zur Auswahl stehenden Geräte getroffen hatten, wurde der Strompreis schrittweise erhöht, d.h., das Szenario blieb bestehen und nur der Rahmen für die Kaufentscheidungen (der Strompreis) änderte sich. Hierdurch lässt sich zum einen untersuchen, wie sich der Strompreis auf Kaufentscheidungen für die beiden Haushaltsgeräte auswirkt, aber auch, welche Rolle reale finanzielle Anreize in Bezug auf das bekundete Kaufverhalten spielen könnten.

Da im Feld jedoch keine Randomisierung im klassischen Sinne, wie in einem Labor durch zufällige Zuweisung, möglich ist, müssen die Gruppen zunächst untereinander verglichen werden. Durch den Vergleich ist sichergestellt, dass die Gruppen sich nicht in Bezug auf mögliche Drittvariablen unterscheiden und das Treatment wirklich die einzige erklärende Variable im Forschungsdesign ist. Für die Untersuchung möglicher Störfaktoren im Experiment können die Ergebnisse aus der ergänzenden Befragung bezüglich sozialstatistischer Faktoren (Alter, Einkommen etc.) herangezogen werden, um zu untersuchen, ob andere erklärende Variablen für das bekundete Kaufverhalten der Probanden zwischen den Gruppen gleich sind. Diese Untersuchung ist nachfolgend unter dem Punkt Randomisierung den Ergebnissen vorgeordnet. Unter dem darauffolgenden Punkt der Darstellung von Resultaten liegt der Fokus auf der Analyse zur Klärung der (verbleibenden) Hypothesen. Hierbei ist der Effekt zu untersuchen, den die Integration realer finanzieller Anreize in das Forschungsdesign hat. Diskutiert werden im Rahmen des empirischen Teils der Arbeit auch unterschiedliche Erkenntnisse aus der

Durchführung des Experiments, sowohl theoretisch, als auch praktisch. Zuletzt wird aufgezeigt, welche Erkenntnisse zur Schließung bestehender Forschungslücken aus der Verwendung experimenteller Forschungsdesigns für die umweltpolitische Forschung gezogen werden können. Zunächst aber soll die Anwendung der experimentellen Methode ausführlich dargelegt werden.

4.1.2 Die Erhebung

Als Setting für das Experiment wurde ein Lab in the field Aufbau gewählt. Das Experiment wurde im Oktober (Kontrollgruppe) und im November (Experimentalgruppe) 2008 in der Fußgängerzone der Stadt Münster durchgeführt. Zwei weitere Experimentalgruppen wurden in Essen und Magdeburg erhoben. Ziel bei der Wahl des Settings war es, eine Heterogenität des ProbandInnenpools zu erreichen, eine hohe Durchgangsquote möglicher Probandinnen zu gewährleisten und das Experiment an Orten durchzuführen, an welchen reale Kaufentscheidungen bezüglich Haushaltsgeräten getroffen werden.

In diesem Setting wurden insgesamt fünf Erhebungen im Feld durchgeführt. Diesen Erhebungen im Feld ging ein Pilot voraus, in welchem vier StudentInnen der Universität Münster gebeten wurden, die Computer-Oberfläche des Experiments zu testen. Alle vier ProbandInnen wurden gebeten bei der Beantwortung der Fragen „laut zu denken". Zu diesem Zeitpunkt gab es zwei Versionen des Experiments. In der einen Version wurde die langfristige Wirkung des Kaufentscheids berücksichtigt (Kaufpreis und Stromkosten über die Lebensdauer des Gerätes), in der anderen Version hingegen wurde nur die kurzzeitige Wirkung der Kaufentscheidung abgebildet, d.h., der Kaufpreis und die Stromkosten für das erste Jahr war in das Budget der ProbandInnen eingeflossen. In der einen Version mit der langfristigen Wirkung des Kaufentscheids waren die Eigenschaften des Gerätes und die hieraus entstehen Auswirkungen auf das Budget in das Forschungsdesign integriert. Der Stromverbrauch des gewählten Gerätes hatte in dieser Version Auswirkungen auf das Budget der ProbandInnen, gerechnet an der durchschnittlichen Lebensdauer der Geräte – Die Ausgestaltung und Funktion des Budgets wird Abschnitt zum Design über den Eingriff in den DGP erläutert. Durch die Reaktionen der ProbandInnen im Pilot wurde jedoch gespiegelt, dass dieser Aufbau zu komplex erschien, wodurch die Wirkung des Budgets verloren ging. Gerade dieses Budget ist jedoch das zentrale Element des Experiments. Die ProbandInnen gaben jedoch unabhängig voneinander an, dass sie ab der erste

Strompreissteigerung im Experiment nunmehr irgendetwas anklicken würden, da sie nicht wirklich nachvollziehen könnten was passiert, oder wie die Berechnungen für ihr Budget zustande kommen. An dieser Stelle musste diese Version zurückgezogen werden. Hieraus ergibt sich ein interessanter Ansatz für weiterführende Studien, welche es sich zum Ziel setzen könnten, ein Design zu entwickeln, welches die Komplexität der langfristigen Kaufentscheidung abbildet und hierbei verständlich bleibt. Gleichzeitig müsste darauf geachtet werden, dass die dahinterliegende Intention der Experimentatoren nicht allzu offensichtlich zu Tage tritt. Dies ist dem Umstand geschuldet, dass die/der KonsumentIn in einer realen Kaufentscheidung zwar langfristig mit den Folgen seiner Entscheidung durch die Stromrechnung konfrontiert wäre, dies jedoch nicht direkt beim Kauf wahrnehmen können würde. Genau diese langfristige Ebene müsste durch ein zukünftiges Forschungsdesign anvisiert werden. Daher wurde sich bei dieser Durchführung des Experiments für eine Version entschieden, welche nur kurzfristige Kaufentscheidungen abbildet und somit eine Komplexität beinhaltet, welche es in der Ausgestaltung des Forschungsdesigns ermöglichte, die Idee des Budgets hinreichend zu integrieren.

Die zweite Version bildete bei der Auswirkung des Kaufentscheids auf das Budget nur noch den Kaufpreis und den Verbrauch des Gerätes im ersten Jahr ab. Hierdurch wurde eine Situation simuliert, welche KonsumentInnen vorfinden, wenn sie sich bspw. für den Kauf eines im Anschaffungspreis „sehr günstigen" Gerätes entscheiden. Solche Angebote werden des häufigeren von Discountern angeboten und von den KonsumentInnen auch genutzt. Zu fragen ist hierbei, weshalb diese Angebote genutzt werden. Denn die Angebote zeichnen sich zumeist dadurch aus, dass der günstigere Kaufpreis durch langfristig höhere Kosten des Verbrauchs überkompensiert wird. Genau diese Frage wird durch die zweite Version des Forschungsdesigns fokussiert und anhand der Lab in the field Experimente reflektiert. Durch dieses Design wird die kurzfristige Preiselastizität und Zahlungsbereitschaft untersucht. Um neben der Pilotstudie auch Erfahrungen aus dem Feld zu sammeln, wurde am 7. Oktober 2008 ein erster Pre-Test im Feld gestartet. Hierbei ging es neben dem Test der Verminderung der Kontrolle im Feld und ob dies in der angedachten Form funktioniert, auch um die Überprüfung des gewählten Settings. Der Lab in the field Aufbau verlangte gegenüber der Pilotuntersuchung viel Vorbereitung in der Planung. Neben der Standgenehmigung für die Fußgängerzone mussten auch Stromanschlüsse für die verwendeten Laptops an dem Ort der Untersuchung sichergestellt werden; nur um zwei der praktischen Vorbereitungsschritte zu nennen. Der Pre-Test diente daher der auch der

Überprüfung der administrativen Checkliste für die spätere Erhebung der Experimental- und Kontrollgruppe. Neben den praktischen Aspekten wurde durch die Durchführung des Pre-Tests auch eine inhaltliche Fehleinschätzung augenscheinlich. So beinhaltete das Experiment zu diesem Zeitpunkt auch die Frage nach der Kaufentscheidung für einen Wäschetrockner. Der Pre-Test machte jedoch deutlich, dass für viele umweltbewusste ProbandInnen die Frage auch der Zahlungsbereitschaft für dieses Gerät nicht ohne weiteres möglich war, da sie eigentlich auch keine Zahlungsbereitschaft für das Gerät hatten. Daher war eine Fokussierung auf Kühl- und TV-Geräte im Experiment angebracht. Diese Geräte haben nicht nur eine hohe Ausstattungswahrscheinlichkeit und wurden als die beiden Haushaltsgeräte mit dem größten Stromverbrauch in Privathaushalten identifiziert, sondern es gibt auch keine effizienteren Alternativen für diese Geräte. Hiermit ist gemeint, dass die Wäscheleine im Umkehrschluss durchaus eine Alternative zum hoch effizienten Wäschetrockner darstellt; und das sogar zum Nulltarif beim Stromverbrauch. Insgesamt wurde durch den Pre-Test das Design im Feld getestet und die Funktionalität des Experiments in der Praxis überprüft.

Zwischen Ende Oktober und Anfang November 2008 wurden - nach den Bearbeitungen des experimentellen Designs und dessen Umsetzung durch die Computeroberfläche - die unterschiedlichen Gruppen im Experiment erhoben. Zu Beginn wurde die Kontrollgruppe erhoben, welche als direkte Vergleichsgröße der Wirkung durch die Einführung finanzieller Anreize für die zuletzt erhobene Experimentalgruppe dienen sollte. Unterdessen wurden in zwei weiteren Städten, Essen und Magdeburg, zwei weitere Gruppen erhoben, welche mit integrierten finanziellen Anreizen im Forschungsdesign erhoben wurden. Durch die Wahl dieses Designs sind zwei Abgleiche innerhalb des Experiments möglich. Zum einen ist dies der Unterschied zwischen Kontroll- und Experimentalgruppe, welcher durch die finanziellen Anreize als Treatment wie ein ganz klassisches Experiment untersucht werden kann. Weiterhin ist der Wechsel der Orte und der hierdurch entstehenden unterschiedlichen Ziehungen aus den Grundgesamtheiten der jeweiligen Städte ein interessanter Untersuchungsgegenstand. Somit ist es durch die Wahl des Vorgehens für die Durchführung des Experiments möglich, sowohl den Einfluss finanzieller Anreize als ein zu messendes Treatment zu sehen, als auch die Veränderung der Lokalität. Beides sind die beiden Hypothesen, welche im Folgenden noch genauer gefasst werden.

Die nachfolgende Tabelle zeigt die Abfolge der Erhebungen in einer komprimierten Fassung.

Tabelle 4: Abfolge der Erhebungen

Datum	Ort	Untersuchung	Anzahl der TeilnehmerInnen
07. Okt. 2008	Münster	Pretest	120
21. Okt. 2008	Münster	Kontrollgruppe	184
22. Okt. 2008	Essen	Experimentalgruppe 2	125
27. Okt. 2008	Magdeburg	Experimentalgruppe 3	102
04. Nov. 2008	Münster	Experimentalgruppe	194

In der letzten Spalte der Tabelle ist die Anzahl der TeilnehmerInnen an den Experimenten mit aufgeführt. Es wurden insgesamt 604 verwertbare Datensätze[50] erhoben: die Gesamtstichprobe aus den drei Städten, plus der Kontrollgruppe in Münster. Im Vorfeld des Experiments wurde die gewünschte Anzahl der TeilnehmerInnen am Pre-Test auf mindestens 30 Personen und für das Experiment auf eine Gruppenstärke von 50 Personen festgelegt. Diese Festlegungen entsprechen den Erfahrungen aus Passantenbefragungen in Fußgängerzonen. Die Anzahl der TeilnehmerInnen am Experiment ist jedoch sehr viel höher als ursprünglich geplant. Der Grund hierfür dürfte vor allem in der optischen Erscheinung des Labors im Feld liegen. Der auffällige Aufbau hat viele PassantInnen dazu animiert aktiv auf die Helfer zuzugehen, um sich darüber zu informieren, was in diesem Feldlabor gemacht wird. Hierdurch fiel den Helfern entgegen der ursprünglichen Planung nicht die Aufgabe der aktiven Anwerbung zu, sondern des Verteilens der wartenden ProbandInnen auf freie Computerplätze. Zwischenzeitlich mussten ProbandInnen bis zu 20 Minuten auf einen freien Platz warten. Dies war in zweifacher Hinsicht von Bedeutung: Zum einen musste nach dem Pre-Test die Vorbereitung und das Briefing der HelferInnen geändert werden, bzw. adaptiert werden. Zum anderen war nach

---

[50] Hierbei ist zu beachten, dass als TeilnehmerIn nicht eine einzelne Person gezählt wird, sondern ein Haushalt. Bei Single-Haushalten fällt dies natürlich zusammen. Pärchen und Familien werden jedoch nicht auf separate Rechner aufgeteilt, sondern an einem Laptop zusammengesetzt. Die sozialstatistischen Daten werden bei Haushalten mit mehreren Personen für die Person erhoben, welche Entscheidungsträger beim Kauf des Haushaltsgerätes sind. Als verwertbarer Datensatz wird hierbei ein Datensatz gesehen, bei welchem die/der TeilnehmerIn das Experiment bis zum Schluss durchgeführt hat und nicht vorher abgebrochen hat.

Ablauf der Erhebungen eine größere Anzahl an auswertbaren Datensätzen vorhanden, wodurch die Auswertung des Fragebogens viel (zeit)aufwendiger wurde, als es ursprünglich geplant war.

Die MitarbeiterInnen und HelferInnen am Experiment wurden angewiesen darauf zu achten, dass die ProbandInnen über 18 Jahre alt sind und auch danach zu fragen, ob die Personen über einen eigenen Haushalt verfügen und in diesem Kaufentscheidungen bezüglich Haushaltsgeräten treffen. Wenn dies nicht zutraf, konnten die InteressentInnen leider nicht an dem Experiment teilnehmen. Des Weiteren wurde bei der Zuteilung der Computerplätze an Paare darauf geachtet, dass diejenige Person die Fragen beantwortete, welche angab in diesem Bereich die realen Entscheidungen für den Haushalt treffen zu dürfen. Die letzte Frage im Experiment bezog sich in diesem Kontext auch darauf, wie die Fragen beantwortet wurden; ob gemeinsam mit der oder dem PartnerIn geantwortet wurde, oder ob Unterstützung durch die HelferInnen am Experiment erfolgte. Letzteres war gerade bei älteren Personen der Fall, welche sich nicht sicher dabei fühlten, alleine an einem Computer die Fragen zu beantworten. Die letzte Frage diente dazu, eine mögliche Beeinflussung der ProbandInnen während des Experimentes auszuschließen. Die Auswertung ergab jedoch, dass die Variable „Unterstützung/ gemeinsame Durchführung des Experiments" keinen signifikanten Einfluss auf das Gesamtmodell des Kaufentscheids hatte.

Die MitarbeiterInnen und HelferInnen am Experiment wurden über eine Mitarbeiterliste für computergestützte Befragungen am soziologischen Institut der Universität Münster rekrutiert. Es handelte sich durchweg um StudentInnen mit Erfahrungen bei Befragungen. Im Pre-Test hatte sich herausgestellt, dass eine gute Durchmischung der HelferInnen einen positiven Einfluss auf die Heterogenität des ProbandInnenpools hat. Daher wurde bei der Durchführung des Experiments auch darauf geachtet, dass ältere HelferInnen (Seniorenstudentinnen mit beruflicher Erfahrung bei Meinungsforschungsinstituten) ebenfalls miterbeiteten.

Insgesamt lässt sich für den Punkt Erhebung zusammenfassen, dass das entworfene Design des Experiments durch den Piloten und den Pre-Test stark verändert wurde. Auch die Feldphase hatte einige Überraschungen mit sich gebracht. So konnten weitaus mehr Personen für die Teilnahme rekrutiert werden, als ursprünglich erwartet wurde. Diese sehr positive Veränderung der Einschätzung bedurfte der spontanen Anpassung. So mussten mehr Schokoladen für die TeilnehmerInnen bereitstehen und auch die Rolle der HelferInnen hatte sich verändert. Von der aktiven Anwerbung verlagerte sich die Aufgabe zunehmend stärker auf die Übernahme von Koordinationsaufgaben am Stand, d.h. die Zuweisung von Plätzen und die Unterstützung am Computer selbst.

4.2 Das Design

Drei Faktoren sind wesentlich zur Darlegung des gewählten Designs: Erstens ist relevant, wie der Eingriff in den DGP ausgestaltet wurde, d.h., was das Treatment im Experiment war und wie dieses implantiert und umgesetzt wurde. Danach muss die Auswahl der Geräte für das Experiment erläutert werden und wie diese im Experiment dargestellt wurden. Zuletzt wird der genaue Ablauf des Experiments erörtert und der Aufbau der ergänzenden Befragung. Hierdurch soll nachvollziehbar gemacht werden, wie sich die Struktur des Experimentaldesigns für die TeilnehmerInnen ausgestaltete, um hieraus ggf. Implikationen für die Interpretation der Ergebnisse ableiten zu können.

4.2.1 Treatment und Manipulation im Experiment

Das Treatment des Experiments bestand in der Integration realer finanzieller Anreize. Diese Anreize waren für die Experimentalgruppe(n) gegeben und für die Kontrollgruppe nicht. Grundlegend für die Umsetzung dieser Anreizsetzung war die Ausstattung der TeilnehmerInnen am Experiment mit einem zunächst fiktiven Budget. Über dieses fiktive Budget konnten alle TeilnehmerInnen der Untersuchung verfügen; unabhängig davon, ob sie der Kontroll- oder Experimentalgruppe angehörten. Das Budget für den Kauf des Kühlgerätes betrug 800€, das für das TV-Gerät betrug 1.000€ für jede Kaufentscheidung, in diesem Fall unabhängig von der jeweiligen Höhe des aktuellen Strompreises. Dieses Budget konnte für jeden Kaufentscheid eingesetzt werden und es musste in jeder Frageschleife auch ein Gerät gewählt werden.

Der Unterschied zwischen der Experimental- und der Kontrollgruppe bestand nun in der Chance für die TeilnehmerInnen, in einer der Experimentalgruppen die Summe des verbleibenden fiktiven Budgets real zu gewinnen. Über die unterschiedlichen Frageschleifen hinweg wurde das verbleibende Geld aus den Budgets für die TeilnehmerInnen aufsummiert und diese nach jeder getroffenen Kaufentscheidung über den aktuellen Stand informiert. Zu Beginn des Experiments wurden die TeilnehmerInnen der Experimentalgruppen ebenfalls darüber in Kenntnis gesetzt, dass jeder Euro, welchen sie am Ende des Experiments übrig hatten, mit etwas Glück einen Eurocent Barauszahlung bedeuten konnte. Jedoch erfolgte keine automatische Barauszahlung, sondern die ProbandInnen würfelten nach der Beantwortung aller Fragen um ihr restliches Budget. Auf dem Computerbildschirm erschien nach Beantwortung der letzten Frage der Untersuchung ein Fenster, welches den finalen Stand des Gesamtguthabens wiedergab, sowie die Umrechnung dieses Gesamtbudgets in eine mögliche reale Summe Bargeld. Zu Beginn des Experiments wurde darüber informiert, dass diese reale Summe sich über die Frageschleifen um bis zu 35€ aufsummieren konnte. Das war der rechnerische Maximalbetrag, den ein(e) ProbandIn im Experiment gewinnen konnte. Hierfür mussten diese am Ende des Experiments am Stand würfeln und bekamen die auf ihrem Rechner angezeigte Summe bei einer Sechs direkt in bar ausgezahlt. Wer keine sechs würfelte, bekam als Dank für die Teilnehme eine Tafel Schokolade. Diese bekamen auch alle TeilnehmerInnen aus der Kontrollgruppe - selbstverständlich automatisch und ohne zu würfeln. Um sicher zu gehen, dass die Idee des Experiments und des Budgets auch verstanden worden war, wurde der ersten Frageschleife für den Kaufentscheid auch eine kleine Proberunde vorgeschaltet, welche genau wie die Fragen im Experiment gestaltet war, im Anschluss jedoch keine reale Gewinnmöglichkeit beinhaltete. Diese Proberunde absolvierten alle TeilnehmerInnen, sowohl in der Kontroll- als auch der Experimentalgruppe.[51] Diese Tatsache ist relevant für die Gegenüberstellung der Ergebnisse der verschiedenen Gruppen des Experiments.

Die TeilnehmerInnen in der Kontrollgruppe wurden jedoch weder über die Möglichkeit eines Gewinns informiert, noch hatten sie abschließend die Möglichkeit zu würfeln. Die ProbandInnen befanden sich somit in einer „klassischen" Art der Befragungssituation. Die Entscheidungen, welche sie im Experiment trafen, hatten für sie keine realen finanziellen Konsequenzen.

Das Treatment im Experiment bestand somit in der Einführung eines direkten finanziellen Anreizes für die Experimentalgruppe, dessen Wirkung sich über einen Vergleich mit der Kontrollgruppe bestimmen lässt. Neben diesem Treatment gab es auch noch eine weitere Manipulation zwischen den drei Experimentalgruppen. Da die drei Experimente in unterschiedlichen Städten stattfanden wurden aus drei unterschiedlichen Settings die Gruppen gezogen. Wie sich diese drei Gruppen unterscheiden und inwiefern sie sich von der Kontrollgruppe unterscheiden, bzw. sich ihr Unterschied auf die Wirkung des Treatments zurückführen lässt, ist Teil der Untersuchung über die Randomisierung.

---

[51] Die Ergebnisse aus der Proberunde wurden nicht gespeichert.

4.2.2 Die Auswahl der Geräte

Für das Experiment wurden Kühl- und TV-Geräte als Haushaltsgeräte gewählt, um hieran die Kaufentscheidungen im Experiment zu überprüfen. In der Pilotstudie wurde weiterhin der Wäschetrockner mit einbezogen. An diesem Gerät konnte die Zahlungsbereitschaft jedoch nicht ohne weiteres gemessen werden, wie bereits oben dargelegt. Kühl- und TV-Geräte haben zudem den Vorteil, dass sie eine sehr hohe Ausstattungswahrscheinlichkeit in Haushalten haben. Fast jeder deutsche Haushalt besitzt ein Gerät und dies nimmt der Fragestellung nach Kaufentscheidungen für Haushaltsgeräten ihren hypothetischen Charakter. Vor allem sind Kühl- und TV-Geräte aber auch die beiden Haushaltsgeräte, welche den höchsten Stromverbrauch in privaten Haushalten verursachen.[52] Durch eine umfangreiche Studie des Öko-Instituts in Freiburg wurden daher auch diese beiden Haushaltsgeräte als die Zielgrößen mit den größten Einsparpotenzialen in Privathaushalten identifiziert (Bürger 2009).

Die meisten Kühlschränke werden in den Energieeffizienzklassen B bis A++ angeboten. Bei Fernsehgeräten existiert kein vergleichbares Effizienzlabel, was die Einordung der handelsüblichen Geräte erschwert. Hier wurde ein Gerät mit einer Flachröhre einem Strom sparenden LCD-Flachbildfernsehgerät gegenübergestellt. Die Auswahl der hier vorgestellten Geräte war zufällig. Dies war wichtig, damit die simulierte Kaufentscheidung im Experiment möglichst wenig durch das Untersuchungsdesign vorbestimmt war: Ziel war es, eine Situation nachzuahmen, auf die VerbraucherInnen in einem „ganz normalen Laden" treffen könnten.

Bei den Kühlschränken wurde darauf geachtet, dass Kühlvolumen und Ausstattung weitestgehend identisch waren. Aus einer Liste, welche sich aus Angeboten unterschiedlicher Online-Versandhäuser zusammensetzte, wurden die 10 Geräte der jeweiligen Klasse ausgesucht, welche am häufigsten angeboten wurden. Aus dieser Liste wurde dann wiederum ein Gerät gelost, welches die entsprechende Kategorie beispielhaft vertreten sollte. Dieses Auswahlverfahren sollte möglichst nah an eine zufällige Auswahl vorhandener

---

[52] Der Stromverbrauch von Stromheizungen und s.g. Stand-By-Verlusten ist ebenfalls beträchtlich. Diese beiden Verbräuche, die durch die gleiche Studie des Öko-Instituts in Freiburg als Zielgrößen für politische Interventionsansätze zur Stromreduktion identifiziert werden konnten, entstehen jedoch nicht durch Haushaltsgeräte. Vielmehr unterliegt die Stromheizung sehr komplexen Investitionsentscheidungen, welche in Deutschland zudem auch nur recht wenige Haushalte betreffen und die Stand-By-Verluste sind sehr stark auf Verhaltensmuster und nicht auf Kaufentscheidungen zurückzuführen. Daher eignen sich zur Untersuchung von Haushaltsgeräten besonders die Kühl- und TV-Geräte.

Geräte herankommen. Die zufällige Auswahl ergab eine Konstellation, in welcher sich das A- und das A+-Gerät kaum voneinander unterschieden. Daher wurden diese im Experiment zu einer gemeinsamen Gruppe zusammengefasst. Das Klasse B-Gerät ist dem hingegen deutlich billiger und verbraucht auch mehr Strom. Das Gerät der Klasse A++ ist entsprechend deutlich teurer und verbraucht sehr viel weniger Strom. Somit wurde in dem Experiment nach den drei unterschiedlichen Geräten A++, A+ und B gefragt, welche sich im Wesentlichen durch ihren Stromverbrauch (kWh pro Jahr und Energieeffizienzklasse) und den Kaufpreis unterschieden.

Die am Markt gehandelten Fernsehgeräte lassen sich in drei Gruppen von Geräten einteilen: Röhren-, LCD- und Plasma-Fernsehgeräte. Plasma-Fernsehgeräte verbrauchen je nach Helligkeit des Bildes unterschiedlich viel Strom, wodurch der durchschnittliche Stromverbrauch unterschiedlich hoch geschätzt wird. Daher eignen sich Plasma-Fernsehgeräte hinsichtlich der Verbrauchsangaben nicht für das vorliegende Experiment. Die beiden Röhren- und LCD-Geräte wurden nach den Kriterien ausgewählt, relativ nahe an dem charakteristischen Stromverbrauch der Gerätegruppe für die entsprechende Bilddiagonale zu liegen und von der technischen Ausstattung her vergleichbar zu sein. Als charakteristischer Stromverbrauch wird hier bezeichnet, was in Gerätetests eines beliebten Konsumentenmagazins als „normal" angegeben wurde. Für alle ausgewählten Geräte wurden im Stromspar-Experiment Bilder der Geräte und die Herstellerangaben verwendet. Angaben zur Marke, bzw. der genaue Name des Herstellers, wurden aus den Bildern und Herstellerangaben entfernt.

Der Pre-Test des Experiments hat gezeigt, dass einige ProbandInnen bei der selbstständigen Beantwortung der Fragen am Computer die ersten Bildschirme mit der Erklärung und den Anweisungen für das Experiment schnell weiterklickten. Spätestens nach Erhalt des ersten Budgets führte dies zu Problemen. Daher wurden die MitarbeiterInnen und HelferInnen am Experiment dazu angehalten, nach der Anweisung des Computerplatzes zu Beginn einen kurzen Blick darauf zu haben, ob die Erläuterungen über die Funktion des Treatments auch gelesen wurden. Wenn dies nicht der Fall war, wurde das Experiment an dem jeweiligen Rechner neu gestartet.

4.2.3 Ablauf des Experiments

Als letzter Punkt zum gewählten Design des Experiments, soll der genau Ablauf, bzw. die Abfolge oder der Durchlauf der TeilnehmerInnen im

Stromspar-Experiment dargestellt werden. Die nachfolgende Abbildung fasst diesen Durchlauf zusammen; im Anschluss werden die einzelnen Schritte, durch welche die ProbandInnen am Computer geführt wurden, zusammengefasst.

Abbildung 3 Durchlauf der TeilnehmerInnen im Experiment

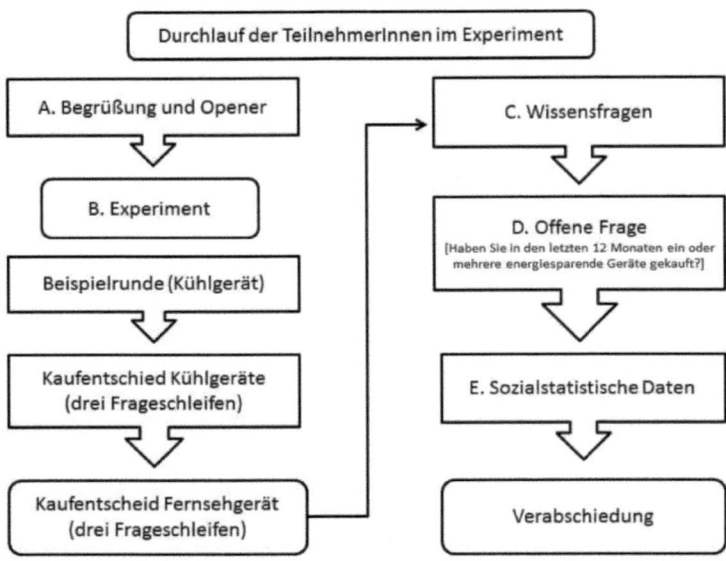

Alle TeilnehmerInnen am Experiment hatten den exakt gleichen Ablauf des Experiments vor sich, wie ihn die graphische Übersicht oben wiedergibt. Der einzige Unterschied zwischen den Kontroll- und den Experimentalgruppen bestand in der Information über die Möglichkeit, die Summe der Budgets zu einem Teil zu gewinnen. Diese Information fehlte der Kontrollgruppe zu Beginn. Die Informationen und eine Erklärung über den genauen Ablauf der Untersuchung standen am Beginn des Experiments. Jedoch waren diese sehr allgemein gehalten und haben die ProbandInnen somit nicht auf den zentralen Inhalt des Experiments aufmerksam gemacht.

140

Alle TeilnehmerInnen starteten mit zwei Opener-Fragen [A],[53] die ohne eine wissenschaftliche Relevanz wahren. Diese beiden Fragen dienten nur der Einstimmung auf die Untersuchung. Hiernach begann das Experiment [B]. Nachdem die TeilnehmerInnen eingangs eine Art Holzschnitt der Untersuchung bekommen hatten, wurde ihnen an dieser Stelle das Experiment noch einmal genauer dargestellt. Die Kontrollgruppe erfuhr auch hier nichts von der Möglichkeit, dass ein Teil des Budgets real ausgezahlt werden könnte. Für sie blieb der fiktive Moment des Budgets bestehen. Das Experiment startete mit einer Proberunde, welche für ein besseres Verständnis des Experiments sorgen sollte und das Verständnis der Funktion des Budgets sicherstellte.[54] Hiernach folgte das richtige Experiment, in welchem die Entscheidungen der ProbandInnen auch einen Einfluss auf deren Budget hatten. Zunächst wurden die drei Frageschleifen zum Kühlgerät durchlaufen und hiernach die Fragen bezüglich des TV-Gerätes. Das bedeutet, dass in jeder Frageschleife der Strompreis um jeweils 25% erhöht wurde. In jeder Frageschleife wurde die individuelle Präferenz der TeilnehmerInnen für die jeweilige Auswahl an Geräten bestimmt. In der Kategorie Kühlgeräte wurden drei Geräte mit Bildern und Herstellerangaben gegenübergestellt. Dies waren ein A+ Gerät, welches 399€ kostete und 120 kWh verbrauchte, ein A++ Gerät welches 599€ kostet und 88 kWh verbrauchte, sowie ein B Gerät welches 209€ kostete und 164 kWh im Jahr verbrauchte. Die TeilnehmerInnen wurden gebeten, sich für ein präferiertes Gerät zu entscheiden, dann wurde der Strompreis von 20 auf 25 c/kWh erhöht, um im Anschluss noch einmal von 25 auf 30 c/kWh zusteigen. Bei jeder dieser Frageschleifen wurden die ProbandInnen erneut gefragt, für welches der drei Geräte sie sich nun entscheiden würden. In der Kategorie TV-Geräte wurden zwei Geräte gegenüber gestellt: Ein Flachröhrengerät und ein effizienteres LCD Gerät, welche im Übrigen identische technischen Merkmalen aufwiesen. Das Flachröhrengerät kostete 399€ und verbrauchte 250 Watt pro Stunde, das LCD Gerät hingegen nur 180 Watt pro Stunde. Die ProbandInnen wurden gefragt, wie viel sie bereit wären für das effizientere Gerät mehr zu bezahlen. Hierbei gab es die Möglichkeit, die Zahlungsbereitschaft in 25€ Schritten[55] per Pfeil-

---

[53] Die Buchstaben sind identisch mit den auf der beiliegenden CD befindlichen kompletten Fragebögen, welche den Ablauf des Experiments anhand jeder einzelnen Frage, sowie deren genauer Ausformulierung wiedergeben.

[54] Die Proberunde wurde nach dem Pre-Test eingeführt, da an dieser Stelle Fragen aufkamen, ob man das Experiment mitten im Ablauf noch einmal neu starten könnte, da erst jetzt verstanden worden sei, wie die Runden funktionieren. Um hierdurch keine Verzerrungen im richtigen Experiment zu riskieren, wurde die Proberunde vorgeschaltet.

[55] Der 25€ Schritt ist ein Kompromiss, der aus der Pilot- Untersuchung entstand. Hier bestand noch die Möglichkeit, in einzelnen Euro-Schritten die Kaufbereitschaft zu erhöhen. Die StudentInnen,

tasten nach oben oder unten zu signalisieren, d.h., die Zahlungsbereitschaft zu erhöhen, oder auch wieder herabzusetzen. Hierbei wurde der Strompreis ebenfalls nach dem oben beschriebenen Muster stufenweise angehoben und die Personen bei jeder Frageschleife erneut nach ihrer Zahlungsbereitschaft gefragt. Durch dieses Verfahren konnte zum einen die Preiselastizität für den Kühlschrank bestimmt werden, sowie die Zahlungsbereitschaft für das effiziente TV-Gerät.

Nach dem Experiment wurden einige Wissensfragen an die TeilnehmerInnen gestellt [C]. Hierbei wurden einige Fragen zum allgemeinen Wissen über den Stromverbrauch (bspw.: „Welche Geräte verbrauchen den meisten Strom im Haushalt?") und zum individuellen Verbrauch gestellt (bspw.: „Wie hoch ist ihr monatlicher Abschlag für Strom?"). Hiernach wurde noch durch einen offenen Frageblock gefragt, ob die TeilnehmerInnen in den letzten zwölf Monaten ein stromsparendes Haushaltsgerät gekauft haben (D). Hintergrund dieser Frage war es zu erfahren, ob Personen, welche sich u.U. in den letzten Monaten beim Kauf haben beraten lassen, neugewonnene Erkenntnisse aus dem Beratungsgespräch mit in die Entscheidungen im Experiment einfließen lassen würden. Aus diesem offenen Fragenblock kam jedoch kein Ergebnis heraus, welches einen Einfluss eines Beratungsgesprächs, oder der eigenen Informationssuche auf die Kaufentscheidung nahelegte. Der letzte Fragenblock des Experiments umfasste die sozialstatistischen Daten [E]. Hierbei wurde gezielt nach den Faktoren gefragt, welche in der Literatur als wichtige Einflussfaktoren für den Stromverbrauch benannt werden: die Haushaltsgrößenklasse (Personen pro Quadratmeter Wohnfläche), das Einkommen, der Bildungsgrad, das Alter, der Informationstand, individuelle Normen und Einstellungen, sowie die Frage, ob die Personen im Eigenheim oder zur Miete wohnen (Brohmann 2009; Hamenstädt 2008). Diese Daten wurden mit der Intention erhoben, mehr über den Zusammenhang zwischen dem im Experiment bekundeten Kaufverhalten und anderen möglicherweise das Verhalten determinierenden Faktoren herauszufinden. Genau hierfür können die Daten auch bei der abschließenden Diskussion der Ergebnisse des Experiments genutzt werden; zur Illustration, welcher Mehrwert in der Verwendung experimenteller Designs und der Verknüpfung dieser Methodik mit etablierten Befragungsdesigns in der umweltpolitischen Forschung liegt. Hierüber hinaus können die als signifikante Einflussgrößen identifizierten Faktoren dazu genutzt

---

welche diesen Aufbau testeten, gaben jedoch an, dass sie aus technischen Gründen eine geringere Zahlungsbereitschaft für das Gerät angegeben hätten (zu viele Ausklicks). Daher wurde mit der Erhöhung der Schrittfolgen von 1€ auf 25€ ein Kompromiss zwischen der Genauigkeit der Abfrage im Experiment und Genauigkeit der Angabe durch die ProbandInnen getroffen.

werden, den Mechanismus der Randomisierung im Experiment auf seine Güte zu überprüfen. Wenn bei der Auswahl der ProbandInnen die Rekrutierung zu den einzelnen Gruppen eine Verzerrung zwischen mehreren Variablen aufgetreten seien sollten, wären die Ergebnisse des Kaufentscheids unter Umständen nicht allein auf die Einführung finanzieller Anreize als Treatment in das Forschungsdesign zurückzuführen. Eine Homogenität der Gruppen im Experiment in Bezug auf die oben genannten Faktoren wäre somit das geeignete Prüfkriterium für die Funktion des Mechanismus der Randomisierung im Feld und der hiermit verbundenen Aussage über die Möglichkeit der Kontrolle von Drittvariablen. An dieser Stelle wird die statistische Prüfung im Abschnitt über die Randomisierung ansetzen.

4.3   Hypothesen

Aus dem Stromspar Experiment lassen sich fünf Hypothesenpaare generieren, welche die eingangs bereits besprochenen drei großen Fragenkomplexe abdecken. Diese betreffen neben methodischen Fragen der Randomisierung im Feld weiterhin auch zentrale Zukunftsfragen der experimentellen Forschung in der Politikwissenschaft. So ist die Integration finanzieller Anreize in der experimentellen Politikwissenschaft nicht unumstritten (Morton und Williams 2010: 526). Da dies jedoch das Treatment in dem hier dargestellten Experiment war, bietet die Untersuchung des hierin zugrundeliegenden Datensatzes gerade auf diese Frage eine Antwort. Auch ist mit der Rolle von finanziellen Anreizen in Experimenten im Allgemeinen die Frage verbunden, wie sie bei umweltbezogenen Experimenten im Besonderen wirken. Diesem Fragen- und Problemkomplex soll sich durch die vorliegende Untersuchung angenähert werden.

Im Folgenden wird nur die Hypothese selbst und nicht deren Negation in der Nullhypothese wiedergegeben. Zudem wird eine Erklärung zum Vorgehen bei der Prüfung der Hypothesen gegeben. Abschließend werden die vier Hypothesen kurz zusammengefasst.

1. Hypothese: es gibt zwischen der Experimental- und Kontrollgruppe, welche beide in Münster erhoben wurden, keine Verzerrung der Drittvariablen. Unter Drittvariablen werden die Einflussfaktoren verstanden, die einen signifikanten Einfluss auf den Kaufentscheid im Experiment hatten. Diese erste Hypothese ist somit eine Hilfshypothese, um die im Experiment eingeführte Manipulation (finanzielle Anreize) als Treatment behandeln zu können, denn wenn eine Verzerrung zwischen den beiden Gruppen aus

Münster vorläge, ließe sich ein Unterschied zwischen den Kaufentscheidungen der beiden Gruppen nicht mehr auf das gegebene Treatment
zurückführen. Die erste Hypothese stellt somit die Frage, ob es sich bei dem
hier behandelten Experiment auch nach der im Theorie- und Methodenteil
entwickelten definitorischen Abgrenzung um ein Experiment handelt. Da
dieses eine Grundvoraussetzung für die Untersuchung möglicher weiterer
Resultate ist und direkt die Frage der Randomisierung im Experiment
betrifft, wird diese erste Hypothese bereits als Punkt der Beschreibung des
Randomisierungsmechanismusses selbst geprüft (Punkt 4.4).

2. Hypothese: Es gibt einen Unterschied zwischen Experimental- und
Kontrollgruppe im Hinblick auf die angegebenen Kaufentscheidungen für
den Kühlschrank im Experiment. Dieser lässt sich auf die Einführung
finanzieller Anreize als Treatment zurückführen und ist nicht durch andere
Variablen beeinflusst (Hypothese 1). Dieser Unterschied zwischen den
beiden Gruppen sollte signifikant sein (T-Test) und auf einer aussagekräftigen quantitativen Grundlage beruhen (Power-Test). Hierfür werden
die absoluten und relativen Werte der Kaufentscheidung nebeneinander-
gestellt. Aus dieser Nebeneinanderstellung sollte (im Idealfall) ersichtlich
sein, dass es einen Unterschied zwischen den beiden Gruppen gibt. Hiernach folgen die oben genannten analytischen Testverfahren um diese
Gegenüberstellung auf eine statistisch fundierte Grundlage zu stellen.
Abschließend muss der Effekt des Treatments untersucht werden, d.h., die
Frage geklärt werden, um wie viel Prozent die Einführung des Treatments
die Kaufentscheidung beeinflusst.

3. Hypothese: Es gibt einen Unterschied zwischen Experimental- und
Kontrollgruppe im Hinblick auf die angegebenen Kaufentscheidungen für
das TV-Gerät im Experiment. Während die Kaufentscheidung für das Kühlgerät einer ordinalen Aufteilung entlang der Geräteklassen folgt, bestehen
die Kaufentscheidungen für das TV-Gerät aus metrischen Werten. Die
beiden Mittelwerte für jede Frageschleife des TV-Gerätes im Experiment
lassen sich daher gegenübergestellt sogar noch etwas leichter abbilden als
dies beim Kühlschrank der Fall ist. Hiernach kann die Signifikanz, die
Aussagkraft und der Effekt des Treatments nach dem gleichen Muster wie
in der letzten Hypothese dargelegt, analysiert werden.

4. Die Experimentalgruppen unterschieden sich nicht systematisch, bzw. von
der Kontrollgruppe, welche in Münster erhoben wurde. Wenn dies der Fall
ist, können die Ergebnisse des Experiments nach dem gleichen Muster wie
in Hypothese zwei und drei ausgeführt, durch die Wahl anderer Pools
verglichen werden. Da diese Frage wie Hypothese 1 die Randomisierung

im Experiment betrifft, wird sie auch unter diesem Punkt behandelt. Entlang der Hypothese soll aus methodischer Sicht auch danach gefragt werden, wie die Wahl der Grundgesamtheit (in diesem Falle die gewählte Stadt) die Ziehung im Experiment beeinflusst. Hierdurch können Aussagen über die Bedeutung der Wahl des Settings für die Erhebung der jeweiligen Gruppe im Experiment getroffen werden.

5. Durch die Einführung finanzieller Anreize in das Forschungsdesign ist es gelungen, neben methodischen Fragestellungen auch inhaltliche Problemstellungen zu klären. Die Daten zur Kreuzpreiselastizität von Strom und Strom sparenden Haushaltsgeräten, sowie die Daten zur Zahlungsbereitschaft lassen Rückschlüsse auf bestehende (inhaltliche) Forschungslücken zu. Die Ergebnisse des Experiments lassen sich zudem auf die Ergebnisse der ergänzenden Befragung beziehen, wodurch sich politische Implikationen und Handlungsempfehlungen aus dem Experiment ableiten lassen.

Tabelle 5 Hypothesen

Hypothese	Inhalt	Bedeutung
1	Die Randomisierung im Experiment ist auch im Feld geglückt	Hilfshypothese
2	Es gibt einen systematischen Unterschied zwischen Experimental- und Kontrollgruppe betreffen die Entscheidungen zum Kauf des Kühlschrankes, welcher sich auf die Einführung finanzieller Anreize im Forschungsdesign zurückführen lässt.	Haupthypothese
3	Es gibt einen systematischen Unterschied zwischen Experimental- und Kontrollgruppe betreffen die Entscheidungen zum Kauf des TV-Gerätes, welcher sich auf die Einführung finanzieller Anreize im Forschungsdesign zurückführen lässt.	Haupthypothese

4	Es gibt keinen systematischen Unterschied zwischen den unterschiedlichen Experimentalgruppen im Hinblick auf die Drittvariablen. Hierdurch können bei diesen beiden Gruppen die Hypothesen zwei und drei ebenfalls geprüft werden.	Ergänzende Hypothese
5	Durch die Form der experimentellen Untersuchung lassen sich umweltpolitische Implikationen für die inhaltliche erkenntnisleitende Fragestellung des Experiments ableiten.	Inhaltliche Hypothese

4.4 Randomisierung im Experiment

Bei der Darlegung der verwendeten Methode der Randomisierung im Stromspar Experiment bedarf es zweier Schritte: Zunächst die unter dem Punkt der Randomisierung gefassten Items müssen entlang der Idee der CONSORT Statements Tabelle diskutiert werden. Danach stellt sich das Problem, dass durch die Verlagerung des Experimentallabors in das Feld eine Randomisierung im klassischen Sinne nicht möglich war, d.h. es gab keinen Zufalls-mechanismus, welcher die ProbandInnen zu dem einen oder dem anderen Experimentallabor (einmal mit und einmal ohne finanzielle Anreize im Forschungsdesign) zugewiesen hätte. Die Gruppen wurden daher nacheinander mit den unterschiedlichen Aufbauten des Experiments erhoben. Hierbei lag die Unterstellung zugrunde, dass sich die sozialstatistischen Faktoren bei einer zweimaligen Ziehung aus der Fußgängerzone in Münster mit einem signifikanten Einfluss auf das Kaufverhalten über die Gruppengröße ausmendeln würden. Ob dies der Fall ist, soll in einem zweiten Schritt der Darlegung über die verwendete Randomisierung geklärt werden. Ergänzend hierzu wird drittens die vierte Hypothese aus dem letzten Abschnitt in diesem Kontext behandelt werden, denn wenn die Experimentalgruppen aus Essen und Magdeburg sich ebenfalls nicht durch Verzerrungen bei den Drittvariablen unterscheiden sollten, könnten diese beiden Gruppen für weiterführende Analysen aufschlussreich sein.

Der hier vorliegende Abschnitt über die im Experiment angewendete Randomisierung erfüllt somit einerseits die Aufgabe, die verwendete Technik dazulegen und zum anderen deren Güte zu bestimmen. Abschließend wird die Möglichkeit untersucht, ob die beiden zusätzlichen Experimentalgruppen zur Klärung der in dieser Untersuchung herausgearbeiteten Fragestellungen etwas beitragen können.

4.4.1 Ablauf und Implementierung

Die TeilnehmerInnen am Experiment wurden in Fußgängerzonen in unterschiedlichen deutschen Städten rekrutiert. Dies geschah stets mit dem gleichen Ansprachetext, welcher auch festlegte, welche Informationen von den HelferInnen über die Untersuchung weitergegeben werden durften. Die TeilnehmerInnen am Experiment konnten die Fragen im Experiment anonym an Laptops beantworten. Für den Fall, dass es durch die TeilnehmerInnen gewünscht wurde, konnten sie von den HelferInnen unterstützt werden. Für die HelferInnen beim Experiment war es einsichtig, ob die Erhebung und somit auch die/der ProbandIn zur Experimental- oder zur Kontrollgruppe gehörte. Für die TeilnehmerInnen am Experiment war dies nicht ohne weiteres zu erkennen. Nur für den Fall, dass eine Person bei beiden Erhebungen am Untersuchungsstand vorbeigekommen wäre und beide Male teilgenommen hätte, wäre das gegebene Treatment sichtbar geworden. Ob es eine(n) solche ProbandIn gab, kann nicht mit Sicherheit gesagt werden; fest steht nur, dass keinerlei Kommentare bezüglich einer wiederholten Teilnahme von Seiten der ProbandInnen geäußert wurden. Wenn eine Doppel-Teilnahme vorgekommen wäre, hätte dies aber auch zu keiner Verzerrung des Datensatzes geführt.

Anhand der erhobenen Datensätze kann nicht nachverfolgt werden, welche Person welche Entscheidungen getroffen hat. Einzig wenn eine Person aus der Experimentalgruppe einen Gewinn bekam, wurde die Auszahlung der Gewinnsumme quittiert. Die Quittierung musste erfolgen, um die Verwendung der Gelder nachzuhalten. Die Daten wurden jedoch nirgends gespeichert oder hinterlegt, sondern lediglich an der Universitätskasse mit dem verbliebenen Kassenstand des Experiments hinterlegt.

Für die Messung des Outputs wurden drei Größen festgelegt. Die Messung der Preissensitivität sollte anhand des Kühlschranks vorgenommen werden. Da die unterschiedlichen Geräte sich jeweils einer Geräteklasse zuordnen ließen, konnten diese Werte ordinal skaliert werden - nach der Effizienz der Geräte. D.h., die Anzahl der verkauften Geräte ließ sich für die einzelne Klasse, sowie die Frageschleife bestimmen. Durch die ordinale Skalierbarkeit entlang der Geräteklassen lässt sich zudem ein Mittelwert für die gesamten im Experiment getroffenen Kaufentscheidungen bestimmen, welcher quasi die Höhe des gewählten Effizienzniveaus der Geräte wiedergibt. Bei der Kaufentscheidung für das TV-Gerät ist die Messung des Outputs weitaus leichter, denn die Daten liegen bereits metrisch vor und können so direkt miteinander verglichen werden; ohne zusätzliche Kodierung oder Umformung der Variablen. Die sozial-statistischen Daten decken die ganze Bandbreite unterschiedlicher Outputs ab. Bei den im Rahmen dieser Arbeit durchgeführten Analyseschritten dienen sie jedoch nur zur Analyse der Güte der Randomisierung im Experiment, sowie zur späteren Illustration der sich aus dem Experiment und der Befragung ergebenden politischen Implikationen.

4.4.2   Güte der Randomisierung

Zur Klärung der Hilfshypothese, oder auch Hypothese 1 aus dem letzten Abschnitt, wurden die in der Sekundärliteratur als relevant identifizierten Einflussfaktoren auf den Kaufentscheid untersucht. Tabelle 6 zeigt, dass sich Kontroll- und Experimentalgruppe hinsichtlich der sozialstatistischen Dritt-variablen mit Einfluss auf den Kaufentscheid nicht unterscheiden. Die selbstselektive Auswahl der TeilnehmerInnen hat somit scheinbar nicht zu einer systematischen Verzerrung zwischen Kontroll- und Experimentalgruppe geführt.

Um möglichen Verwirrungen vorzubeugen: Es wurde bei der Analyse auf einen Unterschied zwischen den Gruppen bei den Mittelwerten der Variablen geprüft. Die Hypothese dieses Prüfungsverfahren ist anhand der hier wieder-gegebenen Daten zu falsifizieren. Dies bedeutet jedoch andersherum, dass die hier zu prüfende Hypothese wahrscheinlich wahr ist: Die Experimental- und Kontrollgruppe aus Münster unterscheidet sich demnach nicht in Bezug auf die relevanten Drittvariablen.

Zweitens ist darauf hinzuweisen, dass bei der Analyse eine Beschränkung auf die Drittvariablen vorgenommen wurde, deren Einfluss auf den Kauf-entscheid im Experiment nachgewiesen werden konnte. Wie groß der Einfluss der einzelnen Variablen ist, kann dem Anhang dieser Arbeit, oder Hamenstädt (2009) entnommen werden.

Tabelle 6 T-Test der Drittvariablen

T-Test (unabhängige Stichproben)	t	df	Signifikanz[56]	Mittlere Differenz (zwischen den Gruppen)	Standard fehler der Differenz
Alter	-.114	374	.909	-.2266	1.98912
Geschlechterverhältnis	-.683	370	.248	-.0354	.05179
Bildung[57]	.904	361	.366	.1277	.14115
Miete/Eigenheim	.624	369	.262	.0291	.04663
Einkommen[58]	.094	352	.925	.0137	.14628

Wie die Tabelle zeigt, ist die Randomisierung beim Experiment auch im Feld geglückt. Die Kontroll- und die Experimentalgruppe aus Münster unterscheiden sich im Experiment nicht in Bezug auf relevante Drittvariablen. Daher eignet sich ein Vergleich der beiden Gruppen, um Aussagen über den Effekt des Treatments durch die Integration finanzieller Anreize in das Forschungsdesign zu untersuchen.

4.4.3 Zusätzliche Experimentalgruppen

Abschließend soll in diesem Abschnitt die ergänzende Hilfshypothese 4 behandelt werden. Sollten die beiden in Magdeburg und Essen erhobenen Datensätze bei den Drittvariablen keine systematischen Verzerrungen aufweisen, können diese beiden Erhebungen ebenfalls zur Analyse herangezogen werden. Die im Anhang aufgeführten Daten aus dem Vergleich zwischen den unterschiedlichen Gruppen im Experiment zeigen jedoch, dass immer mehr als eine Variable durch die veränderte Auswahl des Erhebungsortes

---

[56] Für die Variablen Alter, Bildung und Einkommen wurde ein beidseitiger Signifikanztest durchgeführt. Aufgrund der bivarianten Ausprägung der beiden anderen Variablen wurde deren Signifikanzwert in dieser Darstellung halbiert.

[57] Hier wurde nach dem höchsten Bildungsabschluss der TeilnehmerInnen gefragt. Die Angaben wurden von „kein Schulabschluss" (Kodierung: 1) bis „Hochschulabschluss" (Kodierung: 6) gruppiert.

[58] Das Einkommen wurde in der Befragung der TeilnehmerInnen am Experiment in 1000 € Schritten erfragt. Die Kategorien wurden fortlaufend mit einstelligen Zahlen codiert.

variiert. Hierdurch ist keine systematische Analyse der Daten im Sinne eines experimentellen Forschungsdesigns möglich.

Denn der Vergleich der Varianzen und der Mittelwerte zeigt, dass es erhebliche Unterschiede zwischen den unterschiedlich gewählten Standorten zur Erhebung der Daten gibt. Der ursprünglichen Fragestellung des Experiments kommt dieser Befund entgegen, welche genau auf diese Unterschiede abzielte und stärker in der Logik der befragenden Forschung eine möglichst breite und heterogene Menge abdecken wollte. Für den hier zu untersuchenden Sachverhalt, unter der Anwendung strengerer Kriterien bezüglich der Definition experimenteller Forschungsdesigns, bedeutet dies jedoch, dass die Daten aus Essen und Magdeburg nicht für eine Analyse des Experiments herangezogen werden können. Es wäre nötig gewesen, auch in diesen beiden Städten Kontrollgruppen zu erheben. Der Effekt des Treatments könnte dann als Vergleichsgröße zwischen den unterschiedlichen Standorten herangezogen werden. Wie gesagt, ist dieser Auswertungsschritt hier jedoch nicht möglich, weshalb die beiden ergänzenden Experimentalgruppen aus Magdeburg und Essen aus der Analyse ausgeschlossen werden.

Zusammenfassend bietet der Abschnitt über die Randomisierung einen Einblick in die gewählte Technik. Wie bereits im methodischen Teil dieser Arbeit besprochen, stellt die Randomisierung gerade bei Experimenten im Feld eine besondere Herausforderung dar. Wie dieses Problem für das Stromspar Experiment gelöst wurde und welche weiterführenden Probleme sich hieraus ergeben könnten, wurde besprochen. Der Abschnitt umfasste aber auch die ersten Analysen und Überprüfungen der im letzten Abschnitt entwickelten Hypothesen. Die erste (Hilfs-)Hypothese konnte bestätigt werden, wodurch bei den Ergebnissen die Hypothesen zwei und drei direkt geprüft werden können. Hypothese vier ist hingegen zu verwerfen; die erlaubt bei der weiteren Analyse eine Fokussierung auf die beiden Gruppen im Experiment.

4.5   Resultate

Bei der Darstellung der Resultate des Experiments lässt sich durch die oben durchgeführte Analyse eine Fokussierung auf die Wirkung finanzieller Anreize in experimentellen Forschungsdesigns vornehmen. Zudem können die Analysen auf den Vergleich der beiden Gruppen aus Münster beschränkt werden. Die Variation der Erhebungsorte ermöglichte im Sinne der befragenden Forschung zwar die Interpretation der Erhebung auf der Grundlage unterschiedlicher Datensätze (Hamenstädt 2009), führte aber bei einer Betrachtung aus einer

150

experimentellen Forschungsperspektive zu dem Resultat, dass die beiden anderen Experimentalgruppen aus Magdeburg und Essen aus weiteren Analysen ausgeschlossen werden sollten. Daher werden im Folgenden die Ergebnisse aus der Analyse der Kühl- und der TV-Geräte im Experiment vorgestellt. Hierbei wird sich auf die Daten aus Münster gestützt. Abschließend werden in diesem Abschnitt Auswertungen durchgeführt, die zur Verbesserung der Output-messung bei den Daten herangezogen werden können.

4.5.1 Untersuchung des Kühlgerätes

Zu prüfen ist, ob die Einführung finanzieller Anreize als Treatment zu einem Unterschied im bekundeten Kaufverhalten für das Kühlgerät geführt hat. Hierzu wird sich der Frage erst einmal deskriptiv angenähert, bevor sie näher analytisch beleuchtet wird und zuletzt der Effekt des gegebenen Treatments besprochen wird. Die nachfolgende Tabelle zeigt bei den absoluten und relativen Häufigkeiten der gewählten Geräte, unterteilt nach den Frageschleifen (unterschiedliche Strompreise) und Geräteklassen die gewählt wurden. Bereits bei dieser ersten Gegenüberstellung der Ergebnisse zeigt sich ein deutlicher Unterschied zwischen den beiden Gruppen im Experiment. Die graphische Darstellung dieses direkten Vergleichs der Experimental- und Kontrollgruppe befindet sich im Anhang dieser Arbeit.

Tabelle 7 Kaufentscheidung für den Kühlschrank

Kaufentscheidung: Kühlschrank		Experimentalgruppe (n= 194)		Kontrollgruppe (n=183)	
		Häufigkeit	Prozent	Häufigkeit	Prozent
20 c/kWh	A++	79	40,72	107	58,47
	A+	84	43,30	62	33,88
	B	31	15,98	14	7,65
25 c/kWh	A++	89	45,88	108	59,02
	A+	77	39,69	61	33,33
	B	28	14,43	14	7,65
30 c/kWh	A++	108	55,67	119	65,03
	A+	64	32,99	48	26,23
	B	22	11,34	16	8,74

Bereits die Gegenüberstellung der absoluten und relativen Zahlern der Datenerhebung zeigt, dass die ProbandInnen in der Kontrollgruppe eine weit größere Bereitschaft hatten, einen erheblichen Teil ihres fiktiven Budgets für das effizienteste Gerät auszugeben, welches zur Verfügung stand. In der Experimentalgruppe hingen, in welcher die bekundeten Kaufentscheidungen reale finanzielle Auswirkungen haben konnten, gingen die ProbandInnen im Verlauf der Untersuchung - und vor allem zu Beginn - weitaus vorsichtiger mit ihrem Budget um.

Ob sich dieser Zusammenhang auch analytisch nachweisen lässt, soll aus einem Vergleich der im Mittel gekauften Effizienzklasse der beiden Geräte geklärt werden. Tabelle 4 gibt die Ergebnisse des T-Tests wieder, sowie die Angaben bezüglich der Differenz zwischen den Mittelwerten in den Gruppen. Es zeigt sich, dass die TeilnehmerInnen in Kontroll- und Experimentalgruppe in allen drei Frageschleifen, also zu allen drei Strompreisen, signifikant unterschiedlich geantwortet haben. Bei dem hier durchgeführten T-Test wurde ein einseitiger Test gemacht. Zur Berechnung der im T-Test verglichenen Mittelwerte wurde der Kühlschrank der Effizienzklasse B mit eins codiert, Klasse A+ mit zwei und A++ mit drei. Hierdurch wurden die Effizienzklassen metrisch skaliert, wodurch sich die getroffenen Kaufentscheidungen auf einem aggregierten Niveau vergleichen lassen.

Tabelle 8 T-Test der Kaufentscheidung

T-Test (unabhängige Stichproben)	t	f	Signi- fikanz	Mittlere Differenz (zwischen den Gruppen)	Standard- fehler (der Differenz)
Strompreis 20 c/kWh	-2.380	75	.009	-.420	.176
Strompreis 25 c/kWh	-2.937	75	.002	- .205	.07
Strompreis 30 c/kWh	-2.126	75	.017	-.174	.083

Der Vergleich der Mittelwerte der beiden Gruppen im Experiment zeigt auf, dass es einen signifikanten Unterschied zwischen den Gruppen in Bezug auf die gewählten Geräte gibt. Aber wie stark ist der Effekt im Experiment, welcher sich durch die Einführung finanzieller Anreize für das Kühlgerät nachweisen lässt und war die Größe der beiden Gruppen im Experiment auch im Feld groß genug, um eine aussagekräftige Antwort auf die hier untersuchte Fragestellung zu bekommen?

Um dies zu klären, soll zuletzt der genaue Effekt des Treatments bestimmt werden. Neben dem T-Test ist dies eines der zentralen analytischen Auswertungsschritte für Experimente.[59] In der nachfolgenden Tabelle ist hierneben der Standardfehler und das Signifikanzniveau dieser Untersuchung wiedergegeben. Zudem wird mit dem Powertest geprüft, ob diese Ergebnisse auch aussagekräftig sind.

---

[59] Für diese Analyse wurde das Auswertungs-Tool genutzt, welches Donald Green auf seiner Web-Seite zur Verfügung stellt: http://vote.research.yale.edu/statweb// (zuletzt geprüft am 15.05.2011).

Tabelle 9 Statistische Resultate

	Geschätzter Treatment Effekt	Standard -Fehler	95% Konfidenz Intervall	1-seitige Signi- fikanz	Power- Test (in Prozent)
Strompreis 20 c/kWh	17.75	5.08	7.785 to 27.711	.000	96.8
Strompreis 25 c/kWh	13.14	5.11	3.121 to 23.159	.005	82.3
Strompreis 30 c/kWh	9.36	5.02	-.483 to 19.197	.031	58.7

Auch dieses Prüfverfahren zeigt, dass es zwischen den beiden Gruppen im Experiment einen signifikanten Unterschied in Bezug auf das bekundete Kaufverhalten gab. Das Treatment, also die Einführung finanzieller Anreize, hatte einen Einfluss auf das bekundete Kaufverhalten von fast 18 Prozent. Dieser Wert nimmt über die Frageschleifen und somit über den Anstieg des Strompreises jedoch etwas ab. Dies ist darauf zurückzuführen, dass viele ProbandInnen der Kontrollgruppe bereits zu Beginn das effizienteste Geräte im Experiment gewählt haben und bei der Steigerung des Strompreises auch bei dieser Entscheidung blieben. Die TeilnehmerInnen in der Experimentalgruppe agierten hingegen vorsichtiger mit ihrem Budget, hatten aber auch über die Frageschleifen ihr Kaufverhalten geändert, da es für sie mit steigendem Strompreis immer attraktiver erschien, ein effizienteres Gerät zu kaufen. Auch zeigt der Powertest, dass die beiden Gruppen aus Münster groß genug waren, um aussagekräftige Ergebnisse aus dem Vergleich des experimentellen Effekts zu ziehen.

Insgesamt zeigt die Auswertung der Daten für die Kühlgeräte, dass die Integration finanzieller Anreize in das Forschungsdesign zu einem signifikanten und statistisch bedeutenden Unterschied beim bekundeten Kaufverhalten zwischen den beiden Gruppen geführt hat. Über die Frageschleifen hinweg gleichen sich die Unterschiede zwischen den beiden Gruppen jedoch an, was dahingehend interpretiert werden kann, dass die ProbandInnen in der Experimentalgruppe den Anstieg des Strompreises im Experiment als eine wirkliche Veränderung des Rahmens betrachtet haben, in welchem sie ihre Kaufentscheidungen traten. Hierdurch wurde es für die ProbandInnen in der Experimentalgruppe mit steigendem Strompreis immer attraktiver, effizientere Geräte zu kaufen. Die ProbandInnen reagierten somit auf einen Langzeiteffekt, welche die Kaufentscheidung in der Realität für sie gehabt hätte. Auch wenn dieser Langzeiteffekt, wie bereits oben ausgeführt, nicht direkt in das Forschungsdesign integriert werden konnte, scheint die Integration realer finanzieller Anreizstrukturen in das Forschungsdesign die bekundeten Kaufentscheidungen unter einem langfristigen Aspekt mit beeinflusst zu haben. In der Diskussion der Ergebnisse des Experiments sollte daher auch danach geschaut werden, ob die Ergebnisse aus den Experimentalgruppen insgesamt „realitätsnäher" ausgefallen sind, als dies im Vergleich mit der Kontrollgruppe der Fall ist.

4.5.2 Untersuchung des TV-Gerätes

Für die Untersuchung des TV-Gerätes lassen sich aus der Analyse der Daten des Kühlschankes zwei Erwartungen formulieren. Zum einen ist zu erwarten, dass die ProbandInnen in der Experimentalgruppe auch bei diesem Haushaltsgerät mit der Bekundung ihrer Zahlungsbereitschaft weitaus vorsichtiger waren. Weiterhin ist davon auszugehen, dass durch die Steigerung des Strompreises die Zahlungsbereitschaft für das effizientere TV-Gerät ansteigt und die ProbandInnen in der Experimentalgruppe auch bei diesem Gerät dazu bereit sind, eine größere Summe von ihrem Budget aufzuwenden.

Da die Zahlungsbereitschaft für das TV-Gerät bereits durch die Angabe der ProbandInnen in einem metrischen Wert vorliegt, können die Werte (arithmetisches Mittel) aus der Kontroll- und Experimentalgruppe einander direkt gegenübergestellt werden. Diese Gegenüberstellung bildet die nachfolgende Tabelle ab.

Tabelle 10 Vergleich der Zahlungsbereitschaft

	Strompreis 20 c/kWh	Strompreis 25 c/kWh	Strompreis 30 c/kWh
Experimentalgruppe	471,47 €	477,18 €	494,11 €
Kontrollgruppe	469,89 €	467,74 €	477,89 €

Die beiden eingangs formulierten Annahmen bezüglich der Verteilung der bekundeten Zahlungsbereitschaft lassen sich nach dem ersten Vergleich der beiden Gruppen im Experiment nicht halten. Eine systematische Analyse der Daten, wie für den Kühlschrank vorgelegt, macht an dieser Stelle wenig Sinn, da die Ergebnisse zunächst einmal Fragen aufwerfen, die der Erläuterung bedürfen. Es ist zu klären, weshalb die bekundete Zahlungsbereitschaft für die beiden Geräte im Experiment so unterschiedlich ausgefallen ist.

Ein erster inhaltlicher Erklärungsansatz wäre es zu unterstellen, dass die beiden Geräte Kühlschrank und TV von KonsumentInnen unterschiedlich bewertet werden. Das hieße, dass ein gewisses Bewusstsein für die Bedeutung effizienter Kühlgeräte bei den KonsumentInnen vorherrscht, welches in Bezug auf TV-Geräte noch nicht in dieser Form vorhanden ist. Auch könnte schlicht der eigene TV-Konsum, bzw. die Nutzung des Gerätes von den ProbandInnen unterschätzt worden sein, was sich in einer geringeren Zahlungsbereitschaft für die beiden Geräte niedergeschlagen haben könnte. Beide inhaltlichen Argumentationsmuster zur Erklärung des Unterschiedes zwischen den Gruppen erscheinen evident, jedoch sollte hier auch noch einmal auf Unterschiede im Forschungsdesign eingegangen werden.

Bei der Beschreibung des Designs wurde darauf verwiesen, dass die beiden Geräte in unterschiedlicher Weise erhoben wurden. Unterschiede gab es in Bezug auf die Herstellerangeben für die beiden Geräte und die Methode der Befragung. Zum einen wurden die originalen Herstellerangeben der beiden Geräte genutzt, um die unterschiedlichen Kaufoptionen zu präsentieren. Dies bedeutete auch, dass das EU-Effizienzlabel, welches einen leichten Leistungsvergleich zwischen den Geräteklassen ermöglicht, für das TV-Gerät fehlte. Der Stromverbrauch für das TV-Gerät müsste von den ProbandInnen mit deutlich mehr Aufwand umgerechnet werden. So war beim Kühlgerät der Jahresverbrauch an kWh Stunden direkt angegeben und beim TV-Gerät nur der Watt-Verbrauch in Stunden. Beim TV-Gerät musste daher über einen weiteren Rechnungsschritt zunächst einmal der Konsum ausgerechnet werden, um diesen monetär bewerten zu können. Auf dieser Grundlage hätte dann eine Aussage über die Zahlungsbereitschaft für das effizientere TV-Gerät getroffen werden können. Diese Problematik trifft mit der bereits oben angeführten Schwierigkeit zusammen, dass die ProbandInnen vielleicht ihren realen TV-Konsum unterschätzen und hierdurch auch eine niedrigere Zahlungsbereitschaft für das effizientere Geräte haben.

Bei der Methode der Fragestellung bezüglich der Kaufentscheidungen unterschieden sich die beiden Geräte im Experiment jedoch auch. Konnten die ProbandInnen bei den Kühlgeräten zwischen vorgegebenen Geräten wählen, mussten sie beim TV-Gerät selbst ihre Zahlungsbereitschaft auswählen. Vor allem stand aber für diesen inhaltlichen Wechsel in der Erhebungsmethodik eine Proberunde zur Verfügung, wie dieses beim Kühlgerät nach den Erfahrungen aus dem Pre-Test der Fall war. Hierdurch können Ausreißer (Outliers) die

Datenerhebung negativ beeinflusst haben; damit sind einzelne ProbandInnen gemeint, welche den Wechsel in der Erhebungsmethodik erst etwas später realisiert hatten und über die nicht vorhandene Proberunde „gestolpert" sind. Genau dieser Frage nach dem Einfluss möglicher Ausreißer bei den Frageschleifen für das TV-Gerät soll durch eine ergänzende Datenanalyse im Folgenden nachgegangen werden.

4.5.3 Ergänzende Analyse zum TV-Gerät

Ergänzend zu der Beurteilung der oben vorgestellten Resultate soll der Frage nachgegangen werden, ob es Ausreißer (Outliers) im Datensatz bei der Frage nach dem Kaufentschied bei TV-Geräten gibt. Dieses soll bei den TV-Geräten geprüft werden, da es hier zu kaum interpretierbaren Ergebnissen gekommen ist. Dies kann durch Ausreißer geschehen sein, die aufgrund einer fehlenden Proberunde für das Gerät entstanden sind. Daher werden im Folgenden die Variablen der drei Kaufentscheide für das TV-Gerät durch z-Transformation standardisiert. Die sich hieraus ergebenden Ausreißer werden aus dem Datensatz herausgenommen und die Ergebnisse für die drei Frageschleifen des TV-Gerätes erneut geprüft.

Durch Plot-Boxes lassen sich alle Ausreißer im 3. Quantil (α = .05) aufzeigen. In der nachfolgenden Tabelle 11 sind die Ergebnisse nach Experimental- und Kontrollgruppe[60] sortiert aufbereitet. Das X zeigt hierbei an, dass die Person mit der jeweiligen dazugehörigen Datensatznummer in der jeweiligen Frageschleife (20, 25 oder 30 c/kWh) als Ausreißer gekennzeichnet wurde.

---

[60] Der Umstand, dass die Nummern der Personen in der Kontrollgruppe deutlich höher sind als bei der Experimentalgruppe, liegt letztlich nur daran, dass die obere Abbildung aus einem Gesamt-datensatz der beiden Gruppen generiert war und dies für die Tabelle beibehalten wurde.

Tabelle 11 Ausreißer TV-Geräte

Ausreiser Experimental-gruppe	Strompreis von 20 Cent	Strompreis von 25 Cent	Strompreis von 30 Cent	Ausreiser Kontroll-gruppe	Strompreis von 20 Cent	Strompreis von 25 Cent	Strompreis von 30 Cent
9	X	X	X	211		X	X
77	X	X		232			X
88	X	X	X	235	X		
102		X		248	X		
104	X	X		250	X	X	
108	X	X		284		X	
110	X	X		287	X	X	X
112			X	299	X		X
162	X			318		X	
166			X	350		X	X
172	X	X	X	359	X		
179	X	X	X				
Gesamt	9	9	6	Gesamt	6	6	5
Experimentalgruppe gesamt			12	Kontrollgruppe gesamt			11

In einem ersten Untersuchungsschritt wurden alle 23 TeilnehmerInnen am Experiment aus dem Datensatz exkludiert, welche die als Ausreißer in einer der drei Frageschleifen identifiziert werden konnten. Die nachfolgende Tabelle zeigt den Vergleich zwischen Experimental- und Kontrollgruppe, nachdem die Ausreißer aus den Datensätzen herausgenommen wurden.

Tabelle 12 Vergleich der TV-Gerät (ohne alle Ausreißer)

	Strompreis 20 c/kWh	Strompreis 25 c/kWh	Strompreis 30 c/kWh
Experimentalgruppe	463,32 €	466,68 €	481,70 €
Kontrollgruppe	470,91 €	467,76 €	477,68 €

Die deskriptive Auswertung der Daten zeigt, dass der Unterschied in der mittleren Zahlungsbereitschaft für das Strom sparende TV-Gerät sich durch die Exklusion von Ausreißern angleicht. Die Bereinigung der Daten zeigt vor allem eine Änderung bei der Experimentalgruppe; die Kontrollgruppe hingegen bleibt durch die Exklusion der Ausreißer im Mittel sehr konstant. Festzuhalten bleibt jedoch, dass die Standardisierung der Werte für den Kaufentscheid des TV-Gerätes und die anschließende Exklusion der identifizierten Ausreißer nicht zu einer Veränderung der Tendenz zwischen den beiden Gruppen geführt hat, d.h., durch die Integration des finanziellen Anreizes ist kein wesentlicher Unterschied in der durchschnittlichen Zahlungsbereitschaft zwischen den beiden Gruppen zu erkennen.

Da die Ausgangsthese für die Prüfung des Datensatzes auf Ausreißer von der Feststellung ausging, dass es durch ein Fehlen einer Proberunde wie bei den Kühlgeräten zu erheblichen Verzerrungen gekommen ist, soll in einem zweiten Schritt die Exklusion von Ausreißern auf die 15 TeilnehmerInnen beschränkt werden, die nur in der ersten Frageschleife als Ausreißer zu identifizieren sind. Die nachfolgende Tabelle bildet das Ergebnis nach dem gleichen Muster ab, wie dieses bereits bei der letzten Darstellung der Exklusion von Ausreißern der Fall war.

Tabelle 13 Vergleich der Zahlungsbereitschaft (erste Runde)

	Strompreis 20 c/kWh	Strompreis 25 c/kWh	Strompreis 30 c/kWh
Experimentalgruppe	459,04 €	463,96 €	481,04 €
Kontrollgruppe	470,16 €	467,38 €	476,60 €

Bei diesem zweiten Auswertungsschritt zur Bereinigung der Daten verstärkt sich die Tendenz, welche bereits durch die erste Analyse erkennbar war. Gerade bei den ersten beiden Frageschleifen ist der Effekt der Datenbereinigung gut zu erkennen. Der Unterschied zwischen Experimental- und Kontrollgruppe tritt deutlicher hervor und gleicht sich über die Frageschleifen nicht nur an, sondern die Experimentalgruppe zeigt durch die Integration finanzieller Anreize bei einem Strompreis von 30 c/kWh sogar noch eine höhere Zahlungsbereitschaft, als die Kontrollgruppe.

Insgesamt zeigt sich durch die ergänzende Analyse, dass die (uneindeutigen) Ergebnisse im Experiment in Bezug auf das TV-Gerät zu einem Teil auf Ausreißer zurückzuführen sind. Die Bereinigung des Datensatzes von den ProbandInnen, welche scheinbar mit der Veränderung des Befragungs-designs Probleme hatten, zeigt einen deutlichen Angleich der Daten an die Befunde aus der Untersuchung des Kühlgerätes. Dieses zeigt, wie vorsichtig bei der Entwicklung eines experimentellen Forschungsdesigns in Bezug auf Änderungen in der Erhebungsmethodik vorzugehen ist. Ein interessanter Aspekt aus der ergänzenden Auswertung zum TV-Gerät sollte abschließend heraus-gestellt werden: Die ProbandInnen in der Experimentalgruppe reagierten auf eine Steigerung des Strompreises sehr viel stärker als die ProbandInnen aus der Kontrollgruppe. Dies hatte sich auch schon beim Kühlgerät gezeigt. Eine mögliche Interpretation wäre, dass die ProbandInnen in der Experimentalgruppe empfänglicher für Änderungen in den Rahmenbedingungen des experimentellen Settings waren und sich dieses letztendlich nur auf das Treatment zurückführen ließe. Was dieses für die inhaltliche Interpretation bedeutet, ist Teil der Diskussion im folgenden Abschnitt.

4.6 Diskussion

Die Diskussion des hier vorgestellten Experiments soll unter drei oberpunkten stattfinden. Zunächst sollen die Erfahrungen aus der Durchführung des Experiments dargelegt werden. Dieses sind zum einen objektive Erfahrungen, welche aus der Durchführung der unterschiedlichen Testphasen des Experiments herrühren, aber auch die subjektiven Eindrücke und Lernprozesse, welche bei der Durchführung des Experiments im Feld gesammelt wurden. Beide Ebenen werden durch den Verweis auf einige wesentliche Punkte reflektiert. Danach soll sich der Diskussion der Ergebnisse aus der experimentellen Untersuchung gewidmet werden, um die Problemstellungen aus der Bewertung und Einschätzung der Ergebnisse aus dem letzten Abschnitt zu vertiefen. Hierbei sollen die bereits dargelegten Ergebnisse nicht erneut resümiert werden. Vielmehr soll danach gefragt werden, ob die bereits oben aufgeworfenen Fragen nach der Übertragbarkeit der im Experiment erzielten Ergebnisse in Bezug auf die Preissensitivität für das Kühlgerät sich auch bei einem Abgleich der Ergebnisse mit der bestehenden wissenschaftlichen Literatur halten lassen. Zuletzt soll vor dem Hintergrund der inhaltlichen Hypothese des Experiments auf die Ausgangsfrage zurückgekommen werden, für die das Experiment eigentlich durchgeführt wurde. Stand bei dieser Sekundäranalyse der Daten eher die Frage nach der methodischen Bewertung des experimentellen Designs im Vordergrund, so wird zuletzt der Punkt aufgegriffen, warum Experimente in der Umweltpolitik überhaut durchgeführt werden sollten und weshalb es sich hierbei um eine Methode mit einem Mehrwert für die politikwissenschaftliche Disziplin handelt. Durch die Illustration der Ergebnisse - nicht allein anhand Fragen der verwendeten Methodik – soll gezeigt werden, welche politischen Implikationen sich aus der Untersuchung gewinnen lassen.

4.6.1 Erfahrungen

Die Liste der Erfahrungen, welche man bei der Durchführung einer solchen Untersuchung macht, lässt sich fast unendlich fortschreiben. Angefangen von Kleinigkeiten, wie der hohen Abhängigkeit von Wetterverhältnissen im Feld, bis hin zu grundsätzlichen Überlegungen in Bezug auf das Forschungsdesign, lassen sich an dieser Stelle viele Aspekte zusammentragen. Im Folgenden sollen jedoch vier Faktoren herausgestellt und diskutiert werden, welche für Studien im Anschluss an die hier vorgestellte Untersuchung besonderes hilfreich sein könnten, bzw. sollen auch relevante Aspekte hervorgehoben werden, welche bei der Planung eines Experiments übersehen werden können. Über Gelingen und Misserfolg eines Experiments können diese Aspekte mitunter entscheiden. Zuerst sind es die Erfahrungen aus der Pilotuntersuchung, bei welcher die ursprüngliche Planung des Experiments umgesetzt wurde. Bei dieser ursprünglichen Umsetzung gab es bezüglich der ersten Versuche jedoch einen erheblichen Anpassungsbedarf, welcher hier gespiegelt werden soll. Ebenfalls soll die Bedeutung einer solchen Testphase für das Gelingen von Experimenten verdeutlicht werden. Danach werden Erfahrungen zur Rolle der HelferInnen beim Experiment diskutiert. Erst im Feld wurde hierbei deutlich, welchen hohen Vorbereitungsaufwand diese Rolle mit sich bringt - gleichzeitig muss die Vorbereitung mit den HelferInnen stets flexibel genug bleiben, um auf spontane Änderungen reagieren zu können. In diesem Kontext fließt auch ein dritter Punkt ein, derjenige Unterschiede zwischen subjektiven und objektiven Fakten. So können Gegebenheiten, welche durch ExperimentatorInnen oder die HelferInnen wahrgenommen werden, auch immer einer persönlichen Verzerrung unterliegen. Die Eindrücke, welche im Laufe der Untersuchung gesammelt werden, müssen sich nicht immer in den Daten wiederspiegeln und sollen grundsätzlich einer möglichst objektiven Prüfung unterzogen werden. Zuletzt ist die technische Umsetzung des Experiments zu nennen. Für das hier vorgestellte Experiment wurde eine Microsoft basierte Software verwendet, es gibt allerdings auch kostenlose und einfacher zu programmierende Oberflächen, welche sich besonders gut eignen, wenn die ProbandInnen selbst am Rechner die Fragen beantworten sollen.

Bereits bei Punkt 4.2 zum Design wurden einige Punkte angesprochen, welche nach der Durchführung der Pilotuntersuchung am Experiment geändert wurden. Eine der wichtigsten Veränderungen war, dass die Untersuchung des Wäschetrockners aus der Untersuchung im Feld herausgenommen wurde. Der Wäschetrockner war gewählt worden, da dieses Gerät gerade durch seinen hohen Verbrauch bei der Nutzung heraussticht. Dieser Faktor machte das Gerät aber für einige ProbandInnen sehr uninteressant - und dies spiegelte sich auch in einem Desinteresse für die Strom sparende Variante. An dieser Stelle war die Logik der Untersuchung durch Erkenntnisinteresse des Forschers so stark vordeterminiert, dass mögliche Störungen (wie in diesem Fall die Strom sparende Wäscheleine) nicht mehr in Betracht gezogen wurden. Die Logik, mit welcher die/der ForscherIn an die Umsetzung seines Forschungsinteresses geht, muss jedoch stets kritisch reflektiert und hinterfragt werden, um zu überprüfen ob nicht eine einseitige Dominanz gewisser Idealvorstellungen vorliegt, welche durch das Design überhaupt nicht mehr abgebildet werden.

Eine weitere wichtige Erfahrung aus der Pilotuntersuchung war die Schwierigkeit, das Budget in das Forschungsdesign zu integrieren. Bei der Pilotuntersuchung wurde die Ausstattung der ProbandInnen mit einem fiktiven Gesamtbudget getestet. Hierbei stellte sich jedoch sehr schnell heraus, dass diese große Summe zu Beginn Verunsicherungen auslöste, da sich die ProbandInnen bereits die Frage stellten, was sie von dem Budget noch alles zu bezahlen hätten und daraufhin lieber zu Beginn „vorsichtig" beim Kauf des Gerätes waren, d.h. angaben, nun Geld für weitere Gerätekäufe sparen zu wollen. Daher wurde im Experiment das Budget für die jeweils anstehende Kaufentscheidung gegeben, denn die Idee des Aufsparens des Gesamtguthabens hatte zu einer seriellen Korrelation mit der Untersuchung des Anstiegs des Strompreises geführt. Die ProbandInnen hatten am Anfang nicht die billigeren und weniger effizienten Geräte gekauft, weil der Strompreis so gering war, sondern weil sie unsicher in Bezug auf zukünftige Kaufentscheidungen waren, von welchen sie wussten, dass sie diese noch zu treffen hätten. Dadurch, dass das Budget über die Frageschleifen parallel vom Computer für die ProbandInnen aufsummiert wurde, konnte sichergestellt werden, dass sich die TeilnehmerInnen auf die Frage der Kaufentscheidung konzentrierten und nicht mit dem Problem der Entscheidung unter Unsicherheit zu kämpfen hatten.

Die Rolle der MitarbeiterInnen und HelferInnen bei Experimenten ist mitunter schwer zu bestimmen. Auf der einen Seite bedarf es der Sicherstellung einer gewissen Homogenität, die gewährleistet, dass nicht durch unterschiedliche Ansprachetexte unterschiedliche Informationen in der gleichen Gruppe gegeben werden. Noch schlimmer wäre dies, wenn sogar zwischen den Gruppen unterschiedliche Informationen an die ProbandInnen gegeben würden, welche bei einer späteren Auswertung als Effekte des Treatments erscheinen müssten. Gerade bei einem Aufbau eines Experiments wie es hier vorgestellt wurde, mit Erhebungen unterschiedlicher Gruppen an unterschiedlichen Tagen und mit unterschiedlichen HelferInnen bei der jeweiligen Erhebung, kann dies schnell geschehen. So kann die mentale Verfassung der HelferInnen von dem einen auf den anderen Tag variieren, oder es kann durch äußere Einflüsse wie z.B. das Wetter oder laute Geräusche in der Umgebung die Qualität der Erhebung beeinflusst werden. Grundsätzlich ist ein Mittelweg zu suchen, bei welchem eine Homogenität im Vorgehen zur Erhebung der Daten gesichert ist, aber andererseits auf sich ändernde Rahmenbedingungen reagiert werden kann. So wurde bei der hier vorgestellten Untersuchung ursprünglich davon ausgegangen, dass es die zentrale Aufgabe der HelferInnen sei, ProbandInnen für das Experiment anzuwerben. Letztendlich war es aufgrund des zwischenzeitlich hohen Andrangs an den Rechnern viel wichtiger, die Warteschlange zu koordinieren, damit keine der ProbandInnen sich übergangen fühlte. Auf solche Änderungen müssen die MitarbeiterInnen und HelferInnen reagieren können und hierfür auch die nötige Freiheit bekommen.

Der subjektive Eindruck des Experimentators war, dass es bei der möglichen Unterstützung im Experiment einen geschlechtsspezifischen Zusammenhang gab. Diese Anmerkung betrifft den Punkt, dass die HelferInnen den ProbandInnen auch angeboten haben, sie beim Beantworten der Fragen im Experiment zu unterstützen. Hierbei entstand während der Untersuchung der Eindruck, dass für eine Annahme und Ablehnung des Angebotes geschlechtsspezifische Faktoren ein Rolle spielten. Diese Einschätzung wurde durch abschließende Gespräche mit den MitarbeiterInnen und HelferInnen am Experiment noch verstärkt. So ließen sich ältere Männer besonders gerne von jungen Studentinnen helfen, wohingegen ältere Damen gerne auf die Hilfsangebote eines älteren Helfers zurückkamen, der im Experimenten-Team mitarbeitete. Dies wird angemerkt, da hierin auch ein Verzerrungsfaktor neben der selbstelektiven Auswahl der ProbandInnen durch das Setting liegt. So ist es bei einem Experiment, welches durch eine universitäre Einrichtung durchgeführt wird wahrscheinlicher, über einen Pool von jüngeren StudentInnen zur Unterstützung von Experimenten zu verfügen, als dass auf viele ältere Sozialwissenschaftler zurückgegriffen werden könnte. Gleichzeitig wäre im Kontext des hier vorgestellten Experiments zu fragen, ob durch die hier angesprochenen mögliche Verzerrung wirklich die Personen für das Experiment geworben werden konnten, die bei der Anschaffung von Haushaltsgeräten auch in der Realität die Entscheidungen treffen.

Der Bedeutung subjektiver Eindrücke im Experiment ist jedoch stets mit einer gewissen Vorsicht zu begegnen. So wurden die HelferInnen beim Experiment nach dem Pre-Test kurz über ihrer Eindrücke und Erfahrungen bezüglich des ersten Durchlaufs im Feld befragt. Einvernehmen herrschte bei allen HelferInnen darüber, dass die Frage nach dem Einkommen ein schwierige wäre und von vielen Personen nicht gerne beantwortet werden würde. Die anschließende Auswertung der Daten zeigt jedoch, dass von den 120 Personen, welche am Pre-Test des Experiments teilnahmen, nur fünf ihr Einkommen nicht angegeben hatten. Für 115 TeilnehmerInnen lagen dementsprechend die Daten vor. Ein gutes Ergebnis, in Bezug auf diese sehr persönliche Frage. Wegen der geringen nicht-Beantwortung der Frage, sowie der hohen Signifikanz des Faktors Haushaltseinkommen auf den Kaufentscheid, welche sich bereits bei der Auswertung des Pre-Tests abzeichnete. Festzuhalten bleibt, dass Diskrepanzen auftreten können, welche durcheinen Blick in das Datenmaterial als auschlaggebende Größe objektiv betrachtet werden können.

Zuletzt soll an dieser Stelle noch eine Erfahrung aus dem Experiment betreffend die technische Umsetzung angesprochen werden. Für die Durchführung wurde eine Excel-Oberfläche programmiert. Betreffend weiterer Experimente ist jedoch zu überlegen, ob eine spezielle Software wie bspw. z-Tree (Fischbacher 2007) für die Durchführung von Experimenten besser geeignet sein könnte. Diese ist nicht nur in der Vorbereitung einfacher zu programmieren, sondern auch in der Durchführung im Feld leichter zu handhaben. Des Weiteren stünde zur Diskussion, ob es sich bei einer Durchführung von Experimenten dieser Art anbieten würde, auch qualitative Methoden zu integrieren. So könnten durch zusätzliche Beobachtungen und Befragungen bezüglich der Kaufentscheidungen der TeilnehmerInnen weitere Hypothesen für anschließende Forschungen generiert werden. Zuletzt soll hier eine durchweg positive Erfahrung bei der Durchführung des Experiments genannt sein. Die Durchführung des Experiments mit Computern in der Fußgängerzone erregte sehr viel Aufmerksamkeit, wodurch ad hoc eine große Zahl an TeilnehmerInnen gewonnen werden konnte. Einige TeilnehmerInnen warteten sogar bis zu 20 Minuten, bis ein Computer für sie frei wurde. Dies galt für Experimental- und Kontrollgruppe gleichermaßen, und war freilich, wie bereits oben angedeutet, mit der Herausforderung der Spontanität der MitarbeiterInnen verknüpft. In der Summe war dies jedoch eine positive Überraschung der Untersuchung, welche eindeutig zu einer Verbesserung der Datenbasis beigetragen hat.

4.6.2 Diskussion der Ergebnisse

Bei der Diskussion der Ergebnisse des Experimentes, soll die Frage nach der zentralen Hypothese vertieft werden und geklärt werden, wie die Ergebnisse des Experiments zur Preissensitivität vor der bereits bestehenden Literatur zu dem Thema zu bewerten sind. Wesentlich ist hierbei die Frage, ob bei den Gruppen im Experiment nur ein Unterschied in Bezug auf das bekundete Kaufverhalten vorliegt, oder ob die Verwendung finanzieller Anreize dazu geführt hat, dass die Ergebnisse zur Preissensitivität auch besser zur bestehenden Literatur passen.

Die zentrale Hypothese des Experiments betraf die Wirkung finanzieller Anreize auf bekundete Kaufentscheidungen für Strom verbrauchende Haushaltsgeräte. Bei der Frage nach der Wirkung finanzieller Anreize auf die Kaufentscheidungen der TeilnehmerInnen am Experiment lässt sich mit Blick auf den letzten Abschnitt zunächst festhalten, dass die TeilnehmerInnen in der Experimentalgruppe zurückhaltender „kauften" als in der Kontrollgruppe ohne finanzielle Anreize. Die Ausgangsfrage des Experiments betrifft die Preissensitivität der KonsumentInnen für Strom und Strom sparende Güter, sowie die bekundete Zahlungsbereitschaft für effiziente Geräte. Da die Ergebnisse des Experiments darauf verweisen, dass die Messung der Zahlungsbereitschaft anhand des im Experiment untersuchten TV-Gerätes zu nicht besonders belastbaren Daten geführt hat, soll an dieser Stelle die Kreuzpreiselastizität[61] bei der Untersuchung des Kühlgerätes fokussiert werden. Die offen gebliebene Frage ist, ob die Integration finanzieller Anreize in das Forschungsdesign nur zu unterschiedlichen Ergebnissen bei den beiden Gruppen im Experiment geführt hat, oder ob auch die Gruppe, welche das Treatment erhielt „realistischere" Angaben bezüglich des bekundeten Kaufverhaltens machte. Diese Frage lässt sich durch einen Vergleich der im Experiment erhobenen Daten mit der Sekundärliteratur klären. Die nachfolgende Tabelle bildet die erhobenen Daten für die Kreuzpreiselastizität beim Kühlgerät ab. Zum einen werden hierbei die beiden Gruppen aus Münster gegenübergestellt und zum anderen das Gesamtergebnis für die Preissensitivität, wenn man alle drei Experimentalgruppen zusammenzieht.

Tabelle 14 Bestimmung der Kreuzpreiselastizität

Kreuzpreiselastizität	Experimental-gruppe (Münster)	Kontrollgruppe (Münster)	Experimental-gruppe (alle drei Städte)
geringem Anstieg des Strompreises (25%)	0.51	0.04	0.24
starkem Anstieg des Strompreises (50%)	0.73	0.22	0.42

Es zeigt sich bei einer Gegenüberstellung der Daten, dass die Experimentalgruppen im Experiment weitaus sensibler auf Änderungen des Strompreises reagiert haben, als dies bei der Kontrollgruppe der Fall war. Aber wie sieht der Abgleich dieser Daten mit den Ergebnissen anderer Untersuchung aus? Eine Studie, welche den aktuellen Stand der Forschung zu diesem Thema zusammenfasst, ist der Bericht der OECD. Die OECD bestimmt die Preissensitivität

---

[61] Kreuzpreiselastizität bezeichnet hierbei den Zusammenhang zwischen der Strompreissteigerung und dem bekundeten Kauf von effizienten Geräten.

privater Haushalte für Strom mit 0,3 bis 0,7 (OECD 2008: 102). Hierbei wird die kurzfristige Preissensitivität mit 0.3 bestimmt und die langfristige Sensitivität mit 0.7. Die Ergebnisse der Kontrollgruppe liegen unterhalb dieser Werte, die der Experimentalgruppe aus Münster hingegen liegen etwas über diesen Kennzahlen. Da sich das Experiment insbesondere auf die kurzfristige Preiselastizität fokussierte, ist das Ergebnis aus allen drei Experimentalgruppen sehr interessant. Fügt man die Datensätze der Experimentalgruppen zusammen und misst dann die Kreuzpreiselastizität von Strom und Strom sparenden Haushaltsgeräten, so erhält man recht genau die Zahl, welche die Meta-Analyse der OECD als Wert bestimmt.

Hieran zeigt sich, dass der ursprünglich gewählte Entwurf des Experiments, welches unterschiedliche Erhebungen in drei Städten vorsah, auch inhaltlich reizvoll ist. Auch wenn dieses Vorgehen den strengen Kriterien des Methoden- und Theorieteils für experimentelle Designs nicht genügt und ein direkter Vergleich zwischen den Gruppen nicht ohne weiteres möglich ist, so ist eine Aussage über eine größere Grundgesamtheit gerade durch dieses Vorgehen möglich. Umso interessanter erschienen die Möglichkeiten der Analyse, wenn in allen drei Städten auch Kontrollgruppen erhoben worden wären. Somit sind aus einer befragenden Perspektive, wie sie bei der ursprünglichen Planung der Datenerhebung zugrunde lag, die Daten als sehr gut und sehr realitätsnah einzuschätzen. Demgegenüber sind die Daten aus der Erhebung der Kontroll-gruppe etwas schwieriger zu beurteilen. Wie bereits im Methodenteil zur Validität thematisiert, würde sich die hier formulierte Frage aus einer experimentellen Perspektive nicht in dem Grade stellen. Interessant ist jedoch, dass sich in den hier ausgewerteten Daten eine Tendenz in Bezug auf die beiden Kaufentscheidungen für die Kontroll- und Experimentalgruppe wiederspiegelt, welche sich bereits bei dem Vergleich der beiden Gruppen aus Münster ergeben hat. Die Tendenz bestand darin, dass die ProbandInnen in der Kontrollgruppe über die Frageschleifen sehr konstant bei ihren einmal getroffenen Kauf-entscheidungen blieben. Die Experimentalgruppe hingen weist eine deutlich höhere Veränderungsbereitschaft bei ihren Kaufentscheidungen in Bezug auf sich ändernde Rahmenbedingungen auf. Dies verweist darauf, dass durch die Integration finanzieller Anreize der sich verändernde Rahmen in Form einer Steigerung des Strompreises auch anders wahrgenommen wurde. Um diese Eigenschaft genauer zu untersuchen, wären jedoch wie bereits zuvor erörtert Kontrollgruppen aus allen drei Städten hilfreich; daher können hier nur Anhaltspunkte aufgezeigt werden.

4.6.3 Politische Implikationen

Eine der zentralen Aussagen dieser Arbeit ist, dass die experimentelle Methodik in der politikwissenschaftlichen Umweltforschung einen zentralen Beitrag leisten kann. Dies ist auch die Annahme der fünften Hypothese, welche in dem hier vorliegenden empirischen Teil formuliert wurde. Bisher wurde noch nicht auf diese Hypothese eingegangen. Selbstredend müsste der Nachweis für diese Aussage durch eine ganze Reihe an Experimenten geführt werden, welche die verschieden möglichen Anwendungsbereiche in der Nachhaltigkeitsforschung aufzeigten. An dieser Stelle kann nur der Anfang zu einem solchen Projekt gemacht werden. Bei der Frage nach möglichen Umsetzungsmöglichkeiten sollen daher politische Interventionsmöglichkeiten diskutiert werden, welche sich auf der Grundlage des hier vorgestellten Experiments ziehen lassen. Hieran soll illustriert werden, wie die bisher doch recht methodologische Debatte auf praktische Aspekte der Policy-Forschung übertragen werden kann. Im Folgenden werden drei mögliche politische Interventionsmöglichkeiten diskutiert, welche durch die Ergebnisse des Experiments als mögliche Ansatzpunkte in Erscheinung treten: Der Strompreis, Prämienprogramme und Informationsmechanismen.

Zunächst ist der Strompreis als möglicher politischer Interventionsbereich zu benennen, durch welche über eine Steigerung des Preises eine mögliche Einsparung an Strom vorangetrieben werden könnte. Die Ergebnisse des Experiments verweisen jedoch auf den begrenzten Einfluss, den eine Steigerung des Strompreises auf die Reduktion des Stromkonsums privater Haushalte haben könnte, wenn dieses Instrument nicht durch flankierende Maßnahmen unterstützt wird. Im Experiment hatte die Steigerung des Strompreises nur einen begrenzten Einfluss auf das Kauf- und Investitionsverhalten der ProbandInnen, wenngleich langfristige Analysen auf eine steigende Bedeutung des Strompreises verweisen. Grundsätzlich besteht jedoch das Problem, dass es sich bei Strom um ein „unsichtbares" Gut im Haushalt handelt, welches bei vielen Kauf- und Investitionsentscheidungen eine wichtige Rolle spielt, aber gleichzeitig für KonsumentInnen gerade in der Langzeitwirkung nicht immer transparent ist. Es existieren unterschiedliche Modelle, durch welche die Politik Einfluss auf die Gestaltung des Strompreises nehmen kann. Ein direkter Weg wäre es, die Stromsteuer zu erhöhen. Dieses Modell stößt jedoch an Grenzen der politischen Legitimation. Daneben können Tarifstrukturen geschaffen werden, welche das Potenzial bergen, KonsumentInnen zum Stromsparen zu animieren. Progressive Stromtarife sind ein solches Modell. Bei diesem Tarif würde der Grundpreis entfallen oder verringert werden und auf einer ersten Stufe wäre die kWh sehr preiswert. Ab einer gewissen Verbrauchsstufe würde dann die Progression einsetzen, d.h., wenn ein gewisser Verbrauch überstiegen ist, würden die zusätzlich verbrauchten kWh teurer gegenüber dem Grundverbrauch. Eine solche Strukturierung von Tarifen würde den Haushalten finanzielle Anreize bieten, gewisse Verbrauchsschwellen nicht zu übersteigen und ihren Verbrauch zu senken. Um eine Reduktion des Stromverbrauchs in privaten Haushalten zu erzielen, verweisen die Ergebnisse des Experiments auf die Notwendigkeit, Steuern oder tarifliche Strukturen mit weiteren Instrumenten zu verbinden. Mit Blick auf die Gesamtergebnisse des Experiments erscheinen Prämienprogramme und Informationen geeignet, um die Erreichung dieses Ziels zu unterstützen.

Als zweite politische Interventionsmöglichkeiten sollen Prämienprogramme besprochen werden. Prämienprogramme gelten allgemein als wirkungsvolles Instrument, um Kaufentscheidungen zu lenken. Diese auch für Kaufentscheidungen zu Strom sparenden Haushaltsgeräten zu verwenden, liegt nahe. Die Ergebnisse des Experiments zeigen, dass das Haushaltseinkommen ein wichtiger Faktor für den Kauf eines Gerätes ist. Gerade bei Haushalten mit einem niedrigen monatlichen Nettoeinkommen scheint dies als eine Budgetrestriktion zu wirken. Programme können bei Steuerersparnissen, Kleinkrediten für Investitionen oder ganz klassisch durch eine direkte Zuzahlung beim Kauf ansetzen, um den Kaufentscheid in die gewünschte Richtung zu lenken. Steuerersparnisse und Kleinkredite laufen hierbei Gefahr, für KonsumentInnen die Signale nicht deutlich genug zu setzen; schlicht zu umständlich zu sein. Eine direkte Prämie könnte hingegen eine sehr transparente und deutliche Maßnahme sein. Zum einen könnte diese Maßnahme GeringverdienerInnen in die Lage versetzen, sich ein Gerät zu kaufen, welches in der Anschaffung teurer ist, aber über die Gerätelebensdauer insgesamt den Haushalt sogar noch zusätzlich entlastet. Zum anderen könnte der Austausch von Altgeräten durch effizientere Vertreter der Geräteklasse vorangeschoben werden. Hierbei wäre nachzudenken über eine zeitliche Begrenzung der Prämie, eine Festlegung auf spezifische Geräte, welche gefördert werden (bspw. nur die 10 effizientesten Geräte einer Geräteklasse) sowie die Pflicht zum „Abwracken" des Altgerätes. Letzteres wäre wichtig, um zu verhindern, dass zwar ein sparsamer A++ Kühlschrank in der neuen Küche eingebaut wird, aber gleichzeitig das Altgerät in den Keller gestellt wird und dort einen Kasten Bier kühlt. Der Gedanke „Das Gerät funktioniert ja noch!" könnte hierbei schnell zu dem Fehlschluss führen, dass das Gerät auch noch gut ist. Dies muss durch eine gut ausgestaltete Prämie verhindert werden. Bei einer Prämie ist es wichtig, eine konkrete Zielgruppe anzusprechen, bspw. Haushalte mit Kühlgeräten, welche über 20 Jahre alt sind. Die begleitende Kampagne mit Informationen und Ansprechpartner müsste hierfür auf die Gruppe, bzw. auf das definierte Ziel zugeschnitten werden.

Als drittes und letztes werden Informationen als mögliche Form der Intervention besprochen. Auf diesen Punkt wurde bereits an anderen Stellen verwiesen, nun soll der Punkt unter dem Aspekt der politischen Implikationen behandelt werden. Bei der Entwicklung des Forschungsdesigns für das Experiment wurde viel Wert auf die Realitätsnähe der vorhandenen Informationen gelegt. Daher wurden zur Gegenüberstellung der Geräte bei der Kaufentscheidung u.a. die originalen Herstellerangaben der zufällig gezogenen Geräte verwendet. Vergleicht man die Ergebnisse von den TV- und den Kühlgeräten fällt auf, dass die Kaufentscheidungen für das TV-Gerät weitaus unsystematischer getroffen wurden und die Zahlungsbereitschaft für das effizientere Geräte niedriger ausfielen als beim Kühlgerät. Dieser Unterschied wurde bereits bei den Ergebnissen diskutiert und an dieser Stelle soll unterstrichen werden, dass die leichtere Vergleichbarkeit des Stromverbrauchs durch das EU-Label sicher eine wesentliche Rolle gespielt hat. In der Literatur wird neben der Rolle von Labeling auch die Beratung im Fachgeschäft als ein wichtiger Faktor für die Informierung der KonsumentInnen hervorgehoben. Studien zeigen jedoch, dass die Energieeffizienz bei den Beratungen häufig kaum eine Rolle spielt (IFAV 2008). Transparenz, Vergleichbarkeit und Beratung im Handel sind jedoch für Kunden wichtig, um das beste Produkt zu finden. Hier könnten Labels für Unterhaltungselektronik helfen, den KonsumentInnen auch in diesem Segment die besten Entscheidungen zu ermöglichen und gleichzeitig das Umweltbewusstsein erhöhen.

4.7 Zwischenfazit

Das Experimente als Methode in der umweltpolitischen Forschung einen wichtigen Beitrag leisten können war sowohl Ausgangspunkt, als auch der rote Faden für das Erkenntnisinteresse dieser Arbeit. Der empirische Teil ist der letzte Baustein für diese Überlegung. Die in diesem Teil vorgelegte Empirie dient der Illustration der Möglichkeiten, welche die experimentelle Unter-suchung für die Nachhaltigkeitsforschung bereithält. Als besondere Problem-stellung kristallisierte sich bereits im Theorie- und Methodenteil der Arbeit heraus, dass es einen beträchtlichen Unterschied zwischen der befragenden und der experimentellen Forschung in der Politikwissenschaft gibt. Die ursprüngliche Planung des hier vorgestellten Experiments folgt der dominanten befragenden Forschungslogik. Dies spiegelt sich auch an unterschiedlichen Stellen im Forschungsdesign wieder. Daher wurde das Experiment zunächst einmal entlang der Erkenntnisse aus dem Theorie- und Methodenteil adaptiert, um es als eine wirkliche Umsetzung der experimentellen Forschungslogik betrachten zu können. Die grundlegende Erhebungsmethode blieb hiervon unangetastet. Schwieriger wurde es jedoch im Bereich der Beurteilung und der Analyse von Ergebnissen. Hier konnte durch die erneute Auswertung der vorhandenen Daten nicht immer der Erkenntnis aus der alten Auswertung der Daten gefolgt werden. Zunächst musste die Frage nach der Umsetzung der Randomisierung geklärt werden, bzw. ob die Zuweisung durch Zufall auch im Feld gegeben war. Hierbei konnte nachgewiesen werden, dass die selbst-selektive Auswahl der TeilnehmerInnen am Experiment scheinbar nicht zu einer systematischen Verzerrung geführt hat. Gleichzeitig waren jedoch die Unterschiede in den Drittvariablen in Bezug auf die unterschiedlichen Orte so bedeutend, dass die hierbei erhobenen zusätzlichen Experimentalgruppen zunächst von der weiterführenden Analyse ausgeschlossen wurden. Die Kernthese des empirischen Teils der Arbeit, welche die Wirkung finanzieller Anreize in politikwissenschaftlichen experimentellen Forschungsdesigns betrifft, wurde anhand der erhobenen Daten für das Kühl- und TV-Geräte aus dem Experiment untersucht. Hierbei zeigte sich, dass sich die Untersuchung der ordinalen Werte für das Kühlgerät zwar bei den analytischen Schritten als ein aufwendigeres verfahren darstellt, es aber gleichzeitig für die ProbandInnen scheinbar leichter war, ihre Entscheidungen zum Ausdruck zu bringen. Erst durch ergänzende Analysen konnten die Daten aus dem Experiment für das TV-Gerät ein klares Bild darüber zeigen, wie die ProbandInnen Kaufentscheidungen für das Gerät trafen und auf die realen finanziellen Anreize als Treatment reagierten. Bei der Diskussion dieser Ergebnisse wurde nicht nur auf mögliche Bewertungen der aus dem Experiment zu ziehenden Erkenntnisse verwiesen, sondern auch unterschiedliche Erfahrungen aus der Erhebung der Daten reflektiert. Ein zentraler Punkt bei all diesen Diskussionsaspekten ist jedoch die Feststellung, dass einmal durch das Design determinierte Faktoren nicht ohne weiteres veränderbar sind. Gerade die experimentelle Forschung ist auf die Stringenz bei der Planung der Datenerhebung, beim Design und schließlich bei der Erhebung angewiesen, um zu deutlichen Aussagen zu kommen. Hierbei ist es förderlich, und auch dies zeigt der hier vorliegende empirische Teil der Arbeit, die zu behandelnde Fragestellung bis auf ein Element herunter zu brechen, um dann gerade hierfür besonders deutliche Antworten finden zu können. Neben dem Besonderen des Experimentes und der speziellen Leistung, welche das Experiment zur Schließung einer methodisch relevanten

Forschungslücke beitragen kann - nämlich Klarheit über die Verwendung finanzieller Anreize bei experimentellen Forschungsdesigns - bezieht sich der allgemeinere Beitrag der hier vorgelegten Untersuchung auf Analysen in der Nachhaltigkeitsforschung. Hierbei konnte anhand der Illustration der Ergebnisse aus dem Experiment und der ergänzenden Befragung gezeigt werden, welche Implikationen sich aus der hier vorgelegten Empirie ziehen lassen. Somit wird der Hauptteil der vorliegenden Arbeit mit den Verweis geschlossen, dass gerade die Möglichkeiten einer komplementären Ergänzung bereits bestehender empirischer Methoden durch Experimente, sowie deren bislang weitestgehend ungenutztes Potenzial für die Disziplin die Methode für PolitikwissenschaftlerInnen besonders attraktiv machen. Gleichzeig sollen jedoch auch die hier vorgelegten methodischen und theoretischen Überlegungen, sowie deren Anwendung am empirischen Material eine Warnung davor sein, mit einer befragenden oder beobachtenden Forschungslogik an die Durchführung von Experimenten heranzutreten. Diejenigen Überlegungen, welche wir für medizinische oder auch physikalische Experimente sofort als Selbstverständlichkeit voraussetzen würden, bspw. die Existenz einer Placebo- oder Kontrollgruppe, sollten wir mit Blick auf die eigene Disziplin nicht leichtfertig übergehen.

5 Schluss

Aktuelle Ereignisse im ersten Quartal des Jahres 2011 stellen die Umwelt- und Energiepolitik in fast allen Industrieländern der Erde vor neue Herausforderungen. In vielen Ländern fordern die Bürger wieder vehementer den Ausstieg aus der Atompolitik. Vor diesem Hintergrund stellt sich für politische Entscheidungsträger nicht nur die Frage nach alternativen Möglichkeiten der Erzeugung von Strom, sondern auch nach der Nutzung möglicher Einsparpotenziale. Wissenschaftlich fundierte Richtlinien für diese Entscheidungen zu formulieren ist u.a. die Aufgabe der Politikwissenschaft, denn Studien für Deutschland zeigen auf, dass mögliche Potenziale in privaten Haushalten oftmals noch nicht genutzt werden (Bürger 2009). Dies führt nicht nur zu unnötigen Umweltbelastungen, sondern auch zu finanziellen Mehrbelastungen der Haushalte, welche durch wirksame politische Regulationen verhindert werden könnten. Der Frage, weshalb diese Potenziale nicht genutzt werden und wie überhaupt umweltrelevante Entscheidungen von Haushalten getroffen werden, wurde sich im Rahmen dieser Arbeit genähert. Hierfür wurde mit einer theoretischen und methodischen Synthetisierung der experimentellen Methodik begonnen. Gerade mit Blick auf den methodischen Bereich wird hierbei zudem eine viel allgemeinere Bewegung innerhalb der politikwissenschaftlichen Disziplin der letzten Jahre gespiegelt. Die veröffentlichten Artikel in Fachzeitschriften scheinen in den letzten Jahren immer stärker einem methodischen Funktionalismus zu entsprechen. Diese Entwicklung wird u.a. als eine Verwissenschaftlichung innerhalb der Disziplin gedeutet (Kittel 2009). In den angelsächsischen Fachzeitschriften, welche hierbei tonangebend sind, ist besonders die Entwicklung in Bezug auf die experimentelle Methodik augenscheinlich (Druckman et al. 2006; Morton und Williams 2010). Dies ist umso verwunderlicher, als dass die Politikwissenschaft über Jahrzehnte hinweg als nichtexperimentelle Disziplin definiert wurde.

Die beiden hier aufgezeigten Bewegungen zusammenzuführen, war die Kernaufgabe dieser Arbeit – die methodische Entwicklung im Bereich der Experimente zu systematisieren und auf eine theoretische Grundlage zu stellen, sowie deren Anwendung im Bereich der Energie- und Nachhaltigkeitspolitik zu illustrieren. Die Fragestellung war hierbei, welchen Mehrwert Experimente in diesem Bereich der politikwissenschaftlichen Forschung leisten können. Als Ergebnis lässt sich zeigen, dass der Mehrwert von Experimenten gerade in der komplementären Ergänzung des bereits bestehenden methodischen Werkzeugkastens der Disziplin liegt. Auch die systematische Zusammenführung von experimentellen mit nicht-experimentellen Forschungstraditionen erscheint als besonders interessanter Ansatz, zumal hierdurch auch bisher weitestgehend ungenutzte Potenziale nutzbar gemacht werden können. Das Einsatzgebiet für die experimentelle Forschung wird hierbei sowohl in der Analyse von Implementierungsstrategien als auch in der Grundlagenforschung gesehen. Unter letzterer ist die Prüfung vorhandener theoretischer Konstrukte und Axiome zu verstehen, welche für weiterführende Theoriebildungen wichtig sind, aber zumeist selbst wissenschaftlich nicht fundiert sind. Genau diese Prüfung kann durch Experimente stattfinden. Gerade für die Untersuchung von kausalen Beziehungen, welche ebenfalls oftmals im theoretischen Konstrukt unterstellt werden, eigenen sich Experimente im besonderen Maße. Zentral ist hierbei, dass die Forschungsfrage auf ein Element heruntergebrochen wird, welches sich auf der Mikroebene durch die Analyse einer zu untersuchenden Variable ausdrücken lässt. Wenn dies gelingt, sind auch Analysen aus den Bereichen einer höheren Komplexität kein Problem mehr, da Experimente gerade hierbei eine Fokussierungsfunktion erfüllen.

Neben den hier vorgestellten allgemeinen Ausführungen zu den Erkenntnissen aus dieser Arbeit soll im Folgenden noch der Bogen gespannt werden, welcher die drei Teile des experimentellen Forschungsdesigns zusammenführt; Theorie, Methode und empirischer Anwendung. Abschließend sollen Bereiche weiterführender Forschung aufgezeigt werden, sowohl an inhaltlichen Fragestellungen der umweltpolitischen Forschung, als auch im methodischen Bereich. Diese Punkte werden an den Erfahrungen des methodischen Bereichs dieser Arbeit reflektiert.

5.1   Erkenntnisse der Arbeit

Ziel dieses Abschnittes ist es nicht, eine Wiedergabe der bisher in der Arbeit geleisteten Zwischenfazits zu leisten, sondern es sollen einige Leuchttürme aus den Ergebnissen dieser Arbeit aufgezeigt werden und über den spezifischen Bereich ihrer jeweiligen Entwicklung hinaus mit anderen Elementen der Arbeit verbunden werden. Diese Bereiche betreffen das Verständnis von Experimenten als Methode in der Politikwissenschaft und die hiermit verbundene Umsetzung von Forschungsfragen im Design. Kontrolle und Randomisierung wurden nicht nur im Methodenteil als zwei der zentralen Elemente experimenteller Forschung herausgestellt, auch im empirischen Teil der Arbeit war die Untersuchung dieser beiden Aspekte des Stromspar Experiments Gegenstand der Analyse. Zuletzt sollen die beiden Punkte der Validität und der Ethik in Experimenten kurz vor dem Hintergrund der methodischen und empirischen Erkenntnisse besprochen werden.

Die Frage, um welche sich die Arbeit immer wieder drehte, war diejenige, was unter einem Experiment zu verstehen sei und wie es in der politikwissenschaftlichen Forschung umgesetzt werden könne. In der Medizin und den Naturwissenschaften hat man relativ klare Vorstellungen von der Umsetzung eines Experiments, daher werden diese Bereiche auch gerne zur Illustration in der politikwissenschaftlichen Literatur verwendet (Shadish et al. 2002; Imai et al. 2008). Kommt es jedoch zu der Anwendung von Experimenten in der Politikwissenschaft selbst, werden Kriterien wie Kontrolle zur Sicherstellung von interner Validität oftmals durch diffuse Begrifflichkeiten wie Realitätsnähe oder Repräsentativität ersetzt. Hier überlagern sich unterschiedliche Vorstellungen von wissenschaftlichen Arbeitsweisen, wodurch in der politikwissenschaftlichen Tradition das Experiment gerne an den Kriterien der beobachtenden und befragenden Forschung gemessen wird. Dieser Umstand macht es in der Arbeit nötig, zunächst eine theoretische und methodische Grundlage für die Darstellung von experimentellen Forschungsergebnissen zu erarbeiten - dies umso mehr, als Experimente gerade in der deutschsprachigen Forschung soeben erst als ein neuer und innovativer Zweig in der quantitativen Forschung entdeckt werden (Bräuninger et al. im Erscheinen).

Die hier aufgezeigte Problematik spiegelt sich auch im empirischen Teil der Arbeit wieder, in welchem für die ursprüngliche Konzeption des Experiments eher ein Verständnis von Manipulation und Ausprobieren vorherrschte, als eine systematische Analyse von kausalen Effekten, deren Untersuchung ein Design erfordert, dass sich von der Idee eines befragenden Forschungsansatzes abgrenzt. Ebenfalls war die Komplexität des gewählten Forschungsdesigns für das Stromspar Experiment sehr groß. Ein Herunterbrechen des Designs auf einen einzelnen zu untersuchenden Aspekt ist der experimentellen Forschung zuträglicher, da hierdurch der kausale Effekt bestimmt werden kann. Auch zeigte sich in der Empirie, dass Heterogenität innerhalb des gewählten Designs, sprich die unterschiedliche Erfassungsmethode für die beiden Haushaltsgeräte, einem späteren Vergleich nicht unbedingt zuträglich ist. Daher fokussierten die Analyse und Besprechung der empirischen Ergebnisse aus dem Experiment bewusst zwei Aspekte: zum einen die Randomisierung zwischen den unterschiedlichen Gruppen im Experiment, welche durch die Wahl unterschiedlicher Orte und der selbstselektiven Auswahl der ProbandInnen in Frage gestellt wurde, und zum anderen die Kontrolle, welche durch die Einführung finanzieller Anreize in das Forschungsdesign ausgeübt wurde. Hierbei zeigte sich, wie wichtig die Randomisierung in Kombination mit dem Forschungsdesign ist, um möglichen Problemen der internen Validität bei der Datenerhebung zu begegnen. Gerade in der internen Validität liegt die Stärke experimenteller Forschung und diese sollte auch genutzt werden. Sollen extern valide Daten erhoben werden, ist immer die Frage zu stellen, ob experimentelle Designs hierfür wirklich die beste Wahl sind.

Zuletzt soll hier noch ein Aspekt der Ethik experimenteller Forschung herausgestellt werden. Beim Stromspar Experiment wurde im Vorfeld weder eine Kommission eingeschaltet, da hier keine Gefährdung für die ProbandInnen bestand, noch wurden die TeilnehmerInnen aus rein pragmatischen Gründen nicht über den Inhalt des Experiments aufgeklärt, wie es viele Forscher für notwendig halten. Durch die Verlagerung des Labors ins Feld war es nicht möglich, mit allen ProbandInnen ein Abschlussgespräch zu führen. Natürlich stand der Experimentator jederzeit für Rückfragen zur Verfügung und alle ProbandInnen konnten jederzeit das Experiment abbrechen. Der Punkt, der hier herausgestellt werden muss, ist aber derjenige, dass ein(e) experimentierende(r) PolitikwissenschaftlerIn auch nicht ohne weiteres Klarheit darüber besitzt, wie mit den Problemen der Ethik im Experiment umzugehen ist. In den USA können ForscherInnen an ihren Fakultäten in der Regel die Ethik-Kommissionen anderer Fakultäten anrufen, um ihre Experimente vorzulegen. Dies wäre auch für Deutschland sehr vorteilhaft und es erscheint als absolut notwendig, dass PolitikwissenschaftlerInnen aktiv an Leitfäden, sowie der Begründung institutioneller Abläufe in diesem Bereich arbeiten.

In Bezug auf Kontrolle im Experiment und die Funktion der finanziellen Anreize soll an dieser Stelle ein Einwand aufgegriffen werden, der auf einer Konferenz gegen das Forschungsdesign des Stromspar Experiments erhoben wurde. Der Einwand lautete, dass durch die Einführung der finanziellen Anreize ein vollkommen anderer Anreiz in das Experiment gekommen ist, welcher die eigentliche Frage nach den Kaufentscheiden überlagert. Die ProbandInnen könnten bei diesem Design schlicht ihr Budget maximieren wollen und nur die mögliche spätere Auszahlung im Blick haben. Dieser Einwand ist eine Variation des im methodischen Teil diskutierten crowding out Effektes und kann anhand der hier vorgelegten empirischen Ergebnisse zurückgewiesen werden, denn eine Besonderheit wurde bei der Analyse der empirischen Ergebnisse neben dem

Unterschied der beiden Gruppen im Experiment herausgestellt: die stärkere Reaktion der TeilnehmerInnen in der Experimentalgruppe auf den Anstieg des Strompreises. Würde die TeilnehmerInnen in der Experimentalgruppe nur ihre später mögliche Auszahlung maximieren wollen, wäre ein solches Verhalten kontraproduktiv zur Erreichung des Ziels. Nach Zurückweisung des o.g. Einwandes erscheint die Frage interessanter, weshalb die TeilnehmerInnen in der Kontrollgruppe so geringe Reaktionen auf die Veränderung der Rahmenbedingungen gezeigt hatten. Insgesamt bleibt daher festzuhalten, dass die Integration finanzieller Anreize einen deutlichen Einfluss auf die im Experiment bekundeten Kaufentscheidungen hatte und dass ein Design, wie jenes im Rahmen des Stromspar Experiments entwickelte einen sehr interessanten Ansatz zur Analyse politischer Interventionsinstrumente darstellt.

5.2   Weiterführende Forschung

Wie bei fast jeder wissenschaftlichen Arbeit stehen am Ende nicht nur klare Ergebnisse, sondern auch viele Fragen; manchmal sind es mehr Fragen, als die Untersuchung ursprünglich fokussierte. Im Folgenden sollen sowohl einige inhaltliche, als auch methodische Fragestellungen aufgegriffen werden, an denen weiterführende Forschung ansetzen könnte. Zuletzt sollen anhand der Ergebnisse des Stromspar Experiments weiterführende Forschungsfragen umrissen werden.

Inhaltlich hatte sich das Stromspar Experiment gleich sehr vielen Fragen auf einmal zu stellen. Diese Fragen flossen auch alle bei der Entwicklung des ursprünglichen Forschungsdesigns mit ein. Aus einer inhaltlichen Perspektive wären zwei Richtungen interessant, in welche sich weiterführende Forschung bewegen könnte. Zum einen wäre denkbar, dass die zahlreichen Fragen aus dem Stromspar Experiment in Laboruntersuchungen kleineren Umfanges zerlegt würden, um diese durch ein Maximum an Kontrolle möglichst genau zu beantworten. Hierbei könnte die Frage nach der Wirkung einzelner den Kaufentscheid beeinflussender Faktoren, welche in der hier vorgelegten Sekundäranalyse nur als mögliche Drittvariablen auftauchen, genauer untersucht werden. Eine andere Bewegungsrichtung, in welcher sich weiterführende Analysen über die Zusammenhänge von Kaufentscheidungen für Strom sparende Haushaltsgeräte bewegen können, ist das Feld. Dies würde bedeuten, dass völlig auf den Labor-Charakter der hier vorgestellten Untersuchung verzichtet werden könnte. Interessant wäre es, Stadtwerke oder Einzelhändler von Elektrogeräten in die Forschung mit einbeziehen zu können, um ein

Forschungsumfeld zu schaffen, in welchem die KonsumentInnen nicht wüssten, dass sie Teil eines Experiments sind. Die Problematik der Ethik von Experimenten erscheint an dieser Stelle erneut. Das Eigeninteresse von Energieversorgern und Einzelhändlern an fundierten wissenschaftlichen Daten sollte an dieser Stelle ebenfalls nicht unterschätzt werden. So könnten derartige Felduntersuchungen wirkliche Win-Win-Situationen darstellen.

In Bezug auf die Methode wurde bereits des häufigeren der komplementäre Charakter von Experimenten für bereits bestehende und etablierte politikwissenschaftliche Methoden herausgestellt. Dieses Zusammenspiel - nicht nur mit anderen quantitativen Ansätzen, wie es im Stromspar Experiment durch die ergänzende Befragung umgesetzt wurde - kann interessant sein. Auch qualitative Methoden können in das Forschungsdesign mit einbezogen werden. Eine Erfahrung aus der Durchführung des Stromspar Experimentes soll zur Illustration dieser Idee dienen. Am Experiment nahmen zahlreiche Paare teil. Hierbei war häufig ein Unterschied zwischen der Reaktion und dem Verhalten der Paare unterschiedlichen Alters zu beobachten. Während junge Paare während des Experimentes über mögliche unterschiedliche Kaufentscheidungen diskutierten, hatten ältere Paare eine fest aufgeteilte Routine bezüglich der Kompetenzen. So äußerten ältere Männer häufig bereits bei der Ansprache, dass Haushaltsgeräte in das Betätigungsfeld ihrer Frauen fielen, welche diesbezüglich Entscheidungen zu treffen hätten. Diese weibliche Entscheidungskompetenz schloss jedoch nicht die Preisfrage des Haushaltsgerätes ein. An dieser Stelle signalisierten die Männer wiederum durch Nicken oder Kopfschütteln, ob der Preis für das von den Frauen gewählte Gerät gerechtfertigt war. An diesem kurzen Beispiel soll folgendes deutlich werden: derartige Informationen sind nicht in dem durch das Experiment erhobenen Datensatz vorhanden. Mit Grounded Theory könnte ein solcher, sicherlich wichtiger Aspekt zum Kaufverhalten bei Haushaltsgeräten untersucht werden. Der Mehrwert, welcher sich aus der Kombination unterschiedlicher Methoden an dieser Stelle ziehen ließe, könnte im Rahmen einer umfangreicheren Serie von Experiment realisiert werden.

Zuletzt soll aufgezeigt werden, an welchen Punkten weiterführende experimentelle Untersuchungen an den Ergebnissen des hier vorgestellten Experiments ansetzen könnten. Bei der Diskussion der Ergebnisse und bei den politischen Implikationen wurde die Rolle von Informationen beim Kaufentscheid mehrfach hervorgehoben. Die hieraus ableitbare These wäre, dass einfache und verständliche Informationen über den Stromverbrauch und damit über die Kosten eines TV-Gerätes einen Beitrag zum Kauf effizienter Geräte leisten könnten. Um diese These zu überprüfen, könnte ein EU-Label für zufällig gezogene TV-Geräte entworfen werden. Die TeilnehmerInnen an diesem fiktiven Experiment würden zufällig zwei Gruppen zugewiesen, von welchen eine das entworfene Label als zusätzliche Information zur Verfügung gestellt bekäme. Der Effekt der zusätzlichen Information durch das Label könnte dann direkt anhand des Unterschiedes zwischen den beiden Gruppen gemessen werden. Dieses kurze Beispiel soll einen möglichen Weg unter vielen aufzeigen, welche die experimentelle umweltpolitische Forschung in der Zukunft beschreiten kann. Einen Beitrag für diesen Weg möchte die hier vorliegende Arbeit leisten. Weiterhin bleibt abzuwarten, wie sich die experimentelle Forschung in der Politikwissenschaft in den nächsten Jahren entwickeln wird. Die Resonanz, welche das Stromspar Experiment erfahren hat, erlaubt einen positiv gestimmten Ausblick auf zukünftige Entwicklungen.

6 Literaturverzeichnis

Adorno, Theodor W.; Albert, Hansund; Dahrendorf, Ralf (1993): Der Positivismusstreit in der deutschen Soziologie. München: Deutscher Taschenbuch Verlag.

Ansolabehere, Stephen; Iyengar, Shanto (1995): Going negative. How Political Advertisements Shrink & Polarize the Electorate. New York: Free Press.

Aristoteles (2007): Metaphysik. Schriften zur ersten Philosophie. [Nachdr.]. Stuttgart: Reclam (Universal-Bibliothek, 7913).

Bahry, Donna L.; Wilson, Rick K. (2003): Confusion or Fairness in the Field? Rejections in the Ultimatum Game under the Strategy Method. Paper prepared for delivery at the Conference on Field Experiments, Middlebury College. Online verfügbar unter http://brl.rice.edu/Siberia/Papers/papers.cfm, zuletzt geprüft am 06.08.2010.

Bahry, Donna L.; Wilson, Rick K. (2004): Trust in Transitional Societies. Experimental Results from Russia. This paper was prepared for presentation at the American Political Science Association Meetings, Chicago, Illinois. Online verfügbar unter http://brl.rice.edu/Siberia/Papers/papers.cfm, zuletzt geprüft am 06.08.2010.

Bailenson, Jeremy; Iyengar, Shanto; Yee, Nick; Collins, Nathan (2008): Facial Similarity between Voters and Candidates Causes Influence. In: *Public Opinion Quarterly* 72 (5), S. 935–961.

Behnke, Joachim; Bauer, Nina; Behnke, Nathalie (2006): Empirische Methoden der Politikwissenschaft. Paderborn: Schöningh.

Bennett, Andrew; Barth, Aharon; Rutherford, Kenneth R. (2003): Do We Preach What We Practice? A Survey of Methods in Political Science Journals and Curricula. In: *Political Science and Politics* 36, S. 373–378.

Bertrand, Marianne; Duflo, Esther; Mullainathan, Sendhil (2004): How Much Should We Trust Differences-in-Differences Estimates? In: *Quarterly Journal of Economics* 119 (1), S. 249–275.

Blanton, Hart; Jaccard, James (2008): Representing Versus Generalizing. Two Approaches to External Validity and Their Implications for the Study of Prejudice. In: *Psychological Inquiry* (19), S. 99–105.

Boutron, Isabelle; John, Peter; Torgerson, David J. (2010): Reporting Methodological Items in Randomized Experiments in Political Science. In: Donald P. Green und Peter John (Hg.): Field Experiments in Comperative Politics and Policy. Los Angeles: Sage Publications, Inc (628), S. 112–131.

Box-Steffensmeier, Janet M.; Brady, Henry E.; Collier, David (Hg.) (2010): The Oxford handbook of political methodology. 1. publ. in paperback. Oxford [u.a.]: Oxford University Press.

Bräuninger, Thomas; Bächtiger, André; Shikano, Susumu (Hg.) (im Erscheinen): Jahrbuch der Handlungs- und Entscheidungstheorie. Band 7. Wiesbaden: VS Verlag.

Brohmann, B. Heinzel S. Rennings K. Schleich J. &. Wüstenhagen R. (2009): What's Driving Sustainible Energy Consumption. A Survey of Empirical Literature. Center for European Economice Research (Discussion Paper, 09-13).

Bürger, Veit (2009): Identifikation, Quantifizierung und Systematisierung technischer und verhaltensbedingter Stromeinsparpotenziale privater Haushalte. Freiburg (TRANSPOSE Working Paper, 3).

Clinton, Joshua D.; Lapinski, John S. (2004): "Targeted" Advertising and Voter Turnout. An Experimental Study of the 2000 Presidential Election. In: *The Journal of Politics* 66 (1), S. 69–96.

Dahms, Hans-Joachim (1994): Positivismusstreit. Die Auseinandersetzungen der Frankfurter Schule mit dem logischen Positivismus, dem amerikanischen Pragmatismus und dem kritischen Rationalismus. 1. Aufl. Frankfurt am Main: Suhrkamp.

Dannenberg, A.; Scatasta, S.; Sturm, Bodo (2009): Keine Chance für genetisch veränderte Lebensmittel in Deutschland? Eine experimentelle Analyse von Zahlungsbereitschaften. In: *Perspektiven der Wirtschaftspolitik* 10 (2), S. 214–234.

Descartes, René (1637/1997): Von der Methode des richtigen Vernunftgebrauchs und der wissenschaftlichen Forschung. Französisch-Deutsch. Übersetzung von L. Gäbe. Hamburg: Meiner.

Dickson, Eric S. (2009): Economics vs. Psychology Experiments. Stylization, Incentives, and Deception. In: James N. Druckman, Donald P. Green, James H. Kuklinski und Arthur Lupia (Hg.): The Handbook of Experimental Political Science. Manuskript.

Diekmann, Andreas (2010a): Empirische Sozialforschung. Grundlagen, Methoden, Anwendungen. Orig.-Ausg., vollst. überarb. und erw. Neuausg. 2007, 4. Aufl., [21. Aufl. der Gesamtausg.]. Reinbek bei Hamburg: Rowohlt-Taschenbuch-Verl.

Diekmann, Andreas (2010b): Spieltheorie. Einführung, Beispiele, Experimente. Orig.-Ausg., 2., überarb. Aufl. Reinbek bei Hamburg: Rowohlt-Taschenbuch Verl.

Druckman, James N.; Green, Donald P.; Kuklinski, James H.; Lupia, Arthur (2006): The Growth and Development of Experimental Research in Political Science. In: *American Political Science Review* (100), S. 627–635.

Druckman, James N.; Kuklinski, James H.; Sigelman, Lee (2009a): The Unmet Potential of Interdisciplinary Research. Political Psychological Approaches to Voting and Public Opinion. In: *Political Behavior* (31), S. 485–510.

Druckman, James N.; Green, Donald P.; Kuklinski, James H.; Lupia, Arthur (Hg.) (2009b): The Handbook of Experimental Political Science. Manuskript.

Duscha, Markus; Dünnhoff, Elke; Ivanov, Martin; Wegener, Stefanie (2006): Effiziente Bausteine zur Verminderung des Stromverbrauchs in privaten Haushalten. Zwischenbericht. Heidelberg.

Duscha, Markus; Dünnhoff, Elke (2007): Innovative Stromrechnungen als Beitrag zur nachhaltigen Transformation des Elektrizitätssystems. Im Auftrag des DIW Berlin, Untersuchung für das Projekt „Transformation and Innovation in Power Systems" (TIPS) im Rahmen der sozial-ökologischen Forschung des BMBF. ifeu - Institut für Energie- und Umweltforschung Heidelberg GmbH. Heidelberg.

Eckel, Catherine C.; Wilson, Rick K. (2005): Internet cautions: Experimental games with internet partners. In: *Experimental Economics* (9), S. 53–66.

Falk, Armin; Heckman, James J. (2009): Lab Experiments Are a Major Source of Knowledge in the Social Sciences. In: *Science* 326 (5952), S. 535–538.

Falleti, Tulia G.; Lynch, Julia F. (2009): Context and Causal Mechanisms in Political Analysis. In: *Comparative Political Studies* 42 (9), S. 1143–1166.

Faul, Franz; Erderfelder, Edgar; Buchner, Axel; Lang, Albert-Georg (2009): Statistical power analyses using G*Power 3.1. Tests for correlation and regression analyses. In: *Behavior Research Methods* 41 (4), S. 1149–1160.

Faul, Franz; Erderfelder, Edgar; Lang, Albert-Georg; Buchner, Axel (2007): G*Power 3. A flexible statistical power analysis program for the social, behavioral, and biomedical sciences. In: *Behavior Research Methods* 39 (2), S. 175–191.

Fehr, Ernst (2011): Wir sind egoistisch und fair zugleich, es kommt ganz auf die Situation an. Interview in der *Psychologie Heute*. In: *Psychologie Heute*, April 2011 (4), S. 32–36.

Fehr, Ernst; Fischbacher, Urs; Tougarova, Elena (2002): Do High Stakes and Competition Undermine Fairness? Evidence from Russia. University of Zurich, Insitut for Empirical Research in Economics. Zürich (Working paper, 120).

Fischbacher, Urs (2007): z-Tree. Zurich Toolbox for Ready-made Economic Experiments. In: *Experimental Economics* 10 (2), S. 171–178.

Foucault, Michel (2006): Sicherheit, Territorium, Bevölkerung. Geschichte der Gouvernementalität I. Frankfurt am Main: Suhrkamp Verlag.

Garcia, Melody (2011): Micro-methods in evaluating governance interventions. Bonn: Dt. Inst. für Entwicklungspolitik (Discussion paper / Deutsches Institut für Entwicklungspolitik, 7/2011).

Gerber, Alan S. (2009): Field Experiments in Political Science. Very Preliminary/Incomplete Rough Draft. Conference on Experimental Political Science. Northwestern University. Evanston, IL, 2009. Online: http://faculty.wcas.northwestern.edu/~jnd260/experimentation, zuletzt geprüft am 24/09/09.

Gerber, Alan S.; Green, Donald P. (2000): The effects of canvassing, direct mail, and telephone contact on voter turnout: A field experiment. In: *American Political Science Review* (94), S. 653–663.

Gerber, Alan S.; Karlan, Dean; Bergan, Daniel (2009): Does the Media Matter? A Field Experiment Measuring the Effect of Newspapers on Voting Behavior and Political Opinions. In: *American Economic Journal* (1), S. 35–52.

Gerrig, Richard J.; Zimbardo, Philip G. (2008): Psychologie. 18. Aufl. München: Pearson Studium.

Goett, A.; Hudson, K.; Train, K. (2000): Customers´ Choice Among Retail Energy Suppliers. The Willingness-to-Pay for Service Attributes. In: *Energy Journal* 21 (4), S. 1–28.

Green, Donald P.; Gerber, Alan S. (2002): Reclaiming the Experimental Tradition in Political Science. In: Ira Katznelson und Helen V. Milner (Hg.): Political Science. State of the Discipline. New York: W.W. Norton, S. 805–832.

Green, Donald P.; Gerber, Alan S. (2003a): The Underprovision of Experiments in Political Science. In: *Annals of the American Academy of Political and Social Science* (589), S. 94–112.

Green, Donald P.; Gerber, Alan S. (2003b): The Illusion of Learning From Observational Research. Working Paper. Institution for Social and Policy Studies, Yale University.

Green, Jane (2010): Points of Intersection between Randomized Experiments and Quasi-Experiments. In: Donald P. Green und Peter John (Hg.): Field Experiments in Comperative Politics and Policy. Los Angeles: Sage Publications, Inc (628), S. 97–111.

Guski, Rainer; Höger, Rainer; Matthies, Ellen (1996): Verantwortung und Umweltverhalten. Arbeitsbericht (Berichtszeitraum 3/95 - 3/96). Bochum. Online: http://www4.psychologie.uni-freiburg.de/umwelt-spp/proj/proj-4.html#bericht4.

Habermas, Jürgen (1995): Vorstudien und Ergänzungen zur Theorie des kommunikativen Handelns. 1. Aufl. Frankfurt am Main: Suhrkamp.

Häder, Michael (2009): Befragung über das Mobilfunknetz. Eine neue Technik im sozialwissenschaftlichen Methodenarsenal. In: Michael Häder und Sabine Häder (Hg.): Telefonbefragung über das Mobilfunknetz. Konzept, Design und Umsetzung einer Strategie zur Datenerhebung. Wiesbaden: Verlag für Sozialwissenschaften, S. 13–16.

Hamenstädt, Ulrich (2008): Bestimmung der Preiselastizität für Strom. Münster.

Hamenstädt, Ulrich (2009): Stromsparen über den Preis? Ein Experiment. Münster (TRANSPOSE Working Paper, 04).

Hammersley, Martyn (1991): A note on Campell´s distinction between internal and external validity. In: *Quality and Quantity* 25 (4), S. 381–387.

Harrison, Gleen; List, John (2004): Field Experiments. In: *Journal of Economic Literature* 42 (4), S. 1009–1055.

Heckman, James J. (2008): Economic Causality. In: *International Statistical Review*. Online: http://ftp.iza.org/dp3425.pdf, zuletzt geprüft am 24.11.2009.

Horiuchi, Yusaku; Imai, Kosuke; Taniguchi, Naoko (2007): Designing and Analyzing Randomized Experiments. Application to a Japanese Election Survey Experiment. In: *American Journal of Political Science* 51 (3), S. 669–687.

Horkheimer, Max; Adorno, Theodor W. (1988, c1969): Dialektik der Aufklärung. Philosophische Fragmente. Ungekürzte Ausg. Frankfurt am Main: Fischer Taschenbuch Verlag.

Hübner, Gundula; Kupfer, Dirk; Prose, Friedemann (1993): Nordlicht. Zur Wirkung einer Klimaschutzkampagne. Kiel. Online verfügbar unter http://www.nordlicht.uni-kiel.de/evalg.htm.

Hyde, Susan D. (2010): The Future of Field Experiments in International Relations. In: Donald P. Green und Peter John (Hg.): Field Experiments in Comparative Politics and Policy. Los Angeles: Sage Publications, Inc (628), S. 72–84.

IFAV – Institut für angewandte Verbraucherforschung e.V. (2008): Energieeffiziente Geräte im deutschen Einzelhandel. Marktangaben zum verfügbaren Angebot. Informationen im Beratungsgespräch. Eine Untersuchung im Auftrag des Verbraucherzentrale Bundesverbandes e.V. (vzbv) im Rahmen des Projektes Starke Verbraucher für ein gutes Klima. Köln.

Imai, Kosuke; King, Gary; Stuart, Elizabeth A. (2008): Misunderstandings between experimentalists and observationalists about causal inference. In: *Journal of the Royal Statistical Society* 171 (2), S. 481–502.

Imbens, Guido W. (2004): Nonparametric Estimation of Average Treatment Effects Under Exogeneity. A Review. In: *Review of economic statistics* 86 (1), S. 4–29.

Iyengar, Shanto (2009a): Laboratory Experiments in Political Science. In: James N. Druckman, Donald P. Green, James H. Kuklinski und Arthur Lupia (Hg.): The Handbook of Experimental Political Science. Manuskript.

Iyengar, Shanto (2009b): Laboratory Experiments in Political Science. Draft Version. Conference on Experimental Political Science. Northwestern University. Evanston, IL, 2009, zuletzt geprüft am 24/09/09.

Jackmann, Simon; Sniderman, Paul M. (2006): The Limits of Deliberative Discussion. A Model of Everyday Political Arguments. In: *The Journal of Politics* 68 (2), S. 272–283.

Kinder, Donald R.; Palfrey Tomas R. (1993): Experimental Foundations of Political Science. Michigan: University of Michigan Press (Michigan Studies in Political Analysis).

Kittel, Bernhard (2009): Eine Disziplin auf der Suche nach Wissenschaftlichkeit. Entwicklung und Stand der Methoden in der deutschen Politikwissenschaft. In: *Politische Vierteljahresschrift* 50, S. 577–603.

Knobe, Joshua Michael; Nichols, Shaun (2008): Experimental philosophy. Oxford, New York: Oxford University Press.

Kuhn, Thomas S. (1976): Die Struktur wissenschaftlicher Revolutionen. 2. Aufl. Frankfurt am Main: Suhrkamp.

Lau, Richard R.; Sigelman, Lee; Heldman, Caroline; Babbitt, Paul (1999): The Effects of Negative Political Advertisement. A Meta-Analytic Assessment. In: *American Political Science Review* 93 (4), S. 851–875.

Lau, Richard R.; Sigelman, Lee; Rovner Ivy Brown (2007): The Effects of Negative Political Campaigns. A Meta-Analytic Reassessment. In: *The Journal of Politics* 69 (4), S. 1176–1206.

Lowell, A. Lawrence (1910): The Physiology of Politics. Presidential Address, Sixth Annual Meeting of the American Political Science Association. In: *American Political Science Review* 4 (1), S. 1–15.

Lucas, Jeffrey W. (2003): Theory-Testing, Generalization, and the Problem of External Validity. In: *Sociological Theory* 21 (3), S. 236–253.

Lupia, Arthur; McCubbins, Mathew (1998): The Democratic Dilemma. Can Citizens Learn What They Need to Know? Cambridge: Cambridge Press.

Mahoney, James; Goertz, Gary (2006): A Tale of Two Cultures. Contrasting Quantitative and Qualitative Research. In: *Political Analysis* 14 (227-249).

Manski, Charles F. (2003): Identification Problems in Social Science and Everyday Life. In: *Southern Economic Journal* 70, S. 11–21.

McDermott, Rose (2002): Experimental Methods in Political Science. In: *Annual Reviews of Political Science* 5 (1), S. 31–61.

McGraw, Kathleen; Hoekstra, Valerie (2002): Experimentation in Political Science. Historical Trends and Future Directions. In: Delli Carprini, Leoni Huddy, Robert Y. Shapiro und Michael X. Delli Carpini (Hg.): Political Decision-Making, Deliberation and Participation. 1. ed. Greenwood: JAI Press (Research in micropolitics, 6).

Menges, Roland; Schröder, Carsten; Traub, Stefan: Erhebung von Zahlungsbereitschaften für Ökostrom. Methodische Aspekte und Ergebnisse einer experimentellen Untersuchung. In: Marketing, 26. Jg. 3/2004, S. 247–258.

Milgram, Stanley; Fleissner, Roland (2009): Das Milgram-Experiment. Zur Gehorsamsbereitschaft gegenüber Autorität. 16. Aufl. Reinbek bei Hamburg: Rowohlt-Taschenbuch-Verl.

Miller, Joanna M.; Krosnick, Jon A.; Lowe, Laura (1998): The impacted of candidate name order on election outcome. In: *Public Option Quarterly* 62, S. 291–330.

Mintz, Alex; Redd, Steven B.; Vedlitz, Arnold (2006): Can We Generalize from Student Experiments to the Real World in Political Science, Military Affairs, and International Relations? In: *Journal of Conflict Resolution* 50 (5), S. 757–777.

Morton, Rebecca B. (1999): Methods and Models. A Guide to the Empirical Analysis of Formal Models in Political Science. Cambridge: Cambridge Press.

Morton, Rebecca B.; Williams, Kenneth C. (2001): Learning by Voting. Sequential Choices in Presidential Primaries and Other Elections. Ann Arbor: University of Michigan Press.

Morton, Rebecca B. (2005): Why the centipede Game Experiment Is Important for Political Science. Forthcoming in A Positive Change in Political Science: The Legacy of Richard D. Mckelvey's Most InfluentialWriting. Edited by James Alt and Arthur Lupia, University of Michigan Press. Manuskript: March 17, 2005. Department of Politics, New York University.

Morton, Rebecca B.; Williams, Kenneth C. (2006): Experimentation in Political Science. In: The Oxford Handbook of Political Methodology. Online: www.nyu.edu/gsas/dept/politics/faculty/ morton/ExpChapHandbook5April06.pdf, zuletzt geprüft am 31.03.2009.

Morton, Rebecca B.; Williams, Kenneth C. (2008): From Nature to the Lab. Experimental Political Science and the Study of Causality. Online: http://politics.as.nyu.edu/docs/IO/2797/experiment.pdf, zuletzt geprüft am 31.03.2009.

Morton, Rebecca B.; Williams, Kenneth C. (2009): From Nature to the Lab: The Methodology of Experimental Political Science and the Study of Causality. Manuskript: 02.07.2009.

Morton, Rebecca B.; Williams, Kenneth C. (2010): Experimental political science and study of causality. From nature to the lab. Cambridge: Cambridge Univ. Press.

OECD (2008): Household Behavior and the Environment. Reviewing the evidence.

Olken, Benjamin A. (2007): Monitoring corruption. Evidence from a field experiment in Indonesia. In: *Journal of Political Economy* 115 (2), S. 200–249.

Olken, Benjamin A. (2010): Direct Democracy and Local Public Goods. Evidence from a Field Experiment in Indonesia. In: *American Political Science Review* 104 (2), S. 243–267.

Paluck, Elizabeth L.; Green, Donald P. (2009): Deference, Dissent, and Dispute Resolution. An Experimental Intervention Using Mass Media to Change Norms and Behavior in Rwanda. In: *American Political Science Review* 103 (4), S. 622–644.

Paschek, Gabriele (2010): Alles mit links. In: *Psychologie Heute* 37, 2010 (Oktober), S. 72–75.

Petersen, Thomas (2002): Das Feldexperiment in der Umfrageforschung. Frankfurt am Main; New York: Campus (Campus Forschung, 841).

Pfeifer, Wolfgang (2004): Etymologisches Wörterbuch des Deutschen. 7. Aufl. München: Deutscher Taschenbuch Verlag.

Plott, C. R. (2000): Markets and information gathering tool. In: *Southern Economic Journal* 67 (1), S. 1063–1080.

Popper, Karl R. (2005): Logik der Forschung. 11. Aufl. Tübingen: Mohr Siebeck (Gesammelte Werke, 3).

Prior, Markus; Lupia, Arthur (2005): What Citizens Know Depends on How You Ask Them. Experiments on Time, Money, and Political Knowledge. Working Paper. University of Michigan.

Richter, Elihu D.; Barach, Paul; Berman, Tamar; Ben-David, G.; Weinberger, Zvi (2001): Extending the boundaries of the Declaration of Helsinki. A case study of an unethical experiment in a non-medical setting. In: *Journal of Medical Ethics* 27, S. 126–129.

Rieck, Christian (2009): Spieltheorie. Eine Einführung. 9., überarb. und erw. Aufl. Eschborn: Rieck.

Robinson, Gregory; McNulty, John E.; Krasno, Jonathan S. (2009): Observing the Counterfactual? The Search for Political Experiments in Nature. In: *Political Analysis* 17 (4), S. 341–357.

Roth, Alvin E. (1995): Introduction to Experimental Economics. In: John H. Kagel und Alvin E. Roth (Hg.): The Handbook of Experimental Economics. Princeton, NJ: Princeton University Press.

Schnapp, Kai-Uwe; Schindler, Delia; Gschwend, Thomas; Behnke, Joachim (2006): Qualitative und Quantitative Zugänge. Eine integrative Perspektive. In: Joachim Behnke, Gschwend Thomas, Schindler Delia und Schnapp Kai-Uwe (Hg.): Methoden der Politikwissenschaft. Neuere qualitative und quantitative Analyseverfahren. Baden-Baden: Nomos (Forschungsstand Politikwissenschaft), S. 11–26.

Schneider, Volker; Janning, Frank (2006): Politikfeldanalyse. Akteure, Diskurse und Netzwerke in der öffentlichen Politik. Wiesbaden: VS Verlag.

Schulz, Winfried (1970): Kausalität und Experiment in den Sozialwissenschaften. Methodologie und Forschungstechnik. Mainz.

Schwartz-Shea, Peregrine; Bennett, Andrew (2003): Introduction - Methodological Pluralism in Journals and Graduate Education? Commentaries on New Evidence. In: *Political Science and Politics* 36, 2003, S. 371–372.

Shadish, William R.; Cook, Thomas D.; Campbell, Donald Thomas (2002): Experimental and quasi-experimental designs for generalized causal inference. Boston, Mass.: Houghton Mifflin.

Sniderman, Paul M. (2009): The Logic and Design of the Survey Experiment. An Autobiography of a Research Method. Conference Draft. Conference on Experimental Political Science. Northwestern University. Evanston, IL, 2009.

Stodder, James (1998): Experimental Moralities. Ethics in Classroom Experiments. In: *The Journal of Economic Education* 29 (2), S. 127–138.

Sturm, Bodo (2006): Experimente in der Umweltökonomik. Eine Bestandsaufnahme und Diskussion von Anwendungsbeispielen. Univ., Fak. für Wirtschaftswiss., Diss.--Magdeburg, 2005. Marburg: Metropolis-Verl. (Hochschulschriften, 95).

Taddicken, Monika (2009): Die Bedeutung von Methodeneffekten der Online-Befragung. Zusammenhänge zwischen computervermittelter Kommunikation und erreichbarer Datengüte. In: Nikolaus Jakob, Harald Schoen und Thomas Zerback (Hg.): Sozialforschung im Internet. Methodologie und Praxis der Online-Befragung. Wiesbaden: VS Verlag für Sozialwissenschaften, S. 91–107.

Tews, Kerstin (2009): Politische Steuerung des Stromnachfrageverhaltens von Haushalten. Verhaltensannahmen, empirische Befunde und Politikimplikationen. Berlin (TRANSPOSE Working Paper, 05).

Titmuss, Richard M. (1970): The Gift Relationship. From Human Blood to Social Policy. London: George Allen and Unwin.

Varian, Hal R. (2001): Grundzüge der Mikroökonomik. 5. Aufl.: Oldenbourg.

Watzlawick, Paul (2005): Wie wirklich ist die Wirklichkeit? Wahn, Täuschung, Verstehen. Taschenbuchsonderausg. München ;, Zürich: Piper.

Westermann, Rainer (2000): Wissenschaftstheorie und Experimentalmethodik. Ein Lehrbuch zur Psychologischen Methodenlehre. Göttingen: Hogrefe.

Wilson, Rick K. (2006): Katrina evacuees in Houston. One-year out. Unter Mitarbeit von Robert M. Stein. Division of Social Sciences, Rice University. Online verfügbar unter http://brl.rice.edu/Katrina/White_Papers/papers.cfm, zuletzt geprüft am 20.10.2010.

7 Anhang

In diesem Anhang befinden sich nur diejenigen Daten, auf welche im Text ein direkter Bezug genommen wird. Eine Aufbereitung der Daten im Sinne der befragenden Logik mit einem weitreichenderen Anhang bietet Hamenstädt 2009. Dies sind zum einen Daten zur Bestimmung der Drittvariablen, diejenigen aus dem Vergleich der Drittvariablen zwischen den Gruppen im Experiment, sowie die graphische Darstellung der Ergebnisse für den Kühlschrank.

<u>Daten der Drittvariablen</u>

Tabelle 15 Bestimmung der Drittvariablen

Variablen	B	Beta	R^2korr
Einkommen	0.219	0.347	0.115
Geschlecht	-0.622	-0.368	0.13
Bildung	0.061	0.355	0.121
Eigenheim/Miete	0.556	0.309	0.09

Die Variable „Alter" spielt in diesem Kontext eine besondere Rolle. Bei der Analyse zeigt sich, dass sie einen Einfluss auf den Kaufentscheid der TeilnehmerInnen im Experiment hat. Dieser Zusammenhang ist jedoch nicht linear. Die Gruppe der jüngeren Personen unter 30 Jahren scheint eher zu einem Gerät der Mittelklasse zu greifen. Die mittlere Altersgruppe der 30- bis 50-Jährigen zeigt eine deutlich höhere Zahlungsbereitschaft für effiziente Geräte. Bei der Gruppe der über 50-Jährigen zeigt sich bei der Auswertung der Daten, dass deren Zahlungsbereitschaft mit steigendem Alter sinkt und auch die

Wirkung steigender Strompreise abnimmt. Es scheint, dass Personen mit zunehmendem Alter in Bezug auf diese Investitionsentscheidungen bei einmal getroffenen Entscheidungen bleiben. Die Variable Alter ist daher aus mehreren Perspektiven für den hier zu untersuchen Zusammenhang zwischen Preissteigerung des Stroms und der Kaufentscheidung für ein effizientes Haushaltsgerät von Interesse. Gleichzeitig ist dieser Zusammenhang zwischen den Variablen jedoch nicht linear und je nach Fragestellung recht komplex.

Wenn die sozialstatistischen Daten von Experimental- und Kontrollgruppe mit den Durchschnittswerten der bundesdeutschen Bevölkerung verglichen werden zeigt sich insgesamt, dass die TeilnehmerInnen am Experiment im Durchschnitt sehr viel jünger waren und überdurchschnittlich hohe Bildungsabschlüsse besaßen. Ein Grund für diese Verzerrung dürfte in der computergestützten Erhebungsmethode liegen, bei welcher darauf gesetzt wurde, dass die TeilnehmerInnen ihre Angaben eigenständig am Computer treffen.

Vergleich der Drittvariablen zwischen den Gruppen im Experiment

Im Folgenden sind die ergänzenden Analysen zwischen den unterschiedlichen Gruppen im Experiment tabellarisch zusammengefasst. Zum einen sind dies die Ergebnisse aus der Varianzanalyse durch den Levene Test und die Ergebnisse aus dem T-Test. Die Variablen aus der Analyse sind aufgeführt, sobald die Prüfung der Varianzen und/oder der Mittelwerte ein Ergebnis außerhalb des Konfidenzintervalls ergab. Es zeigt sich mit Blick auf diese Daten, dass stets mehr als eine Variable durch den Wechsel des Erhebungsortes variiert. Auch zeigt der Vergleich zwischen den beiden Gruppen aus Münster und der Gruppe aus Magdeburg, wie stark die Ergebnisse zwischen den Analysen sich unterscheiden können.

Tabelle 16 Vergleich der Kontroll- und Experimentalgruppen

Gruppen	Variable	Levene-Test		T-Test				
		F	Sig.	T	df	Sig.	Mittlere Differenz	SE
Essen - Kontrollg.	Bildung	7.707	.006	-1.822	235	.070	-.333	.183
	Wohnung	11.994	.001	-1.711	280	.044	-.082	.048
Magdeburg - Kontrollg.	Geschlecht	12.667	.000	2.634	207	.005	.161	.061
	Einkommen	7.656	.006	-1.65	231	.100	-.252	.153
	Alter	2.453	.118	2.619	194	.009	6.567	2.508

Tabelle 17 Vergleich der Experimentalgruppen untereinander

Gruppen	Variable	Levene-Test		T-Test				
		F	Sig.	T	df	Sig.	Mittlere Differenz	SE
Essen - Münster	Bildung	11.422	.001	2.774	228	.006	-.498	.180
	Wohnung	22.567	.000	-2.320	287	.016	-.111	.048
Magdeburg - Münster	Geschlecht	7.054	.008	3.250	203	.001	.197	.060
	Bildung	4.432	.036	-1.339	186	.182	.246	.184
	Wohnung	6.481	.011	-1.248	221	.108	-.066	.053
	Einkommen	11.188	.001	-1.726	241	.086	-.266	.154
	Alter	5.347	.021	2.698	185	.008	6.793	2.517
Essen- Magdeburg	Geschlecht	9.766	.022	-2.115	213	.018	-.140	.066
	Einkommen	4.813	.029	.024	211	.004	.004	.166
	Alter	6.683	.010	-3.353	199	.001	-8.963	2.630

Graphische Darstellung der Ergebnisse für den Kühlschrank

Abbildung 4 Kühlgeräte (20 c/kWh)

Anzahl der gekauften Kühlgeräte nach Klassen bei einem Strompreis von 20 c/kWh (Experimental und Kontrollgruppe im Vergleich)

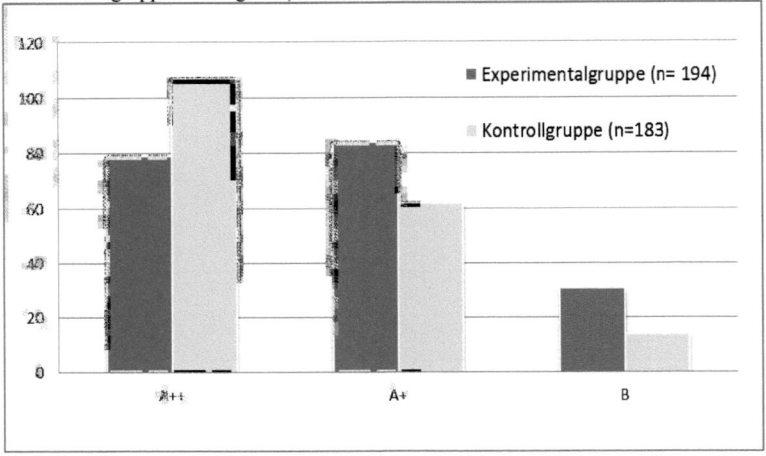

Abbildung 5 Kühlgeräte (25 c/kWh)

Anzahl der gekauften Kühlgeräte nach Klassen bei einem Strompreis von 25 c/kWh (Experimental und Kontrollgruppe im Vergleich)

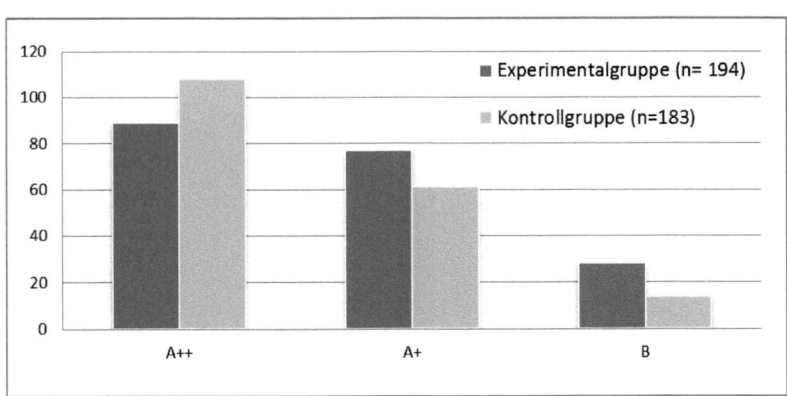

Abbildung 6 Kühlgeräte (30 c/kWh)

Anzahl der gekauften Kühlgeräte nach Klassen bei einem Strompreis von 30 c/kWh (Experimental und Kontrollgruppe im Vergleich)

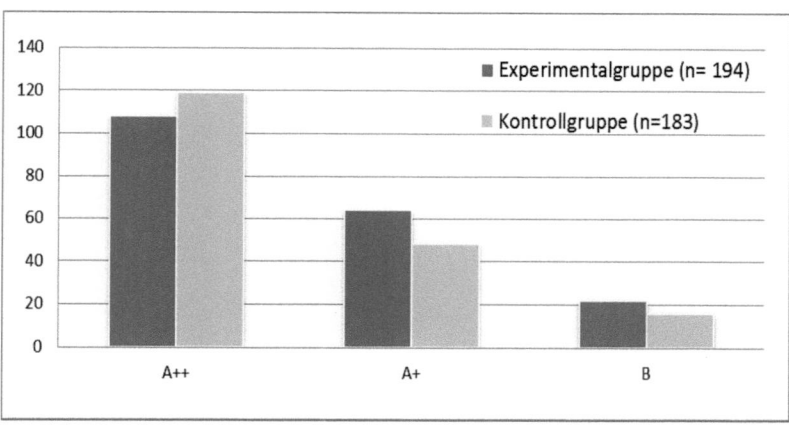

MIX
Papier aus verantwortungsvollen Quellen
Paper from responsible sources
FSC® C105338

If you have any concerns about our products,
you can contact us on
ProductSafety@springernature.com

In case Publisher is established outside the EU,
the EU authorized representative is:
**Springer Nature Customer Service Center GmbH
Europaplatz 3, 69115 Heidelberg, Germany**

Printed by Libri Plureos GmbH
in Hamburg, Germany